Christel Schoen (Hg.)
Alles ist möglich – auch das Unmögliche

Christel Schoen (Hg.)

Alles ist möglich – auch das Unmögliche

Ein Mut-mach-Buch

Persönliche Berichte von Krebspatienten

benno

Bibliografische Information der Deutschen Nationalbibliothek
Die Deutsche Nationalbibliothek verzeichnet diese Publikation in der Deutschen Nationalbibliografie; detaillierte bibliografische Daten sind im Internet über http://dnb.d-nb.de abrufbar.

Besuchen Sie uns im Internet:
www.st-benno.de

ISBN 978-3-7462-3157-0

Stammerstr. 11, 04159 Leipzig
Umschlaggestaltung: Ulrike Vetter, Leipzig
Umschlagmotiv: © Olivier Le Moal/Fotolia.de
Gesamtherstellung: Kontext, Lemsel (A)

INHALT

Vorwort

„Nicht leben wie zuvor, sondern leben wie nie zuvor"
Prof. Rolf Verres

Tag für Tag werden unzählige Menschen mit der Diagnose einer Krebserkrankung konfrontiert. Im Grunde genommen ist es vom ersten Augenblick an entscheidend, wie Betroffene mit dieser Situation umgehen, die zunächst als Schock empfunden und von Angst oder gar Panik geprägt ist. Mit der Krebsdiagnose beginnt für die meisten Patienten auch eine vielschichtige Suche: nach der geeigneten Therapie, nach der Ursache und auch nach der Sinnhaftigkeit der Erkrankung. Es ist die Zeit der brennenden Fragen und widersprüchlichen Antworten. Sind Empfehlungen der Fachleute untereinander schon oft sehr unterschiedlich, hat man selbst seine liebe Not damit, Kopf und Bauch in Einklang zu bringen.

Angst ist der direkte „Gegenspieler" des Mutes und eine Begleiterscheinung der Erkrankung, die im Umgang mit dem Thema viel zu wenig beachtet wird. Im Zusammenhang mit therapeutischen Entscheidungen oder der Einschätzung des Krankheitsprozesses wird diese im Hintergrund ständig anwesende Emotion häufig ausgeklammert und verdrängt. Mit Mut und Zuversicht kann einerseits so vieles im Menschen aufgebaut, mit Angst und Ungewissheit andererseits so viel in Frage gestellt oder zerstört werden. Eine überwältigende Last von offenen Fragen, die die Krebserkrankung für die meisten Menschen mit sich bringt, werden in der Medizin und Öffentlichkeit genutzt, um massiv Druck auszuüben, und missbraucht, um mancherlei unseriöse Geschäfte zu machen. Verzweifelt sucht man als Patient nach einer objektiven Wahrheit.

Es kann aber nicht nur darum gehen, die richtigen therapeutischen Entscheidungen zu fällen, sondern es gilt auch, die persönliche Einstellung zum Leben und zur Krankheit zu hinterfragen. Für viele der Betroffenen sind die Heilungserlebnisse des Mut-mach-Buches von Christel Schoen von größter Bedeutung und können eine wesentliche Unterstützung sein. Die sehr persönlichen Heilungswege können andere von der Krankheit Betroffene motivieren und Mut machen, die Hoffnung auch in schwierigen und mitunter als aussichtslos empfundenen Situationen nicht aufzugeben.

Individuelle Heilungswege werden in der konventionellen Medizin viel zu wenig beachtet. Dabei ist in der Zwischenzeit auch wissenschaftlich erwiesen, dass sich gut dokumentierte Krankheits- bzw. Heilungsverläufe in ihrer Aussagekraft durchaus mit den Doppelblindstudien messen lassen können, welchen die Schulmedizin die alleinige Gültigkeit zuspricht. Zwar lassen sich aus den geschilderten Lebenswegen keinerlei Rezepte ableiten. Dennoch können die Berichte allen von der Krankheit Krebs betroffenen Menschen, die selbstverantwortlich handeln möchten, wertvolle Heilimpulse vermitteln.

Es ist so unendlich wichtig, den vielen negativen Informationen, die im Zusammenhang mit der Erkrankung auf die Betroffenen einstürmen, positive Impulse entgegenzusetzen. Ankerpunkte sind wichtig, wo Betroffene für sich tätig werden können, um nicht nur die richtige Therapiestrategie zu entwickeln, sondern auch der inneren Stimme oder dem inneren Arzt mehr Bedeutung beizumessen. Die Selbstheilungskräfte werden in ihren Möglichkeiten von der Medizin unterschätzt. Dabei liegt in ihnen ein Potential, das bei Weitem nicht ausgeschöpft wird. Vertrauen zu entwickeln in eine Therapie oder zu einem Therapeuten ist für die Aktivierung der köpereigenen Heilkräfte manchmal wichtiger als die Suche nach immer neuen oder vielfältigeren Möglichkeiten der Behandlung. ***Ohne den Sonnenstrahl von innen kann kein therapeutischer Samen wachsen.***

In diesem Sinne wünsche ich dem motivierenden Buch von Christel Schoen viele Leserinnen und Leser, die daraus neuen Mut und Hoffnung für die Bewältigung ihrer Erkrankung schöpfen können.

Im Namen des Vorstandes der Gesellschaft für Biologische Krebsabwehr e.V. danke ich Christel Schoen für die durch den Erlös des Verkaufes dieses Buches zugedachte Unterstützung der satzungsgemäßen Ziele unserer Beratungstätigkeit.

Herzlichst
Ihr Dr. med. György Irmey
Ärztlicher Direktor
Gesellschaft für Biologische Krebsabwehr e. V. (GfBK)
Voßstr. 3, 69115 Heidelberg
www.biokrebs.de

Mit dem Herzen heilen

von Ebo Rau

Jeder kann heilen – sich selbst und andere.
Auch du kannst es!
Du musst es nur mit deinem Herzen tun

– ehrlich, innig und liebevoll.
Du kannst mit dem Herzen heilen – dich selbst und andere,
jederzeit und an jedem Ort.
Denn du bist ein göttliches Wesen
und göttliche Heilungen sind immer möglich.

Auch deine Gedanken und Worte können heilen,
wenn sie tief von deinem Herzen kommen – wohlmeinend.
Deine Gedanken werden dann zu starken Heilgedanken,
deine Worte zu Heilgesprächen
und deine Bildervorstellungen zu Heilbildern.

Wisse! Nicht nur du kannst heilen, jedes Wesen kann heilen!
Dann wird eine Pflanze zu einer wunderbaren Heilpflanze,
ein Unkraut zu einem Heilkraut, Viren und Bakterien zu Heilwesen,
ja, sogar die giftige Tollkirsche kann bei richtiger homöopathischer
Dosierung zu einem Heilmedikament werden.

Alles kann heilen – zu einem Heilimpuls werden.
Es muss nur vom Herzen kommen,
mit Liebe und Vertrauen in die göttliche Macht.

Ebo Rau[1]

1 Ebo Rau: Hörbuch „Mit dem Herzen heilen“, 2010 – s. Benefizbücher der GfBK im Anhang.

Einleitung

„Akzeptiere die Diagnose, nicht aber die Prognose."
Caryle Hirshberg

Im Sinn von Caryle Hirshberg, einer amerikanische Biochemikerin, kann dieses Buch jedem an Krebs Erkrankten und den ihm nahestehenden Menschen Mut machen und ein guter Wegbegleiter durch eine schwierige Zeit werden. Es ist kein medizinischer Ratgeber. Aber besonders Menschen, die gerade erst mit einer Krebsdiagnose konfrontiert wurden, können hier eigene Ängste und Zweifel wiedererkennen. Sie erhalten nützliche Informationen und wichtige Impulse, die ihre Sichtweise erweitern und neue Hoffnung schöpfen lassen. Wer seine Krankheit annimmt und sich von ihr nicht entmutigen lässt, hat bessere Chancen auf Heilung. Eine hoffnungsvolle Einstellung aktiviert die inneren Selbstheilungskräfte, fördert konstruktive Bewältigungsstrategien.

Die Autorinnen und Autoren machten sich auf eine persönliche Spurensuche, um herauszufinden, was sie selbst aktiv für ihre Genesung tun können, wie sie ihre Lebensqualität verbessern oder durch einen längeren intensiven Prozess der Reifung Frieden mit der Krebserkrankung schließen können. Auf sehr persönliche und bewegende Weise schildern sie ihren Weg vom „Behandelten zum Handelnden". Sie beschreiben, wie sie ihr Leben selbst verantwortungsvoll in die Hand nahmen, unter anderem Beratung suchten, mit anderen Erkrankten sprachen, eigene Entscheidungen trafen, auf sich vertrauten und mit allen Kräften hinter den gewählten Therapiemethoden standen.

Zweifel, Hilflosigkeit, Angst vor dem, was ist und noch kommen mag, prägen jeden, der die Diagnose „Krebs" erhält. Das ist so, und es wäre nicht richtig, es einfach zu leugnen. Die Beiträge im „Mut-mach-Buch" lassen deshalb auch einen Raum entstehen für eine Auseinandersetzung mit Themen, die unsere Kultur eher mit Tabus belegt: Angst vor dem Tod, Angst vor dem Weiterleben, Angst vor

Bedürftigkeit, Schmerz und Leid. Die Geschichten können helfen, die Sprachlosigkeit zu überwinden. Sie regen zum Nachdenken und Mitfühlen an und vermitteln mehr Verständnis für die Erkrankung und ihre möglichen Nebenerscheinungen. Sie zeigen uns auch, dass das, woran wir glauben, was wir uns wünschen und was wir mit Entschlossenheit, Freude und Liebe verfolgen, auch wahr werden kann.

Kein Krankheitsverlauf gleicht dem anderen. Jede Autorin und jeder Autor hat eigene Strategien zur Bewältigung der Krankheit entwickelt und verfügt über eigene Erfahrungen. Sie können andere in ähnlichen Situationen trösten, ermutigen, informieren, inspirieren, ja sogar unterhalten und erheitern. Vor allem aber können sie die besonderen Empfindungen widerspiegeln, die nur Menschen in ähnlichen Lebens-Grenzsituationen wirklich verstehen können.

Anfang 2008 wurde bei mir selbst Krebs diagnostiziert. Ich befand mich plötzlich in einer extremen Notsituation. Alles, was vertraut, sicher und selbstverständlich war, wurde plötzlich in Frage gestellt. Die Angst vor der Zukunft, davor die Rolle im Beruf und in der Familie nicht mehr ausfüllen zu können, und die Aussichten auf strapaziöse Therapien belasteten mich und auch alle mir nahestehenden Menschen sehr.

Die liebevolle Unterstützung meiner Familie und die persönliche Begleitung von lieben Freunden, Bekannten, Nachbarn, Kollegen aus dem Berufsleben u. a. trugen mich durch eine sehr schwierige Zeit. Vor allem durch die Gnade, die Kraft meines Glaubens und der Gebete vieler lieber Mitmenschen zu spüren, tröstete mich und gaben mir neuen Mut und stärkten meine Zuversicht, dass die Krankheit einen tieferen Sinn hat und ich meinen Weg der Genesung finden werde und gehen kann.

Während dieser Zeit entwickelte ich die Idee, mit einem Buchprojekt ein „Mut-mach-Buch“ mit Kurzgeschichten und Gedichten zusammenzustellen, von Autorinnen und Autoren, die durch den konstruktiven Umgang mit ihrer Krebserkrankung zu Leuchttürmen werden können im Meer der negativen gesellschaftlichen Vorstellungen, der niederschmetternden Statistiken und Prognosen.

Die Zahl der Teilnehmer/innen am Buchprojekt war überwältigend und hat mich darin bestätigt, dass es wichtig ist, diese oft im Verborgenen gebliebenen Krebspatienten mit ihren wertvollen Erfahrungen und positiven Bewältigungsstrategien in die Öffentlichkeit zu holen.

Die Autorinnen und Autoren konnten ihre Autorenkennzeichnung wählen. Sie finden sie, wenn es gewünscht war, unter dem Beitrag. Ein Kontakt kann unter der Mail-Adresse des Buchprojektes **info @projekt-mut-mach-buch.de** hergestellt werden.

Ich freue mich auch über jede neue Geschichte, Ihre spezielle Geschichte. Schreiben Sie mir ebenfalls an: **info@projekt-mut-mach-buch.de**

Ich wünsche allen Leserinnen und Lesern die gleiche Freude, die ich beim Umsetzen des Buchprojektes hatte, dazu die notwendige Kraft, den eigenen Weg zu finden und gelassen zu gehen, mit der Hoffnung und Zuversicht, dass alles seinen Sinn hat, ganz gleich, wie es auch ausgehen mag.

Christel Schoen
Projektinitiatorin und Herausgeberin

Mitten im Fluss des Lebens

von Rita Bayer

Mein 60. Geburtstag, im Mai 2004, wird mir ewig in Erinnerung bleiben. Werden mir die Schmerzen, die mich seit Wochen quälen und jetzt wie ein Spuk wieder weg sind, eine Pause gönnen zum Feiern? Ja, sie gönnen mir sogar noch den gebuchten Urlaub, mit meinem Mann in Montenegro. Dort melden sich die Schmerzen nur an zwei Tagen.

Kaum wieder daheim angekommen, treten diese krampfartigen Bauchschmerzen erneut massiv auf. Meine Gedanken schweifen zurück, zu zwei Ärzten, die unabhängig voneinander, trotz Ultraschall, Blutbild, Stuhlproben und Abtasten, lediglich einen Reiz-Darm diagnostizierten und mich mit Medikamenten vertrösteten.

Etwas entmutigt, suche ich meinen langjährigen Hausarzt auf. Die Darmkolik, wie ich sie nenne, hat mich gerade im Griff. Er sieht mir meine Schmerzen an, tastet meinen Bauch ab und spürt eine Wulst an der rechten Seite. Endlich habe ich das Gefühl, es nimmt mich jemand ernst. Er bringt die Sache endlich ins Rollen, schickt mich zum Radiologen. Wie dankbar war ich ihm. Beim Computertomogramm wird eine länger verlaufende Verdickung der rechten Dick-Darmwand ersichtlich, eine Operation sei unumgänglich, sagt man mir.

Eine Darmspiegelung ist der nächste Schritt. Ich muss fünf Tage auf den histologischen Befund warten. Welch ein Glück, unsere große Tochter reist an, die Enkelkinder haben gerade Ferien. Sie schickt mir der Himmel. Wir genießen diese sonnigen Tage, die mir als Galgenfrist bleiben, in unseren Garten und auf der Terrasse. Die Kinder können so wunderbar ablenken von dem, was mir bevorsteht. Meine Tochter begleitet mich zum Arzttermin in die Stadt. Wir frühstücken noch zusammen in einem Café. Immer noch bin ich gelassen. Etwas angespannt sitze ich dann meinem Arzt gegenüber. Von allem, was er sagt, bleibt nur ein Wort hängen: „Bösartig“.

Plötzlich scheint alles um mich still zu stehen, all meine Vorahnungen und Ängste sind Realität geworden. Ziemlich verloren, auf weitere Untersuchungen wartend, findet mich meine Tochter am Gang wieder, mein Mann ist am Handy, er wird die Schreckensbotschaft gleich erfahren. Bei dem offenen Abschlussgespräch mit dem Arzt, ist meine Tochter dabei. Ihr Dasein gibt mir Halt.

Die Heimfahrt verläuft schweigend. In Tränen aufgelöst, empfängt mich daheim mein Mann, wir weinen alle, mein Enkel sagt: „Was ist denn jetzt los?“ Meine Tochter informiert den Rest der Familie. Ich ziehe mich auf die Terrasse zurück, möchte alleine sein. Die volle Tragweite der Situation erfasst wohl meine zweite Tochter, sie ist Krankenschwester. Sie ruft zurück, begleitet mich mit ihren Gedanken.

Mein Internist hat gleich mit der Klinik den Operationstermin abgesprochen. Mein Mann bringt mich in die Klinik. Wie schwer fällt es ihm, darüber zu sprechen. Er leidet mit mir, tröstet mich, wir werden es gemeinsam schaffen.

Der Klinikalltag hat mich schnell im Griff. Tag für Tag reiht sich eine Untersuchung an die andere. Ziemlich erschöpft und durchgefroren komme ich abends in meinem Zimmer an. Am Abend vor dem Operationstag warten dort zwei Krüge Flüssigkeit auf mich. Ich fasse es nicht. Hilflos und verloren gehe ich damit ins sonnendurchflutete Treppenhaus. Der Tag zieht noch einmal an mir vorbei, das nüchterne Gespräch mit dem Arzt hat mich nicht gerade aufgebaut. Mit Gott hatte ich in den vergangenen Wochen immer wieder ein Zwiegespräch geführt: Wenn es etwas Schlimmes ist, lass es nicht zu spät sein. Das sind meine letzten Gedanken, dann verhilft mir eine Tablette zu dem erlösenden Schlaf.

Am nächsten Tag werde ich gegen Mittag zur Operation abgeholt. Noch ein kurzes Telefonat mit daheim. Nach ein paar aufmunternden Worten eines Pflegers tauche ich in die sterile Welt der Ärzte ab. Im Narkoseschleier merke ich kurz, dass man mich ins Wachzimmer bringt, irgendwann in mein Zimmer. Ein Anruf von daheim verschwimmt im Nebel.

Am Morgen steht eine Krankenschwester vor meinem Bett, fragt, ob ich mich waschen kann. Ich kann gar nichts. Zum Glück kommt meine Schwester, die in der Nähe wohnt, und hilft mir, welch eine Wohltat.

Bei der Visite steht wieder der gleiche Arzt vor meinem Bett und sagt, dass die Operation gut verlaufen sei. Man hat mir einen acht cm großen Tumor und 60 cm vom Dickdarm entfernt. Immer noch wundere ich mich, dass ich nie einen anderen Arzt zu Gesicht bekomme. Ich habe weder meinen Narkosearzt noch meinen Operateur kennen gelernt, es ist August und Urlaubszeit, ich werde es noch zu spüren bekommen.

Vier Tage nach meiner Operation bekomme ich das erste Mal zu essen: Tomatensuppe, wie köstlich! Doch dann folgt Vollwertkost – für meinen noch sensiblen Darm. Ich leide unter starken Bauchschmerzen, bekomme Schmerzmittel. Über Tage ändert sich nichts. Wie wohltuend empfinde ich es, als endlich ein Arzt kommt, sich auf mein Bett setzt und Zeit für mich hat, wie ich glaube.

Er kommt von der Onkologie und überbringt mir schonungslos die nächste Hiobsbotschaft: Es wären zwei Lymphknoten befallen, ich würde eine Chemotherapie brauchen! Meine Chancen würden 50 zu 50 stehen. Ich kann seine Worte nur fassungslos aufnehmen.

In einem Meer von Tränen versinke ich in mein Kissen. Mein Mann ist der Erste, der es telefonisch erfährt. Wie soll er mich trösten können bei dem, was ich gerade fühle: Todesangst!

Nach 13 Tagen, an meinen Entlassungstag, steht plötzlich ein Ärzteteam bei der Visite in meinem Zimmer, ich kann es kaum glauben. Ein freundlicher Oberarzt stellt sich vor, er ist vom Urlaub zurück. Was habe ich bloß verbrochen …?

Meine Schwester holt mich ab, wir fahren in ihre nahegelegene Wohnung, wo gerade mein Mann eintrifft. Mit lieben Grüßen von meinen Kindern. Wir sind froh, dass wir uns wiederhaben.

Nach ein paar Tagen stelle ich mich bei meinem Hausarzt vor. Er ist ganz verwundert, dass von der Klinik keine Reha beantragt wurde. Mir war gesagt worden, das machen die Ärzte draußen. So ist es an mir, telefonisch über die Sozialstelle der Klinik meine Reha in Gang zu bringen. Außerdem legt er mir ans Herz, doch gleich Kontakt mit dem Onkologen vor Ort aufzunehmen, der für den Ablauf der Chemotherapie zuständig sein wird.

War ich bis jetzt von ärztlicher Anteilnahme nicht gerade verwöhnt, so wartete in dessen Praxis der nächste Schock auf mich. Hinter der Rezeption saßen die Chemopatienten in Sesseln mit Schläuchen, angeschlossen an Infusionsgeräte. Na toll, das ist genau das, was ich jetzt brauche!

Ich erhoffe mir wenigstens ein einfühlsames Gespräch mit dem Arzt, doch mein Gegenüber erklärt mir ohne Emotionen schonungslos alles bis hin zum Sterben. Auch dass die erste Chemotherapie schon während der Rehamaßnahme erfolgen muss, da sich sonst sofort Metastasen bilden können. Alles Weitere zieht an mir vorbei, ich habe kein Ohr mehr. Weinend und verzweifelt verlasse ich ihn. Mein Hausarzt, den ich in meiner Ratlosigkeit aufsuche, baut mich wieder etwas auf und meint, er wäre hier der Beste. Jetzt brauche ich erst mal Abstand von allem, was mir zusätzliche Energie raubt. Ich bin enttäuscht, wie wenig ich als Mensch, mit dieser lebensbedrohlichen Erkrankung, wahrgenommen werde.

Ein Lichtblick ist meine bevorstehende Reha in Bayrisch-Gemein. Mein Mann bringt mich hin, ermutigt mich: „Jetzt bist du in deiner Heimat, wir sind zusammen so gerne in die Berge gegangen.“ Allmählich fange ich an, mich frei zu fühlen, mich wieder zu spüren, meine gequälte Seele atmet auf. Der freundliche Stationsarzt gewährt mir gleich beim Erstgespräch eine Woche Verlängerung, da ja die erste Chemotherapie hier stattfinden soll.

So genieße ich die Septembersonne im Klinikgarten und ebenso die Anwendungen. Mein Darm lässt wieder alle Genüsse des Essens zu. Am ersten Abend lerne ich eine Frau aus Ingolstadt und einen Mann aus Frankfurt kennen. Wir spüren gleich eine Wellenlänge, die uns verbindet, verbringen gemeinsam schöne Wochenenden, erkunden die Umgebung.

Einen kleinen Schatten wirft meine erste Chemotherapie auf diese Zeit. Die Nebenwirkungen merke ich schon am Wochenende, ich bekomme Herpes und meine Mundschleimhaut verändert sich. Das soll sich noch oft wiederholen. Ansonsten nutze ich diese kostbare Zeit der Reha für einsame Spaziergänge, lasse meine Traurigkeit und Angst zu, die eben auch da ist. Irgendwo formt sich ein neues Bewusstsein über mein Leben. Nach vier Wochen fühle ich mich wie neugeboren. Als Krönung führt am letzten Wochenende unser gemeinsamer Weg zum Predigtstuhl (Berggipfel) hoch, wie stolz sind wir auf unsere Leistung.

Das nächste halbe Jahr wird die Chemotherapie Teil meines Lebens sein. Wieder daheim muss ich mich nun dem Albtraum stellen. Augen zu und durch, so werde ich die Situation annehmen können. Nach dem Blutbild, das sich gut darstellt, tropft zum zweiten Mal die Flüssigkeit erbarmungslos in meine Vene. Obwohl mir ein Arzt prognostiziert, dass ich die Haare nicht verlieren werde, merke ich schon nach der zweiten und dritten Chemotherapie, dass ich büschelweise meine dichten Naturhaare verliere.

Als Nächstes suche ich eine Perücke aus, zwei Freundinnen stehen mir bei. Es ist so wohltuend, sie zur Beratung an meiner Seite zu haben. Der schlimmste Tag jedoch steht mir noch bevor: Vor einem mit einem Tuch verhängten Spiegel wird mir der Rest meiner einstmaligen Haarpracht abrasiert. Der Anblick ist ein Schock, ich fühle mich meiner Würde beraubt, ich bin so unendlich traurig.

Daheim zeige ich mich mit meiner Glatze. „Könnt ihr mich so annehmen?“, lautete meine Frage. Endlich kann ich weinen. Während meiner Chemotherapie hat mich meine zweite Tochter mit einem Onkologen in München bekannt gemacht, der ganzheitlich Krebspatienten behandelt. Ich finde in ihm einen wunderbaren, vertrauensvollen Menschen, der mir zum ersten Mal meine Situation an Hand meines Krankheitsbildes einfühlsam erklärt. Er versucht, mein Immunsystem während der Chemotherapie mit alternativen Heilmitteln aufzubauen. Ich spritze sogar zwei Blöcke Mistel. Seine väterliche Art bezieht auch den seelisch-psychischen Prozess mit ein.

Er wird für längere Zeit der Arzt meines Vertrauens, ist immer telefonisch erreichbar, macht mir Mut, bringt mich auf den Gedanken, mir doch eine Auszeit zu nehmen, um zur Mandelblüte nach Mallorca zu fliegen. Dieser Floh im Ohr wird zu einem Gedanken, der mich beschäftigt und Realität wird. Meine große Tochter ist sofort begeistert, bietet sich als Begleitung an. Es ist Februar, wir erleben die Mandelbäume in voller Blüte, sind umgeben von dem Duft, betört von der Schönheit der Insel. Wir mieten uns für zwei Tage ein Auto. Bei den Fahrten über die Insel nehmen wir die warmen Farben der Häuser in Terrakotta und Sand als Wohltat für die Augen auf. Wir genießen unsere Gespräche, die Zweisamkeit, das Ambiente des Hotels, das Flair und den Zauber der Insel.

Was hat mein Arzt in München gesagt? Alles, was Sie an Negativen an sich ranlassen, ist Nahrung für den Krebs. Was ist für Sie wichtig, um wieder ganz gesund zu werden?

Die Chemotherapie, die mich daheim wieder erwartet, liegt in weiter Ferne, das ist wie Balsam für meine Seele. Alles, was hinter mir liegt, fällt erst mal von mir ab. Was wie ein kleines Wunder ist: Auf meinem Kopf sprießt nun ein zarter Flaum, meine Haare kommen wieder zurück, ich bin so glücklich. Bei dieser Krankheit hat alles seine Zeit, dieser Spruch wurde so etwas wie ein Credo für mich. Früher war mir Perfektionismus heilig, und ich hatte mir ein gewisses Arbeitstempo angeeignet. Jetzt aber sind Geduld und Zeit meine großen Lehrmeister.

Nach meiner sechsten und letzten Chemotherapie im Februar 2005 entlässt mich der Onkologe mit einem negativen Tumormarker und gutem Blutbild. Nach dem Abschlussgespräch mit dem Arzt, den ich innerlich nie so ganz hatte annehmen können, habe ich nur den Wunsch, nie mehr hierherkommen zu müssen.

Ich habe jetzt nur noch ein Bedürfnis, hinaus in die Natur, durchatmen! Mein Mann lädt mich zum Essen ein. Wir danken beide einem Höheren, der uns auf diesen Weg begleitet hat. Allmählich stellt sich meine Lebensfreude wieder ein. Ich beginne Veeh-Harfe zu spielen, ein Saiteninstrument, das ich bei einer Freundin kennen gelernt hatte. Ich bin davon begeistert. Man legt ein Notenblatt unter und kann spielen, ohne Noten zu lernen. Ich gehe einmal wöchentlich zur Musikschule, spiele mit Freunden, habe zu meiner Freude schon öffentliche Auftritte gemeistert, vergesse Zeit und Raum beim Spielen. Auch das Singen in meinem kleinen Chor nehme ich wieder auf.

Von meinem Münchner Arzt prägt sich mir ein schöner Satz ein: „Der Heiler ist in Ihnen, das Werkzeug dazu trage ich in mir." Wenn gleich jetzt auch fast zwei Jahre vergehen mussten, bis ich meine bekannten Kräfte wieder spüren konnte, so lernte ich doch während dieser Zeit, die festgefahrenen Gleise meines Lebens loszulassen.

Ich lese viele Bücher von Autoren/innen, die über ihre Erfahrungen mit Krebs berichten. In einem Krebskalender, finde ich folgenden Satz: „Krebs ist ein strenger Lehrmeister, aber auch er darf gehen, wenn wir seine Lektion gelernt haben."

Weitere wichtige Säulen sind mein Glaube an Gott, meine Familie, mein Mann, meine drei Kinder, meine zwei Enkelkinder, wenngleich der Kontakt meistens telefonisch ist, wegen der weiten Entfernung.

Rückblickend betrachtet, wusste ich zu keiner Zeit besser, was es heißt, gesund zu sein. In diesem Prozess fanden sich immer wieder Menschen, die mich ein Stück wohlwollend begleiteten. Eine mir von früher bekannte Frau, die therapeutische Körperarbeit macht, erfuhr von mir und bot mir an, zum halben Honorar ein paar Stunden zu geben. Ich erlebte zum ersten Mal, was heilende Hände bewirken können. Sie legte ihre Hände genau an die Stelle meines Bauches, an der mein Tumor saß, und erzeugte die gleichen Geräusche, womit sich mein Darm während meiner Schmerzen bemerkbar machte. Sie war für mich ein Mensch, der ausgestattet ist mit einer Gabe von etwas Höherem.

Insgesamt wünsche ich mir mehr Sensibilität von ärztlicher Seite für diesen psycho-onkologischen Bereich. In der Arzt-Patienten-Beziehung ein wenig mehr aufgefangen zu werden, würde so manche Ängste nehmen.

Erfahrungen mit Meditation halfen mir, meinen inneren Frieden und meine Mitte langsam wiederzufinden. Nun liegt diese schwere

Zeit schon über sechs Jahre zurück, meine Nachsorgeuntersuchungen und Darmspiegelungen waren immer ohne neuen Befund, ich fühle mich gut und habe unglaubliches Glück gehabt, wie man mir von ärztlicher Seite, bei einem Krankheitsstadium drei, immer wieder versicherte.

Meine Geschichte will ich abschließen mit einem Zitat aus meinem Krebskalender: „Das Leben ist ein beständiges Gehen im Labyrinth: ankommen und aufbrechen, zur Mitte finden und sie wieder verlassen, sich wenden müssen und doch immer weiterkommen."

Rita Bayer

Verluste von Z bis A

von Jutta Beuke

Mit der Brustamputation bekam das Wort Verlust immer mehr Gewicht in meinem Leben: Verlust von Energie, von Denken „es geht immer so weiter“, „die ganze Welt steht offen“, von „auf lange Sicht planen wollen“, von Attraktivität und von vielem mehr. Erst mit Distanz zum Geschehen und zur Krebserkrankung erkenne ich allmählich, dass der Abschied der linken Brust auch Aufbruch zu etwas Neuem war, zu etwas, das auch Chancen beinhaltete, zu etwas, das mich dem Leben, mir selbst, wieder nähergebracht hat.

Ich gehe einen Schritt zurück: Ich wollte (ursprünglich) einen Text zum Thema Verlust schreiben, über das, was mir nach der Krebsdiagnose, Operation und Bestrahlung begegnet ist. Darüber, dass etwas zu Ende gegangen war, das mir viel bedeutet hatte und nun verloren schien.

Beim inneren Durchforsten des Themas rührte sich unerwartet Widerstand. Wollte ich wirklich von Schmerz und Verlust schreiben? Leicht irritiert sammelte ich zunächst jedoch weiter Begebenheiten, Erinnerungen, die mit Verlust zu bezeichnen waren, und dann passierte etwas Sonderbares: Beim Schreiben veränderte sich meine Perspektive auf die Verlustmomente. Mir wurde beim Notieren bewusst, dass vieles davon, was sich im ersten Moment als Schrecken, als schmerzhafter Verlust dargestellt hatte, „rückwärts betrachtet“ tatsächlich ein überwiegend positiv besetzter Neubeginn war. Bei näherer Betrachtung wandelte sich der Verlust in gewisser Weise zu einem Gewinn, zu einer Bereicherung. Auf den ersten Blick grotesk?

Es gab so viele (Verlust-)Stationen. Ich wählte daher die Methode, die mir vom Namen her passend erschien: Verluste von A bis Z. Es wurde eine Art Inventarisierung der Zeit nach dem Krebs. Und da sich alles wandelte, drehte ich das A-B-C-Darium um, schrieb es von Z bis A:

Z – Der Verlust von **Zusammengehörigkeitsgefühl** zu meiner Schwester ließ mich plötzlich ohne (Ursprungs-)Familie sein. Nach und nach konnte ich die Zwanghaftigkeit unserer Schwesternbeziehung und die damit verbundene Unfreiheit deutlich sehen. Die Loslösung, das Kappen des Kontaktes, wurde Teil eines heilenden Prozesses für mich … und vielleicht auch für sie.

Y – Der Verlust der alten **Yucca**-Palme, an der ich so hing, die von Wohnung zu Wohnung mitzog und dann beim letzten Mal im Umzugswagen vergessen wurde und einfach stehen blieb. Und dann eigentlich keine Lücke hinterließ.

X – Der Verlust der **XL-Größen**, die nach der Ernährungsumstellung bejubelt in die Kleiderspendenbox wandern konnten.

W – Der Verlust des festen, fast zwanghaften **Willens**, „immer alles richtig machen zu wollen", brachte mehr Leichtigkeit in mein Leben.

V – Der Verlust meiner körperlichen **Vitalität** zwang mich, irgendwann nach langer Zeit des Ignorierens, die Alarmzeichen richtig zu deuten, meinem Körper zuzuhören, den Knoten als Knoten zu sehen und dementsprechend zu handeln.

U – Der Verlust der von mir so geliebten **Urbanität** (Stadtleben) öffnete mir, nachdem ich aufgehört hatte, dem Verlorenen nachzutrauern, den Blick für die Lust am Landleben und dem für mich darin liegenden Heilungspotenzial.

T – **Tumormarker**-Kontrolle. Ein Verlust, der mir nach Ablauf der regelmäßigen Kontrolltermine viele Angstsituationen ersparte.

S – Der Verlust der eigenen **Stimme** durch vorübergehende Stimmbandlähmung. Ein Verlust, der mir nach der ersten Panik meine eigene Abhängigkeit zeigte von dem, „wie etwas sein soll", und mich Dankbarkeit lehrte gegenüber dem, „was ist".

R – Der Verlust der **Redewendung** „auf Lachen folgen Tränen" machte mich frei, denn ich hatte diesen Satz lange unbewusst verinnerlicht und mir damit viel Lebensfreude genommen.

Q – Der Verlust der Einstellung „Der-wird-nichts-zu-viel-Frau" bescherte mir mehr **Lebensqualität**. Ich erkenne jetzt besser, wann ich mich überfordert fühle und wann ich andere um Unterstützung und Hilfe bitten muss.

P – Der Verlust des **Perfektionismus** entfaltete bei mir die Freude am Tun.

O – Der Verlust des Glaubens an die Schulmedizin und die onkologische **Omnipotenz** (Allmacht) erschütterte mich zunächst tief, denn beides wog mich lange Zeit in Sicherheit. Der Verlust öffnete mir den Zugang zur ganzheitlichen Betrachtungsweise und Behandlung meiner Krankheit und ließ mich darauf vertrauen.

N – Der Verlust von **Notlügen**. Ich verwendete sie zwar selten, empfand sie aber ab und zu als notwendig. Ihr Verlust brachte mich dem „selbst klarer sein“ etwas näher.

M – Der Verlust des **„Müssen-Denkens“**. Er machte meine Lebensgestaltung freier und kreativer. Vorher bestimmten Sätze wie „du musst …“, „man muss doch“ meinen Tag.

L – Der Verlust der **Logik** des Satzes: „Wer A sagt, muss auch B sagen“ nahm mir viele Ängste und Zweifel.

K – Der Verlust der falschen **Kumpanei** führte zu authentischen und klaren Beziehungen.

J – Der Verlust meines **Jobs** ließ mich erst verzweifeln und mutlos werden, öffnete mir aber später den Blick für meine brachliegenden Fähigkeiten und für andere, sinnvollere Tätigkeiten.

I – Der Verlust des krankmachenden **Irrglaubens**, dass man wirklich alles alleine machen muss, ließ mich rechtzeitig um Hilfe und Unterstützung bitten.

H – Der Verlust von zerstörerischem, aber gesellschaftlich anerkanntem **Humor**, der auf Schadenfreude beruht. Er wertet andere ab oder stellt sich als besserwissend über andere. Mir ist es wichtig, aus vollem Herzen, ohne Spott, Ironie, Zynismus, lachen zu können. Humor ist für mich auch, sich selbst auf die Schippe zu nehmen und offen und freundlich „Fehler“ zuzulassen.

G – Der Verlust der gesellschaftlich anerkannten **Gier** auf etwas Süßes führte mich zur lustvollen Ernährungsumstellung und einem angenehmeren Körpergefühl.

F – Der Verlust von **Freunden/Freundinnen**, die mich in der Akutphase nicht mehr ertrugen. Er trieb mich an, über Leben und Tod, über die Endlichkeit des Seins, auch über gegenseitige Wertschätzung nachzudenken und Nähe spüren zu lernen.
E – Der Verlust von falschem **Ehrgeiz**, der mich zum „Ausgepowert sein“ führte, ließ mich langsam zu mir kommen.
D – Der Verlust der **Depression**, die mich so oft an so vielem hinderte und die eigenartigerweise durch die Krebserkrankung schlagartig aus meinem Leben verschwand.
C – Der Verlust der **Chemie**, der ich lange vertraute und die mich fast blind gegenüber der Tiefe des Problems werden ließ, brachte mich zu einer neuen, ganzheitlichen Betrachtung meine Erkrankung und deren Bewältigungsstrategien.
B – Der Verlust der **Brust**, ein Verlust, der mich aus der Operation in einem Meer von Tränen erwachen ließ. Noch im Krankenhaus konnte ich meine Sicht auf die Welt, auf meine Familie, auf das, was mich als Opfer fühlen ließ, grundlegend zum für mich Positiven verändern.
A – Der Verlust der „**Alles**-muss-passen-und-vorbereitet-sein-Mentalität“ brachte mir endlich Entspannung und (fast) Gelassenheit in mein Leben.

Der Wandel, die Veränderung nimmt dem Verlust das Rückwärtsgewandte. Er verliert seinen Schrecken, wenn er in der Gegenwart angeschaut und beschrieben wird. Das Auflisten förderte mein Loslassen-können. Loslassen des in der Vergangenheit liegenden Verlustes. Es ermöglichte mir das Abtrennen des „VER“ – und wird so für mich zu „LUST“.

Eine wertvolle Erfahrung, die ich beim Schreiben machen durfte und für die ich sehr dankbar bin.

Jutta Beuke, 54,
Schreibpädagogin/Sozialwissenschaftlerin, Schondorf

Liebe lässt alles ertragen

von Britta Bieberich

Ein Jahr nach meiner Hochzeit – 1994 – erkrankte ich das erste Mal. Ich hatte AML (akute myeloische Leukämie) in einem schon sehr kritischen Stadium. Meine einzige Überlebenschance war damals eine Knochenmarktransplantation. Der Spender musste nicht gesucht werden. Er war da: meine eineiige Zwillingsschwester Silke!

Nach vier aggressiven Chemo-Blöcken musste ich für die Transplantation auf ein Knochenmarktransplantations-Zimmer (KMT) in der Kieler Uni warten. Ich verbrachte viel Zeit in der „Schleuse", und das hieß für alle, die zu mir wollten, sich komplett verkleiden mit Kittel, Überziehschuhen und Mundschutz.

Jeder Chemo-Block bestand aus völlig unterschiedlichen Medikamenten. Der Oberarzt von der Uniklinik Lübeck sagte dazu immer: „Zuerst ermorden wir die bösen Zellen, dann vergiften wir sie und dann erschießen wir sie." Da ich selbst in einem medizinischen Beruf tätig bin, wusste ich, was er damit meinte. Er machte es so auch meinen Eltern verständlich. Für meine Eltern war es die Katastrophe schlecht hin – sie hatten fünf Jahre vorher ihren Sohn, meinen Bruder, bei einem Autounfall verloren. Meine Mutter konnte kaum ins Krankenhaus kommen, so schwer fiel ihr der Weg.

Mein Mann und meine Zwillingsschwester waren immer für mich da. Sie wechselten sich bei den Besuchen ab. Wir hielten uns fest, trockneten unsere Tränen, sprachen darüber, was kommen kann und wird, und lachten sogar auch mal.

Die Chemotherapie war grausam, schon nach dem ersten Block verlor ich meine Haare. Eines Morgens ging ich ins Bad und zog alle verbliebenen Haare raus. Dann setzte ich mir eine Mütze auf und schaute nicht mehr in den Spiegel. Mit der Zeit gewöhnte ich mich dann daran. Mein Mann sagte oft: „Du hast so schöne blaue Augen, auch wenn du keine Haare auf dem Kopf hast, so hat dein Gesicht doch ganz viel Ausstrahlung!“

Es gab Tage, da habe ich mir die Seele aus dem Leib gekotzt. Das ging manchmal schon morgens los. Ich hatte gerade alle meine Tabletten genommen, da kamen sie in hohem Bogen wieder raus. Ich klingelte nach der Schwester, bat um eine neue Portion „Medis“, die sollten ja gefälligst wirken. Dann versuchte ich erneut, die Medikamente zusammen mit einer Scheibe Toastbrot zu schlucken.

Nach langem Warten auf bessere Blutwerte durfte ich am 84. Tag endlich das erste Mal wieder nach Hause.

Während des Wartens auf das KMT-Zimmer bekam ich einen Rückfall. Ich musste wieder erst eine Chemotherapie machen, bevor die eigentliche Transplantation losgehen konnte. Der Professor der Klinik bemühte sich sehr, dass ich direkt nach der Chemotherapie ein Bett in Kiel bekam, damit kein weiterer Rückfall passieren konnte. Meine Schwester und ich waren damals das sechste Zwillingspaar, bei dem kein Knochenmark aus dem Becken des Spenders entnommen wurde, sondern es wurde eine sogenannte syngene Knochenmarkstransplantation durchgeführt. Dabei wird dem Spender wie beim Blutspenden das Blut entnommen. Vorher hatte Silke sich das Medikament Neupogen gespritzt, welches ihre Blutkörperchen drastisch ansteigen ließ. Das Blut wanderte durch einen Filter, sammelte ganz viele Blutkörperchen ein und wurde in den anderen Arm zurückgeführt.

Meine Überlebenschance war zu dem Zeitpunkt auf 20 % gesunken.

In Kiel kam dann der härteste Therapieteil: Zerstörung des gesamten Knochenmarks mit all seinen Zellen. Eine Krankenschwester legte die Therapieinstrumente an. Sie kam in doppelter Schutzkleidung und trug dicke Gummihandschuhe – zu ihrem eigenen Schutz gegen die Giftigkeit der Chemotherapie! Die bekam ich dann zu spüren. Um 10:00 Uhr begann die Chemotherapie, um 16:00 Uhr begann die „Spuckerei“ bis nachts um 02:00 Uhr. Dann war Ruhe.

Ich bekam danach die Spende meiner Schwester infundiert, und schon nach einer Woche hatte ich die ersten Blutkörperchen in meinem Sternalpunktat! In der Zwischenzeit entwickelte ich Pilze im

Mund, hatte eines Tages keine Stimme mehr. Meine Füße verloren ihre Haut, sodass ich nicht auftreten konnte, und ich war einfach nur sehr müde. Trotzdem bekam ich immer Besuch von meinen Liebsten. Mein Papa kam allein, mein Mann auch, meine Mutter und Silke kamen zusammen. Alle wechselten sich tageweise ab.

Schon nach einigen Tagen produzierten die Zellen meiner Schwester in mir wieder Blutkörperchen. Es ging mir von Tag zu Tag besser und nach 4 1/2 Wochen durfte ich die Heimreise antreten. Zu diesem Zeitpunkt fand die Kieler Woche statt, die am letzten Tag immer mit einem Feuerwerk endet. Die Krankenschwester sagte an diesem, auch meinem letzten Abend im Krankenhaus zu mir: „Hör heute Abend schön hin, das ist ein Abschiedsfeuerwerk nur für dich!" Ich stand in meinem Zimmerchen am Fenster und lauschte dem Feuerwerk, während mir die Tränen über das Gesicht liefen. Dann ging ich mit ganz kalten Füßen ins Bett. Morgen durfte ich nach Hause!!! Der Abschied von der Klinik fiel mir nicht leicht. Eine Krankenschwester meinte noch zu meinem Mann: „Pass schön auf deine Frau auf, sie ist eine Perle."

Dann lief erst einmal alles glatt bis 1999.

In diesem Jahr erkrankte meine Schwester an Brustkrebs. Leider auch schon in einem fortgeschrittenen Stadium. Der Tumor war schon drei Zentimeter groß und hatte in die Lymphknoten gestreut. Man hatte damals (Silke war 30 Jahre alt) erst nicht vermutet, dass es sich um einen Tumor, sondern dass es sich um eine Zyste handele und sie daher immer nur um jährliche Kontrollen gebeten. Das war falsch. Nun wurde ihr die Brust entfernt, sie bekam Chemotherapie und Bestrahlung – wieder eine Zeit, in der wir noch enger zueinanderfanden.

Leider hatte meine Schwester nicht das Glück wie ich, einen so wundervollen Partner an ihrer Seite zu haben. Sie war verlobt und hatte schon das Brautkleid im Schrank. Als sie mit den Therapien durch war, trennte sich ihr Partner von ihr. Das war eine ganz harte Zeit für sie – ich hätte den Freund umbringen können!

Doch sie lernte einen neuen Mann kennen und heiratete ihn. Zu dem Zeitpunkt trug sie schon ihr Kind unter dem Herzen, die kleine Sarah – einen Engel.

Auch wenn mir das Herz damals blutete – ich war nach den hochaggressiven Chemotherapien unfruchtbar –, so habe ich mich für Silke gefreut. Doch die Freude hielt nicht lange an, 2005 bekam Silke einen Rückfall: Knochenmetastasen.

In der Zwischenzeit (2004) wurde bei mir während einer regelmäßigen Krebsvorsorgeuntersuchung DCIS (Ductales Carcinoma in situ) in beiden Brüsten festgestellt. Aufgrund von Silkes Leid wollte ich eine Amputation beider Brüste vornehmen lassen. Ich habe viele Gespräche mit den Ärzten führen müssen, die es eher als eine Verstümmelung als eine Heilung ansahen, aber ich habe mich durchgesetzt.

Silke ging es derweil schlechter, Bestrahlungen halfen zunächst, doch mit der Zeit entstanden Metastasen in der gesamten Wirbelsäule. Sie hatte Knochenschmerzen, konnte ihre kleine Tochter nicht mehr tragen. Ich war, so oft es ging, da, kümmerte mich um die Kleine, half meiner Schwester beim Haarewaschen, Baden, Essenmachen. Ihr Ehemann war von morgens bis abends auf der Arbeit – meines Erachtens eine Art Flucht.

Silkes Blutwerte wurden schlechter, sie bekam Atemprobleme. Ich fuhr sie wieder einmal ins Krankenhaus, dort stellte man Knochenmarksmetastasen fest. Am 18. März 2006 durfte sie noch einmal nach Hause, weil sie es so wollte, denn ihre Tochter hatte Geburtstag. Am 20. März musste ich sie wieder ins Krankenhaus bringen. Am 21. März verabschiedete ich mich abends von ihr und sie fragte: „Kommst du morgen wieder?“ „Natürlich komme ich morgen wieder, gleich nach der Arbeit.“

Am nächsten Morgen stand ich auf und spürte Silke ganz deutlich. Ich fuhr nicht zur Arbeit, sondern direkt ins Krankenhaus. Ich wollte gerade in den Fahrstuhl steigen, als sich die Tür öffnete. Ich sah Silke im dem Bett liegen, das gerade auf die Intensivstation gefahren wurde. Sie bekam kaum Luft, röchelte, ich nahm sie bei den Händen und sprach mit ihr: „Ich bin bei dir, du schaffst das, und wenn du keine Kraft mehr hast, dann lass jetzt einfach los, ich liebe dich!“ Sie starb und ich war da.

An dieser Stelle muss ich sagen, dass es für mich immer deutlich leichter war, selbst diejenige zu sein, die krank war. Ich war in dem Strudel der Therapie gefangen und ging da einfach durch. Auch wenn es ganz schlimme Tage gab, so habe ich es doch irgendwie geschafft – ich hatte die Kraft dazu! Man muss an sich glauben. Meine Schwester leiden zu sehen und nicht helfen zu können, war viel schlimmer für mich. Ich habe versucht, ihr alles zu geben, was möglich war, und ich war im entscheidenden Moment bei ihr.

Bei einer späteren Familien-Aufstellung durch eine Therapeutin habe ich noch einmal bewusst von ihr Abschied genommen, und ihre Stellvertreterin hat mir dabei gesagt, ich solle nicht mehr traurig sein. Es ist gut so, wie es ist, und sie sei mir sehr dankbar. Das hat mich dann wieder stark gemacht.

Die Stärke brauchte ich auch, denn im September 2006 fand man bei mir trotz entfernter Brüste Lymphknotenmetastasen. Ich saß im Krankenbett und sagte den Ärzten: „Ich mache eine Therapie, aber NICHT GOLDSTANDARD[2], das hat bei meiner Schwester nicht geholfen. Darauf kann ich nicht vertrauen."

Leider lief in der Klinik dann irgendwie alles schief. Der Oberarzt, mit dem ich die Therapie besprechen sollte und mit dem mein Mann und ich einen Termin vorher vereinbart hatten, war gar nicht da. Stattdessen saß mir ein unbekannter Arzt gegenüber, der sich erst in meine Akte einlesen musste. Ich war total verunsichert.

Also setzte ich mich an den Computer und suchte alternative Kliniken mit gutem Ruf.

Ich mailte an die Uniklinik in Freiburg. Schon am nächsten Tag erhielt ich eine Antwort vom Professor, dass er ein Zimmer für mich hätte und mir helfen wolle. Also fuhren mein Mann und ich dorthin, unsicher, was passieren würde. Die Ärzte in Lübeck hatten mir Angst gemacht. Sie waren nicht sicher, ob ich die neue Chemotherapie ohne einen erneuten Ausbruch der Leukämie überstehen würde.

Die Ärzte in Freiburg waren sehr freundlich, ließen sich viel Zeit

2 Goldstandard bezeichnet das von den Fachgesellschaften empfohlene, beste Verfahren für die Diagnostik und Behandlung einer Krankheit.

für uns und erklärten alles genau. Schließlich begann ich mit einer Therapie, wollte diese aber daheim fortsetzen.

Schon am nächsten Morgen starteten mein Mann und ich die achtstündige Autofahrt nach Hause. Ich schlief während der Fahrt viel. Zu Hause suchte ich mir einen niedergelassenen Arzt meines Vertrauens und fand ihn. Er ist einer der Ärzte, die mich zur Leukämiezeit im Krankenhaus in Lübeck behandelt haben. Bei ihm fühle ich mich gut aufgehoben. Ich vertrug die Therapie ganz gut und konnte wieder neu starten.

Während einer Reha nahm ich dann noch einmal ganz intensiv Abschied von meiner Schwester – für richtige Trauerarbeit hatte ich nicht viel Zeit gehabt. Ich musste ja versuchen, an mich zu denken. Es flossen wieder viele Tränen, aber die Therapeutin tat mir gut.

Bis heute geht es mir gesundheitlich gut.

Ich mache Yoga, gehe lange mit meiner super schmusigen Hündin spazieren, habe einen liebenswerten Ehemann an meiner Seite und eine Hand voll, das ist vollkommen ausreichend, richtig guter Freunde, mit denen ich viel lachen und wundervolle Dinge erleben kann.

Außerdem habe ich eine ganz neue, liebevolle Bindung zu meiner Mutter aufbauen können. Sie hatte einfach zu viel zu trauern, um ihre beiden verstorbenen Kinder. Wir haben später offen über alles reden können, auch darüber, dass ich mich oft allein gefühlt hatte. Auch mit meinem Vater verstehe ich mich gut, ich bin immer wieder gern Gast bei meinen Eltern.

Ich konnte meine Nichte bei ihrer Einschulung begleiten. Sie nahm mich an die Hand und ließ mich gar nicht wieder los. Meine Liebe zu ihr ist sehr stark, und ich bete dafür, dass es immer so bleiben möge.

Und an schlechten Tagen halte ich Zwiesprache mit meiner Schwester und dann weiß ich, sie ist da und passt auf mich auf – und irgendwann werden wir uns wiedersehen …

Britta Bieberich, 41,
Arzthelferin, Obernwohlde

Weil ich das Leben liebe!

von Gabriele Brunst

Gestern, am Freitag, den 13. März 2009, war mein 52. Geburtstag. Diese Zeilen standen in der ersten Gratulationskarte, die ich an diesem Tag erhalten habe.

Achte gut auf diesen Tag – denn er ist das Leben – das Leben allen Lebens.

In seinem kurzen Ablauf liegt alle Wirklichkeit und die Wahrheit des Daseins,

die Wonne des Wachsens, die Größe der Tat, die Herrlichkeit der Kraft.

Denn das Gestern ist nichts als ein Traum – und das Morgen nur eine Vision.

Das Heute jedoch – recht gelebt – macht jedes Gestern zu einem Traum voller Glück und das Morgen zu einer Vision voller Hoffnung.

Darum achte gut auf diesen Tag.

An meinen Geburtstagen habe ich schon oft Rückblick gehalten auf mein bisheriges Leben. Ein schönes Leben, das auf eine sehr glückliche und umsorgte Kindheit, in der ich die Liebe meiner Eltern tagtäglich spürte, aufbaute. Ich bin sicher, dass sich dadurch diese mir eigene positive Haltung und Freundlichkeit *allem* gegenüber entwickelt hat. Ebenso wie das dadurch entstandene Lächeln, das sich meistens auf meinem Gesicht mehr oder weniger deutlich erahnen lässt.

Ich brauche Harmonie und Zufriedenheit und ... ich liebe das Leben!

Ende Mai 2007 hatte ich am Hals einen Knoten festgestellt, der von jetzt auf nachher da war, der mich elektrisierte und ein Angstgefühl verursachte, welches das Schlimmste vermuten ließ. Leider sollte es sich bewahrheiten.

Innerhalb der folgenden drei Jahre hatte ich zehn Operationen und zwei verschiedenen Chemotherapien zu überstehen. Bereits der Befund der ersten Operation, myoepitheliales Karzinom der Ohrspeicheldrüse, eine sehr seltene Krebsart, über die es weder Studien noch Erfahrungsberichte gab, schockierte mich und die ganze Familie. Bei den folgenden Operationen handelte es sich, bis auf zwei Fehlalarme, um Rezidive bzw. Mikrometastasen dieses Karzinoms. Die Krönung war dann die Fernmetastase in der Lunge.

Nach jedem Befund fiel ich in ein tiefer werdendes Loch, aus dem ich mich immer mühevoll emporstrampelte. Durch die eine Operation entstand außerdem eine einseitige Lähmung des Gesichtsnervs, welche ebenso wie die genähte Wunde Aufsehen erregte. Das Essen und Trinken sowie das Sprechen fielen mir schwer und Letzteres war teilweise sehr undeutlich.

Die Suche im Internet nach Informationen über diese Krebsart und nach anderen Betroffenen war ziemlich erfolglos. Dies spornte meinen Ehrgeiz an. „Nichts ist unmöglich", dachte ich, und „vieles, wenn nicht sogar alles, ist machbar." So ging ich die ganze Sache an. Ich wollte mehr über diese Erkrankung erfahren und mich nicht nur der „klassischen Medizin" und deren Therapien ausgeliefert fühlen. Also trat ich mit verschiedenen Beratungsstellen und einigen Professoren von Fachkliniken in Kontakt. Ich führte viele Telefonate, so auch mit dem Deutschen Krebsforschungszentrum sowie der Gesellschaft für Biologische Krebsabwehr, deren Mitglied ich sofort wurde. So sammelte ich Informationen, die sich im Laufe der Zeit wie Mosaiksteinchen zusammensetzen ließen, ohne jedoch bereits ein vollständiges Bild zu ergeben. Mit der Zeit begann sich mein inneres Gleichgewicht zu stabilisieren.

Bei meinen Recherchen stieß ich auf das Buch „Superfood – 14 Nahrungsmittel, die Ihr Leben verändern"[3] und war sofort fasziniert. Obwohl die Ernährung in unserer Familie ziemlich gesund war – viel frisches Obst, Gemüse, Salate –, ohne jedoch auf Pommes etc. zu verzichten, nahm ich mir vor, einige dieser Nahrungsmittel verstärkt in unseren Speiseplan zu integrieren. Ab sofort aß ich morgens ein Müs-

3 Pratt, Steven/Matthews, Kathy: Superfood – 14 Nahrungsmittel, die Ihr Leben verändern, Heyne 2005.

li mit Haferflocken, Heidelbeeren sowie Sojajoghurt. Es schmeckte einfach köstlich! Weiterhin begann ich, jeden Tag mehrere Tassen grünen Tee zu trinken, nachdem ich gelesen hatte, dass hierin starke Radikalfänger enthalten sind, die Tumore aushungern bzw. hemmen können.

Von einer befreundeten Nachbarin bekam ich ein Kopfmassagegerät (Brain-Shower[4]) geschenkt. Es wird am Kopf im Haarwirbelbereich angesetzt und dann langsam in Kopfrichtung vorgeschoben. Die Perlen an den Drahtenden bewirken diese Kopfmassage, welche die Meridiane unserer Organe stimuliert und einen positiven Einfluss auf Gedanken, Gedächtnis und Koordinationsfähigkeit ausübt. Darüber hinaus werden Lymphfluss, Kreislauf und Immunsystem angeregt. Also führe ich jeden Morgen gleich nach dem Aufstehen diese nur sehr kurze Zeit in Anspruch nehmende Massage durch. Es fühlt sich sehr gut an!

Eine mit mir befreundete Ärztin führte mich in die Misteltherapie ein, und obwohl ich fast 50 Jahre lang eine Spritzenphobie hatte, lernte ich schnell, mich selber zu spritzen. Gleichzeitig überprüfte sie bei mir durch kinesiologische Muskeltests, ob Blockaden/Energiestaus vorhanden sind, und lehrte mich eine entsprechende Klopftherapie, um diese Störungen des körpereigenen Energiesystems zu lösen.

Eine andere Freundin gab mir ein Buch über das Spurenelement Selen zu lesen. Hieraus lernte ich, dass Selen sowohl vor Krebserkrankungen schützen kann als auch entsprechende Behandlungen erfolgreicher macht. Da eher zu wenig Selen durch die Nahrung aufgenommen wird, empfehlen viele Therapeuten das Auffüllen des Selenspeichers durch Tabletten. Also führte ich von Zeit zu Zeit eine „Selen-Kur" durch und ergänzte meinen Speisenplan mit Nüssen, vor allem Paranüssen, die gute Selenquellen sind.

Schließlich begab ich mich in die Behandlung einer Neurologin, nachdem sich mein Gesichtsnerv durch diese Operationen wieder ver-

4 Brain Shower ist ein Kopfmassagebesen für vitalisierende und entspannende Kopfhautmassagen.

schlechterte. Diese riet mir zu einer psychoonkologischen Behandlung. Anfangs zögerte ich und war skeptisch, willigte dann jedoch ein und bin im Nachhinein froh darüber. So erfuhr ich von der Therapie zur „Aktivierung der Selbstheilungskräfte“ nach Dr. Carl Simonton, las sein Buch „Wieder gesund werden“ und machte diese Übungen regelmäßig. In dieser Zeit hatte ich auch Gelegenheit, einen Vortrag von Dr. Carl Simonton bei der Gesellschaft für biologische Krebsabwehr (GfBK) zu hören, was mich stark beeindruckte. Anschließend war ich von einem positiven Ergebnis dieser Therapie voll und ganz überzeugt.

Verwandte brachten mir von Nonnen aus Nepal ein Briefkuvert mit Sandkörnchen mit. Auf dem Kuvert stand: *Hier ist noch ein besonderes Geschenk – Sandkörnchen eines Mandalas, das Nonnen in einem Kloster in Tibet in viertägiger Arbeit fertigten unter Gesang und Gebeten. Sofort nach der Fertigstellung zerstörten sie es wieder. Es war ein wunderschönes Mandala in vielen Farben und Formen. Die Gebete der Nonnen sollen bewirken, dass der Sand bei Krankheiten unter das Kopfkissen gelegt wird und Gesundheit bringt.*

PS: Die Zeremonie der Nonnen war wirklich beeindruckend.

Selbstredend, dass ich dieses Kuvert unter mein Kopfkissen gelegt habe und es auch heute immer noch dort liegt. Auf meinem Nachttisch liegt auch ein Stoff-Duftsäckchen mit dem Aufdruck: Gib nicht auf, dein Wunder ist schon unterwegs.

Meine Neurologin schlug mir zusätzlich eine cranio-sacrale Therapie vor. Hierbei wird versucht, durch entsprechende Griffe und Massagen die unterschiedlichen Gehirn-, Gesichts- und Halsteile wieder in die richtige Position zu bringen bzw. auch den Gesichtsnerv zu stimulieren. Meine schon länger andauernde Gesichtsnervlähmung hatte sich mittlerweile nicht nur auf meine Mimik ausgewirkt, sondern auch eine Verschiebung der Gesichtsform verursacht. Diese Therapie kombiniert mit einer regelmäßig durchgeführten Gesichtsgymnastik, bewirkte, nach längerer Zeit endlich eine Verbesserung. Jeden Morgen betrachtete ich mich im Spiegel und freute mich über jedes, wieder neu entstandene Fältchen.

Zum Joggen und Tennisspielen ging ich währenddessen regelmäßig, obwohl das zwischenzeitlich recht anstrengend war. Durch meine gute Kondition überstand ich die Vollnarkosen bei allen Operationen sehr gut und mein innerer Motor brachte mich immer schnell wieder auf die Beine. Auch Sport ist eine wichtige und erfolgreiche Krebstherapie und es brachte mir sehr viel, aktiv und mobil zu sein. Als wenn ich dem Krebs damit zeigen wollte, mich kriegt man nicht so schnell unter.

Auf eine weitere Untersuchungsmöglichkeit bin ich gestoßen, und zwar auf ein Screening der Tumortätigkeit, ein von russischen Wissenschaftlern entwickeltes computergestütztes Diagnosesystem, genannt „Metatron". Hierzu hatte ich zwar Kontakt mit einem Spezialisten in Deutschland aufgenommen, jedoch bisher diese Sache nicht weiter verfolgt. Aber die Daten sind abgespeichert und jederzeit bei Bedarf aufzurufen.

Eine weitere Möglichkeit, um an weitere Informationen bzw. andere Betroffene zu kommen, bestand durch die Veröffentlichung meiner Daten bei NAKOS (Nationale Kontaktstelle für Selbsthilfegruppen in Berlin, s. Linkliste im Anhang), eine Information des Gesundheitstreffpunkts Mannheim. Dadurch habe ich zwischenzeitlich Kontakt zu zwei weiteren Betroffenen in Deutschland.

Auch beim neu gegründeten Behandlungs- und Forschungszentrum für seltene Krankheiten (ZSE) in Tübingen habe ich meine Daten hinterlegt, in der Hoffnung, von dort eventuell auch weitere Informationen zu erhalten.

Rückblickend schaffte ich es, dank der fantastischen Unterstützung meines Mannes, mich nicht fallen zu lassen. Die zahlreichen Aufmunterungen von seiner Seite und auch von meinen Kindern und dem großen Freundeskreis waren Gold wert. So allmählich schaffte ich es auch, unbefangen über meine Krankheit zu reden, ohne gleich oder anschließend in Tränen auszubrechen. Trotz der anfangs öfters gestellten Frage: „Warum trifft es mich?" hatte ich inzwischen gelernt, mich mit dem Krebs auseinanderzusetzen und alles etwas gelassener zu sehen. Es ist nicht so, dass ich die Krankheit ganz verdrängen würde, könnte oder wollte, nein. Sie hat einen Platz in meinem

Leben, ohne dass ich jedoch das Leben komplett darauf abstimmen würde. Alles zu seiner Zeit. Was bringt es, wenn ich mich jetzt aufgebe, in die Ecke setze und den Kopf hängen lasse, ändern wird sich daran nichts. Außer, dass ich mich schlecht fühle. Also gehe ich es an und versuche, das Beste daraus zu machen. Ich wusste, dass ich auf einer Zeitbombe saß, die jederzeit wieder explodieren konnte. Ich wusste ebenso, dass ich ganz gute Karten besitze, da man ganz anders mit einer Situation umgeht, deren Gefahren man kennt. Je mehr ich über diese Krebsart in Erfahrung bringen konnte, desto kleiner wurde die Angst vor dem Unbekannten, auch wenn mein Fall immer exotischer (gemeint: seltener) wurde. Tja, der Mensch ist ein Gewohnheitstier und selbst an so unschöne Dinge wie Operationen kann man sich „gewöhnen", positiv damit umgehen. Im Laufe meiner Krankheit hat mir meine Tochter mit folgenden Sätzen Mut gemacht: „Wer kämpft, kann gewinnen. Wer nicht kämpft, hat schon verloren!" Wir helfen dir alle, die einen mehr, die anderen weniger.

Das Leben ist viel zu schön, als dass es schon vorbei sein sollte. Wir wollen noch viel unternehmen, wollen die Entwicklung unserer Kinder weiter verfolgen und haben noch viele Pläne. Sprich, es ist einfach noch zu früh zum Sterben! Auf diese Weise hat sich auch meine Lebensqualität seit Auftauchen dieser Krebskrankheit nicht verschlechtert. Im Gegenteil – ich würde fast sagen – sogar verbessert, da ich die einzelnen Tage viel intensiver und sorgloser lebe als zuvor. Manche mir früher wichtig erschienenen Dinge habe ich zwischenzeitlich als Ballast abgeworfen und die Bedeutung auf wirklich wichtige Aufgaben gelegt.

Diese innere Gelassenheit tat sehr gut, und manchmal stellte ich mir die Frage, warum ich das nicht schon früher so gemacht habe. Aber so ist es nun mal im Leben, erst muss etwas Bedeutendes passieren, damit der Mensch in der Lage ist, die eingefahrenen Wege zu ändern, zu verlassen, um wieder gesund zu werden und weiterleben zu können – mit dem Ziel, vielleicht die 100 zu erreichen!

Vor einiger Zeit sah ich eine Fernsehsendung zum Thema „Hundertjährige". Ich kann es nicht anders ausdrücken: Es war einfach

KLASSE, wie agil, fit, aktiv und noch voller Energie die dort gezeigten Frauen und Männer ihr Leben in die Hand nahmen. So ähnlich stelle ich mir mein Leben auch vor. Also heißt es anpacken, sich von nichts so schnell entmutigen zu lassen, und versuchen, aus jedem noch so großen Rückschlag etwas Positives zu gewinnen und dadurch mit verstärkter Energie und Lebensfreude seinen Weg weiterzuführen. Hindernisse auf den Wegen sind zum Überwinden da und nicht, um aufzugeben oder anzuhalten.

Es hat alles einen Sinn, und es gibt immer ein Ziel, wenn man beides auch nicht immer auf den ersten Blick erkennt und findet – wäre ja auch zu langweilig, oder? Meine Lebensphilosophie: „Es gibt nichts, was es nicht gibt, und in jedem noch so schlechten Ereignis findet sich immer wieder auch etwas Positives. Manchmal dauert es, bis man sich dessen gewahr wird.“

Gabriele Brunst, 54,
Wirtschaftskorrespondentin, Mannheim

Mit offenen Augen durchs Leben gehen ...

von Heinz Busch

Vor Jahren wurde ich durch meinen Hausarzt aufgeklärt, dass ich wegen meiner vielen Mutternale zur einer Risikogruppe für Hautkrebs gehöre.

Gesundheitsbewusst, wie ich war, unterzog ich mich seitdem regelmäßig einer Vorsorgeuntersuchung beim Hautarzt. Natürlich wurden mir, in Abständen, mehrere Muttermale entfernt. Viele waren harmlos, doch das eine oder andere zeigte displastische Züge. So sammelte ich nach und nach meine „Muttermal-Erfahrungen". Jede Veränderung bei meinen Muttermalen sah ich mit einer gewissen Besorgnis. Meinen Körper *zieren* deshalb schon mehrere Narben.

Mit diesen eigenen Erfahrungen machte ich meinen Hautarzt bei der nächsten Vorsorgeuntersuchung auf ein verändertes Muttermal auf meiner Brust aufmerksam. Ich wurde von ihm beruhigt, es sei alles in Ordnung. Ich sollte aber in einem halben Jahr wiederkommen. Besagtes Muttermal wurde von mir weiter beobachtet und jede Veränderung registriert. Nach dem halben Jahr zeigte ich meinem Hautarzt beunruhigt die neuen Veränderungen meines Muttermals. Nach eingehender Untersuchung war erneut alles in Ordnung. Ich war aber nach wie vor noch sehr verunsichert und bat ihn deshalb, das Muttermal zu entfernen, dann wäre mir wohler. Zu meiner Beruhigung tat er dies auch.

Nach zehn Tagen hatte ich wieder einen Termin bei ihm zum „Fäden ziehen", dabei eröffnete er mir gleich den Befund des entfernten Muttermals. Malignes Melanom, Hautkrebs!

Da war es auch aus der Sicht des Hautarztes sehr gut, dass *wir* beim letzten Mal so vorbeugend gehandelt hatten und den Hautkrebs noch rechtzeitig entfernen konnten.

Das war im August 2002 – ich hatte Hautkrebs und von da an änderte sich meine Einstellung zum Leben grundlegend.

Von Beruf bin ich Polizeibeamter und muss mich mit der Bearbeitung schwerer Verkehrsunfälle befassen. Es ist deshalb nicht verwunderlich, dass mir immer bewusst ist, wie schnell es *aus* sein kann. Wie man schlagartig durch einen Unfall sein Leben verlieren kann, durch Selbstverschulden oder durch das Handeln anderer – in meinem Beruf sehe ich öfters die Folgen, wenn augenblicklich der schmale Grat zwischen Leben und Tod überschritten wurde.

Nach meiner Vorstellung vom Sterben war es „fair", wenn man im höheren Alter stirbt, dann, wenn der körperliche Verschleiß seinen Tribut fordert. Oder man gehört zur Gruppe der „selber Schuldigen" wie Raucher, die an ihrem Lungenkrebs sterben, Alkoholiker an ihrer Leberzirrhose und Managertypen könnten ja langsamer treten, um dem unweigerlich folgenden Herzinfarkt zu entkommen. Ich glaube, teilweise hat ja jeder sein Schicksal mehr oder weniger selber in der Hand. Aber dass entartete Zellen in meinem Körper mir mein Leben nehmen könnten, gehörte nicht zu meiner Vorstellung vom Sterben, es passte nicht in mein bis dahin vorhandenes Weltbild.

Jetzt sind mehrere Jahre vergangen in dem Bewusstsein, dass der Vorrat meiner Tage begrenzt ist. Ich will keinen Tag vergeuden oder nur die Zeit „totschlagen".

Ich versuche seitdem nach folgenden Leitsätzen und Lebensweisheiten zu leben: „mit offenen Augen durchs Leben gehen, an den kleinen, unscheinbaren Dingen Gefallen finden oder sich nicht mit schönen Träumen begnügen, sondern sie in die Wirklichkeit umsetzen und erleben.

Eines meiner vielen Hobbys, die ich mir inzwischen zugelegt habe, ist unter anderem das Dichten und „Verserl schreiben". Am liebsten schreibe ich im Dialekt bzw. in bayrischer Mundart, denn so klingen die Reime harmonischer und in gewisser Weise auch melodischer. Ferner kann man so unsere herrliche bayrische Muttersprache pflegen. Es bringt folglich aber auch den Nachteil mit sich, dass sich manche Textpassagen schwerer lesen lassen oder zunächst unverständlich sind, weil sich Schreibweise und Reimklang unterscheiden.

Probieren Sie es einfach mal an meinen Beispielen aus, die Sie in diesem Buch finden. Wiederholen Sie die Reime öfters, um an den

Reimklang zu kommen, und genießen Sie die Freude daran, wie ich die Freude beim Schreiben.

Wenn i amoi Zeit hab

Wenn i amoi Zeit hab, in der Rentn,
dann werd sich ois zum Bessern wenden.
Wenn i amoi Zeit hab, wart no a Wei,
koane Verpflichtungen mehr, na sama frei.
Wenn i amoi Zeit hab, a wengerl später
na wird Spaziern ganga, bei jedem Wetter.
Wenn i amoi Zeit hab, ned jetzt glei,
dann unternimm i mehra mit meim Wei.
Wenn i amoi Zeit hab, in meinem Ruhestand,
werd d' Welt ogschaut, as Heimatland.
Wenn i amoi Zeit hab, leben ganz ohne Uhr,
ins Konzert und Theater geh, a weng Kultur.
Wenn i amoi Zeit hab, ned glei de nächst Stund,
na machma Sport, do bleim ma gsund.
Wenn i amoi Zeit hab, in a boa Jahr,
vielleicht is dann as Lebn scho gar?
Darum jetzt gleich und ned erst moagn.
Weil moagn is z'spät, denn moagn bist gstoam.

Heinz Busch, 50,
Polizeibeamter, Oberdolling

Krebs als Extremerfahrung

von Ines Carius

In meinem 44. Lebensjahr befiel mich immer öfter eine eigenartige Schwere, ein seltsam bedrückendes Gefühl der Enge und Erstarrung. Es ließ sich schwer einordnen, was der eigentliche Grund oder Auslöser war und warum ich an meinem Alltag keine richtige Freude mehr empfand. Gerade hatte ich ein erneutes Studium für Marketing und Vertrieb in Potsdam abgeschlossen, und eine junge talentierte Band beauftragte mich mit den Aufgaben eines Managers. Doch eine innere Zufriedenheit wollte sich nicht mehr einstellen. Bekam ich eine Depression oder schlich sich ein „Burn-Out" in mein Leben? War es das bewusste Durchleben nicht erfüllter Träume? War es meine Beziehung, die den Herausforderungen einer doppelten Haushaltführung nicht mehr standhielt? Es gab nur noch Fragen, aber keine Antworten.

Ich fühlte mich zunehmend elend, und Hoffnungslosigkeit beschlich meinen Alltag. Seit Monaten hatte ich nachts immer wieder Schweißausbrüche, und eines Tages schlug mein Frauenarzt eine Mammografie vor. Erwartungsgemäß gab es vom Radiologen keine Beanstandungen, aber seine Art störte mich irgendwie, und als er mich mit einem eigenartigen Scherz entließ, beschlich mich ein ganz komisches Gefühl. Ein Blitzgedanke schoss in mir hoch und warnte: „Jetzt hat er irgendetwas übersehen!"

Gewohnheitsmäßig ließ ich dieses Gefühl aber wieder vorbeiziehen. Wie sollte ich das wohl einem Arzt erklären?

Es vergingen drei weitere Monate. Eines Tages entdeckte ich bei einem Entspannungsbad eine bisher nicht wahrgenommene Verhärtung in der linken Brust, und da war es wieder, dieses spontane schlechte Gefühl! Ich begann zu weinen und spürte: „Das ist nichts Gutes."

Eine Nadelbiopsie brachte jedoch Entwarnung und „Wir sehen uns im Frühjahr wieder!" Doch mein Gefühl blieb: „Irgendetwas stimmt mit mir nicht!" Ich beschloss, einen Ayurveda praktizierenden Arzt aufzusuchen, und folgte seinen Ratschlägen. Ich änderte einige Nahrungsgewohnheiten und nahm ayurvedische Kräuter zu mir. Eigenartig war auch mein aufkommendes Interesse für das alte europäische Heilwissen der Äbtissin Hildegard von Bingen.

Eine neue Entzündung an der Hautoberfläche trieb mich vorzeitig zum vereinbarten Untersuchungstermin, und diesmal ließ ich nicht locker. Ein Ultraschallbild brachte meinen Gynäkologen zum Grübeln, und diesmal war auch der Radiologe nicht mehr freundlich. Die Stanzbiopsie zeigte ein Karzinom, das bereits 1,4 cm groß war und ein ungläubiges Kopfschütteln der Ärzte verursachte. Warum wurde erst jetzt ärztlicherseits gehandelt?

Zunächst verstand ich nicht, warum ich nicht in völliger Verzweiflung und geschockt die Radiologie verließ. Mein Körper hatte mich ja seit Monaten darauf vorbereitet und mich immer wieder aufgerüttelt, wachsam zu sein.

Erst im Krankenhaus überkam mich eine kurze Depression, bis mich der Chefarzt des Brustzentrums energisch ermahnte: „Wenn Sie weiter so heulen, hat der Krebs gewonnen." Das war der rettende Satz! Diese wenigen, aber barschen Worte waren der Anfang von einer neuen Betrachtungsweise. Ich begann, mich auf meine Stärken zu konzentrieren. Obwohl ich seit Kindheitstagen eher ein ängstlicher Mensch bin, hat diese Vorsicht, im Nachhinein betrachtet, dennoch die Sinne geschärft.

Eine Chemotherapie durchzustehen, erschien mir völlig unmöglich. Jedoch der Onkologe konterte völlig spontan: „Selbst ein Aspirin kann akutes Leberversagen auslösen, es gibt nichts Ungefährliches!" Die Tragweite seiner Worte wurde mir später so richtig klar. Er hatte es geschafft, dass ich der Chemotherapie nicht den schädigenden Stellenwert einräumte, den sie eigentlich verdient hat. Das wohl Wichtigste war die Erkenntnis: Wenn man sich für eine Chemotherapie entscheidet, sollte man auch voll dahinterstehen! Ein innerliches Misstrauen lässt den Körper noch schwächer werden! Denn dann muss er gegen den Krebs und gegen die Chemotherapie kämpfen, und das haut das stärkste Immunsystem um.

Bald war mir klar, dass ich meinen Körper mit allen zur Verfügung stehenden Mitteln unterstützen musste. Ich entschied mich für die tägliche Einnahme von Rote-Beete-Saft, täglich eine Stunde Spaziergang im Wald und ein komplexes Vitamin-Elixier aus frischen Früchten. Für die Seele trug ich lustigen Kopfschmuck. Manchmal wurde ich gefragt, ob das modisch gewollt sei oder ob ich etwa unter einer Krankheit leide. Zu meinem eigenen Erstaunen erlernte ich eine Art von Gelassenheit, die mich selbst verblüffte. Mein Körper gab mir dankbar die ihm erteilte Zuwendung zurück.

Bis auf den Tag, an dem ich keine Rote Beete mehr hinunterbekam. Nach fünf Zyklen der Chemotherapie streikte die Psyche, und prompt antwortete der Körper mit einem massiven Abfall der Leukozyten. Bis zu diesem Tag gehörte ich zu den wenigen Patienten, die keinerlei Unterstützung durch Wachstumsfaktoren brauchten, aber diesmal war eine gefährliche Grenze erreicht. Ein letztes Mal erhielt ich meine taxanhaltige Therapie und mit ihr die ängstliche Frage nach der Zukunft. Zwei Jahre kämpfte ich mit nachlassender Muskelkraft und Sehnenentzündungen am rechten Fuß und der rechten Hand.

Jetzt begann ich, meine Erkenntnisse aus der Kräuterheilkunde zu nutzen, und zum Erstaunen der Ärzte konnte eine bereits geplante Operation an der rechten Hand abgesetzt werden. Fasziniert von der Heilkraft der Brennnessel, wollte ich immer mehr über die alten Überlieferungen der Hildegard von Bingen, die Schriften des Paracelsus und das Heilwissen unserer Vorfahren erfahren. Meine Neugier brachte mich zu Forschern, Heilkundigen und Ärzten aus ganz Europa. Ich orientierte mich an gesund gewordenen austherapierten Krebspatienten und verschlang dutzende Bücher zum Thema der ergänzenden Heilkunde.

Obwohl ich später noch einmal ein Rezidiv an der operierten Brustwand entwickelte, konnte mich dieser Rückschlag nicht von meinem Plan abbringen, eine selbstständige Tätigkeit als Gesundheitsberaterin anzustreben. Inzwischen habe ich eine Ausbildung in der Hildegard-Heilkunde, stehe vor einer Prüfung als Ernährungsberaterin nach Traditioneller Chinesischer Medizin und bin Mitglied der Gesellschaft für Biologische Krebsabwehr in Heidelberg (GfBK).

Dass trotz Milliarden von Forschungsgeldern das komplexe Geschehen von Krebs noch nicht erfasst wurde, begründet eine notwendige Zusammenarbeit von Wissenschaft und ergänzender Heilkunde. Das Wissen um die in uns wohnenden Selbstheilungskräfte ist die Basis für einen Heilungsprozess und darf von uns Betroffenen niemals vergessen werden.

Wir haben damit das wichtigste Instrument für eine gute Lebensqualität selbst in der Hand.

Die Gesundung meines Körpers verdanke ich einer veränderten Wahrnehmung, die ihren Ursprung in der Seele hatte. Aber ich änderte auch Nahrungsgewohnheiten und stärkte mich mit heilenden Gaben der Natur.

Heute bin ich dankbar für all diese tiefgreifenden Erfahrungen und habe ein erfüllteres Leben als jemals zuvor. Ich betrachte heute meinen Krebs nicht als Endpunkt irdischen Lebens, sondern als eine Extremerfahrung, die die Kraft besitzt, auch die echte Schönheit und Tiefe des Lebens zu zeigen. Dass ein Todesprogramm mit dem Namen „Krebs“ auch dieses Paradoxon enthält, hätte ich niemals für möglich gehalten.

Vor sechs Jahren musste ich sehr krank werden, um mein Schicksal zu erkennen und zu begreifen, dass ich eine Lebensaufgabe habe, die weit über die Erkrankung Krebs hinausgeht.

Ich konnte lernen, was das Wort Selbstheilungskraft wirklich bedeutet, und ein Urvertrauen gewinnen, das ich nicht mehr missen möchte. Ein viel stärkeres Wort wäre eigentlich: „Ich *weiß* heute, dass es diese Kraft gibt, denn ich habe sie erfahren.“ Man könnte jetzt entmutigt entgegnen: „Du hast einfach nur Glück gehabt.“ Aber ich habe erkannt, dass nur Glück allein für die Bewältigung einer komplexen Erkrankung nicht ausreicht. Glück ist für mich heute ein Erkenntnisprozess, den man als Straße betrachten könnte. Eine Straße mit vielen Kreuzungen, Schlaglöchern und manchmal auch Sackgassen. Aber eine Straße, die dennoch unbeirrt über den Horizont hinausgeht und eine sichere Möglichkeit bietet, weiterzugehen, weiter zu forschen und neugierig zu bleiben. Dinge, die einem entgegenkommen, mutig anzunehmen oder zu verweilen, um auszuruhen oder auch zu weinen.

Es war nicht der Kampf gegen den Krebs, der mich zu einem fröhlichen Menschen gemacht hat, sondern die Liebe, Verantwortung und Fürsorge für den eigenen Körper und für die in uns wohnende Seele.

Ines Carius,
Sachsen-Anhalt

Lichtblicke

von M. Dreiucker

Im Jahr 1985 wurde plötzlich ein Muttermal an meinem rechten Fuß größer und juckte stark, so dass ich es auch noch aufkratzte. Leider wollte es nicht mehr verheilen. Im Januar 1986 wurde der Juckreiz sehr stark und die Stelle ganz rot. Das Muttermal hatte sich in der Zwischenzeit stark vergrößert. Es wirkte wie ein Pilz mit Stiel. Man konnte unter den sogenannten Hut fahren. Da mein Mann damals schon unheilbar an Darm- und Leberkrebs erkrankt war, ließ ich mir die Stelle ambulant entfernen, um den Krankenhausaufenthalt zu umgehen. Leider musste ich dann erfahren, dass es sich um ein malignes Melanom handelte und schon weiter fortgeschritten war. Es sollte gleich nachoperiert werden. Weil mein Mann bereits im Sterben lag, wollte ich nicht mehr weg von ihm.

Bis 1994 ging es mir einigermaßen gut, bis ich in der rechten Kniekehle einen Knoten ertastete. Mein Internist meinte, es wäre eine verkalkte Drüse und unternahm nichts. Ein Jahr später schmerzte dieser Knoten. So begab ich mich ins Schwabinger Krankenhaus in die Abteilung Dermatologie. Dort wurde mir der Knoten entfernt, es war eine Metastase.

Bei der Nachkontrolle ein viertel Jahr später waren wieder Metastasen an derselben Stelle gewachsen. Nun wurde großräumig operiert und eine Hautübertragung gemacht. Die Kniekehle ist eine heikle Stelle. Obwohl ich meistens bei der kleinsten Verletzung mit einer Vereiterung zu kämpfen habe, verheilte diese Wunde ohne jede Schwierigkeiten und ohne wulstige Vernarbungen. 1997 hatte ich noch eine winzige Metastase in der rechten Leiste, die ebenfalls operativ entfernt wurde.

Weil ich schon immer einen empfindlichen Magen hatte, wollte ich keine Chemotherapie. Auf eine Misteltherapie bekam ich eine starke Allergie. Nachdem sich bei einer gründlichen Untersuchung keine weiteren Metastasen fanden, wollte ich auch keine Misteltherapie mehr.

Eine befreundete Krankenschwester – an der Charité Berlin tätig – war an einem Gehirntumor erkrankt. Sie gab mir die Empfehlung, ich sollte doch die Breuss-Krebskur[5] machen, bei der man sechs Wochen lang täglich 4 Liter verschiedener Tees und ein Viertel Liter Breuss-Gemüsesaft trinkt. Dazu darf man keinerlei andere Nahrung zu sich nehmen. Man nimmt viel ab, aber danach auch wieder zu. Auch muss man alle paar Tage abführen. Ich machte also diese Breuss-Kur.

Es ging mir dabei sehr gut. Ich war weiterhin täglich im Büro. Meine bis dahin wöchentliche Migräne war plötzlich verschwunden! Der Körper wurde total entschlackt. Meine Blutwerte sind seit dieser Zeit bestens und bis zu meiner Kropfoperation 2001 war alles gut. Leider nehme ich seit dieser Zeit stark an Gewicht zu, so dass mein unterer Blutdruckwert immer zu hoch ist und behandelt werden muss.

1996 machte ich diese Breuss-Kur nochmals. 2004 ging ich nach Jahren wieder mal zur Mammographie – 1976 war mir aus der rechten Brust ein gutartiger Tumor entfernt worden – und nun wurde am Narbengewebe ein Knoten festgestellt. Erst nach mehreren Untersuchungen wurde Brustkrebs diagnostiziert. Die Operation fand noch 2004 statt, kurz vor Weihnachten. Totalamputation, aber die gleichzeitig entnommenen Lymphknoten waren alle ohne Befund, Gott sei Dank! Obwohl ich kein pessimistischer Mensch bin, fiel mir doch ein großer Stein vom Herzen. Inzwischen sind weitere sechs Jahre vergangen, ohne dass ich irgendwelche Beschwerden habe.

Nach der Operation 2004 fragte ich den Chirurgen, ob er mich überhaupt operiert habe, denn es war kein Arm geschwollen und ich hatte keine Narbenschmerzen. Chemotherapie sollte ich wegen der Totalamputation nicht machen. Bestrahlungen und die Behandlung mit Tamixofen habe ich abgelehnt. Es ist schwer, sich nicht immer gleich verrückt machen zu lassen. Als ich im Schwabinger Krankenhaus damals 1994 die Chemotherapie ablehnte – es waren keinerlei Metastasen zu finden – da hörte ich, wie der Chefarzt zu einem anderen Arzt leise sagte: „Recht hat sie!“

---

5 Umstrittene alternativmedizinsche Krebsdiät nach Rudolf Breuss, www.breuss-kur.de

Mein Hautarzt meinte zu meiner Krankheitsgeschichte, ich müsste eine Wasserader unter meinem Bett haben, weil alle meine Operationen nur auf der rechten Seite waren. Daraufhin ließ ich mein Schlafzimmer überprüfen und siehe da es traf zu. Ich stellte mein Bett um und habe seitdem Ruhe. Man mag zu diesen Dingen stehen wie man will, aber ich glaube ganz fest daran, dass mir dies alles geholfen hat.

Ich bin eigentlich ein sehr optimistischer Mensch. Erst als der Befund „Brustkrebs“ kam, war mir nicht ganz wohl. Als ich aber dann hörte, ohne Metastasen, war ich wieder obenauf. Heute, mit 74 Jahren, muss ich sagen, dass ich trotz der zahlreichen Krebsdiagnosen nie den Mut verloren habe, im Gegensatz zu meinem Mann, der bereits 1986 verstarb. Wenn ich mal einen miesen Tag habe, kommen mir manchmal Zweifel. Ich gönne mir dann etwas Schönes, was nicht gleich immer was kosten muss. Wichtig ist für mich, die Hoffnung nicht aufzugeben. Heute ist zwar therapeutisch eine Krebserkrankung besser unter Kontrolle zu halten, aber es ist gut mit anderen Erkrankten darüber zu reden, das hat mir so manches Mal geholfen.

Ich bin immer viel abgelenkt, weil ich für zwei Vereine ehrenamtlich verantwortlich bin und daher viel Arbeit habe. Ebenso lese ich sehr gerne. Fernsehen ist bei mir nicht die Nummer eins. Im Haushalt rackere ich nicht mehr so viel wie früher, da kann auch schon mal etwas einen Tag liegen bleiben.

Der Rückhalt in der Familie ist auch sehr wichtig. Leider musste ich in dieser Hinsicht alles allein mit mir ausmachen, denn mein Mann starb vierzehn Tage nach meiner ersten Operation.

Und weil ich ein sehr gläubiger Mensch bin, habe ich vor jeder meiner zwölf Operationen am Grab des seligen Pater Rupert Maier gebetet. Ich konnte dann immer mit viel Zuversicht zu den Operationen gehen.

Also lasst Euch nicht unterkriegen! Im Sinne von Samuel Johnson: „Hoffnung ist vielleicht das größte Glück, das diese Welt bereit hat.“

M. Dreiucker,
Kühbach

Statt Urlaub auf Gozo – Krebsoperation

von Ulrike Eberhardt

Freitagnachmittag im Mai 2007. Alles war vorbereitet, Koffer gepackt, am nächsten Morgen sollte es losgehen – endlich in den wohlverdienten Urlaub mit gebuchtem Tauchkurs. Doch nach dem Anruf meiner Frauenärztin war alles anders! Bei der halbjährlichen Routineuntersuchung wurde ein Knoten ertastet. Die sofort durchgeführten ambulanten Gewebeentnahmen bestätigten den Verdacht. Alle sieben Entnahmen hatten die Diagnose: Vorstufe Krebs.

Am Telefon empfahl die Frauenärztin einen sofortigen Krankenhausaufenthalt mit Operation. Ich wollte nicht. Der geplante Urlaub war mir wichtiger. Ich wollte diese Diagnose nicht akzeptieren. Ich erklärte ihr, dass ich zuerst in den Urlaub gehe und erst in ca. vier bis sechs Wochen Zeit für eine OP haben würde. Sie akzeptierte widerwillig und wollte alles in die Wege leiten. Da saß ich nun mit dieser Diagnose, die mir so gar nicht in den Kram passte: den lang ersehnten Urlaub sollte ich absagen und mich stattdessen einer Krebsoperation unterziehen.

Mein Partner und ich hatten in den letzten Wochen und Monaten unsere Hochzeit geplant und organisiert. Alles war erledigt: Restaurant gebucht, Einladungen gebastelt und verschickt. Die kirchliche Trauung organisiert und der Polterabend vorbereitet. Auf diesen Urlaub hatten wir beide uns riesig gefreut. Nun, was sollte ich tun? Es für mich behalten oder ihm erzählen? Ich wusste genau, mit dieser Diagnose würde er nicht in den Urlaub fahren. Ich entschied mich für die zweite Variante.

Mein Partner stornierte sofort den Urlaub und nahm Kontakt mit meiner Frauenärztin auf. Am darauf folgenden Montag hatte ich mein Vorgespräch im Krankenhaus. Die Chefärztin empfahl mir ebenfalls die sofortige Operation. Ich sollte einwilligen, dass, falls erforderlich, die ganze linke Brust entfernt werden dürfte und auch alle erforderlichen Lymphknoten. Wenn nötig, sollte meine Brust sofort wieder aufgebaut werden. Ich verweigerte diese Zustimmung mit dem Risiko einer weiteren Operation, sofern der histologische Befund dies erforderlich machen sollte.

Die OP erfolgte am 8. Juni 2007. Der Knoten wurde entfernt – alles verlief reibungslos, und am 11. Juni 2007 verließ ich das Krankenhaus. Nun begann das Warten auf den histologischen Befund. Zehn Tage später war er da. Aus der Vorstufe war Krebs in der schwächsten Form geworden. Weil bei der Operation der notwendige Sicherheitsabstand zwischen krankem und gesundem Gewebe an mehreren Stellen nicht eingehalten werden konnte, empfahl die Chefärztin eine sofortige zweite OP mit Totaloperation und mit Entnahme aller linken Lymphknoten. Ich stimmte nicht zu, sondern erklärte ihr, dass für mich dieser Sicherheitsabstand ausreichend sei und nach ihrer eigenen Aussage der ganze Knoten „im Gesunden“ entfernt worden wäre. Dass an manchen Stellen der minimale Sicherheitsabstand von ein bis zwei Millimetern nicht eingehalten werden konnte, störe nur sie, aber nicht mich.

Mir war in den letzten zwei Wochen klar geworden, dass mir dieser Krebs etwas sagen wollte und dass ich nun Ursachenforschung betreiben musste und nicht Symptombehandlung. Daher stimmte ich einer weiteren Operation nicht zu. Ich lehnte auch eine Wächterlymphknoten-Bestimmung ab. Der Chefärztin fiel es sehr schwer, diese Entscheidung zu akzeptieren, doch ich blieb standhaft bei meiner Meinung.

Im August 2007 fand unsere Hochzeit statt. Im Oktober 2007 haben wir unser neues Zuhause erworben. Wir sind im März 2008 nach etlichen Renovierungsarbeiten einzogen.

Sofort nach der Operation begab ich mich in psychologische Betreuung mit geistigem Heilen. Mit dieser Hilfe gelang und gelingt es mir bis heute, mit dieser Erkrankung positiv umzugehen. Ich glaube, ich habe verstanden, was dieser Krebs mir sagen oder zeigen wollte: Geh deinen eigenen Weg und wachse durch Selbstverwirklichung!

Dies versuche ich nun seit drei Jahren umzusetzen. Sämtliche nachfolgenden Vorsorgeuntersuchen wie Ultraschall, Blutentnahme, Mammographie und Kernspin waren ohne Befund. Ja, das letze große Blutbild im August 2010 verblüffte meinen Hausarzt sehr. Seiner Aussage nach weist mein Blutbild keinerlei Anzeichen auf, dass ich jemals Krebs hatte. Dieses Ergebnis hat mich wieder bestätigt, dass ich meinen bisherigen Weg weitergehen kann.

Der Krebs ist zu einem lieben Freund geworden, denn er hat mir den Weg zu mir gezeigt, er hat mir viele schöne Momente geschenkt, und er zeigt mir immer wieder, dass die Zeit JETZT ist. JETZT ist es Zeit für ein neues Familienmitglied in Form eines Hundes und nicht irgendwann. JETZT ist es Zeit für eine vierwöchige Rehamaßnahme. Da ich als Steuerberaterin seit 2001 selbstständig bin, war für private Dinge bis zu meiner Krebsdiagnose sehr wenig Zeit. Ich hatte bis zu diesem Zeitpunkt fast alles auf später verschoben. Hier setzte bei mir nach dieser Diagnose ein anderes Bewusstsein ein. Der jeweilige Moment wurde plötzlich wichtig und vor allem mein Bauchgefühl, meine innere Stimme zählten. Ich glaube fest daran, dass wir alle einen inneren Heiler haben, der zu jeder Zeit weiß, was gut und hilfreich ist. Hören wir mehr auf ihn, damit Heilung auf allen Ebenen geschehen darf und kann.

Nachfolgende Zeilen habe ich in einer Arztpraxis kurz nach meiner Krebserkrankung entdeckt. Der Autor ist mir unbekannt, aber seine Gedanken konnte ich zu meinen machen. Sie gaben mir viel Kraft.

Sich so stellen,
dass alles anders werden kann,
als man denkt.
Daraus folgt loslassen.
Wo ist die Ich-Führung?
In der Geistesgegenwart.
(Unbekannt)

Ulrike Eberhardt, 45,
Sachbearbeiterin, Ötisheim

Schön sterben?

von Isabella Fischer

Lieber in Schönheit sterben, als mit Würde altern. Dieses Credo bestimmte meine ersten vier Lebensjahrzehnte. Von wegen „älter werden ist toll, denn ab 50 zählen die inneren Werte“. Bereits als Teenager fand ich das nicht sehr originell und schon gar nicht zukunftsträchtig.

Eine athletische Figur und ein gesunder Lebensstil, das war sozusagen mein Mantra während Jahrzehnten. Die Welt wartete auf mich, meine gestählten Muskeln, mein fröhlich-sanftes Gemüt. Kein Alkohol, keine Zigaretten, no Drugs, no Junk, aber jede Menge Bio-Food aus Mutters Garten. Nie verbissen, aber meistens diszipliniert. „Dich muss man am Ende des 120. Lebensjahres totschlagen“, so damals die augenzwinkernde Überzeugung zahlreicher Freunde. Was fällt euch ein, da will ich nicht hin!

Weshalb ich eines Tages nach langem Zögern doch zu meinem Arzt ging? Ich hatte drei apokalyptische Jahre hinter mir. Weil mein Körper und Geist eine Ruhelosigkeit entwickelten, die das Schlafzentrum außer Kraft setzten. Ich schlief keine Sekunde mehr. Und das jeweils über mehrere Tage und Nächte. Ein Notarzt schüttelte nur den Kopf und meinte, das sei nicht möglich, und verpasste mir eine Beruhigungsspritze. Ein anderer versorgte mich nach einem diagnostizierten Nervenzusammenbruch mit starken Schlafmitteln.

Zu Beginn wirkte die Chemie, doch nach einigen Monaten wurde aus dem narkotisierten Fünf-Stunden-Schlaf eine bleischwere Zwei-Stunden-Nachtruhe. Ich schluckte die dreifache Menge Tabletten. Keine Wirkung. Welche Kräfte ein Körper zu mobilisieren vermag! Ich ging zur Arbeit, als gäbe es keine Schlaflosigkeit. Doch dann begann ich, nachts zu halluzinieren. Eiskalter Windhauch streifte mein Gesicht und das Rauschen von Flügelschlägen beherrschte die unerträgliche Dunkelheit. Ich wurde ein Fall für den Psychiater.

Dieser versorgte mich sogleich großzügig mit Psychopharmaka und weiteren Schlafmitteln. Ich ging immer noch zur Arbeit, als wäre nichts geschehen. Aber mein Körper rebellierte gegen die Medikamente. Nun waren die Nächte vergleichbar mit Filmsequenzen aus dem Exorzisten. Die Muskeln zuckten unkontrolliert, und der ganze Körper hüpfte, als poltere der Heilige Geist an die Unterseite der Matratze. Auch der Mann mit den Antidepressiva schüttelte nun den Kopf und mutmaßte, dass wohl ein Vitaminmangel die Ursache allen Übels sei.

So kam der Tag, an dem das Blut gemächlich durch den Hämatologie-Analysator floss und der Hausarzt mit angestrengter Freundlichkeit nochmals ins Sprechzimmer bat.

„Es tut mir leid, aber es sieht nach einer Leukämie aus." Päng. Leu-kä-mie, das schrecklichste aller schrecklichen Worte. Eine Assoziation jagte die andere. Haarlose Köpfe, blutleere Gesichter, atomare Strahlung. Das Sofa zuhause wurde mein Rückzugsort für die höllischen Momente.

Ich war überzeugt, dass mein ganzer Körper übersät mit blauen Flecken war, eines der Indizien für eine leukämische Erkrankung. Was mein fassungsloser Ehemann aber nach genauster Inspektion vehement verneinte. Die himmelblauen Augen produzierten kübelweise Tränen, währenddessen salbungsvolle Worte des Pfarrers durch mein verstörtes Gemüt sickerten. Ich malte mir aus, mit welch erschütternden Gesichtern Freunde und Bekannte an meinem Grabe standen. Und hörte sie murmeln: Welch Tragödie, so jung, so schön, und schon tot. Was für ein Bockmist.

Nach zwei Wochen war Schluss mit Selbstmitleid. Ich kämpfte mich durch Berge von Papiertaschentüchern, die meine Wohnung in eine Schneelandschaft verwandelt hatten. Es begann die Phase der Ablehnung und Analyse. Die haben sich geirrt. Die Blutprobe ist verwechselt worden. Jawohl, so musste es sein. Denn die ganze Familie ist seit Generationen kerngesund. Also keine genetische Disposition und keine schädigende Exposition. Oder doch?

In den Jahren vor der Diagnose habe ich gekämpft. An einem Arbeitsort, vollgestopft mit Radarschirmen und Telefonen. Wo unter den

Teppichen nicht nur baumstammdicke Bündel von Elektrokabeln zu finden waren. Auch alle Probleme waren dort anzutreffen. Mehr als zwanzig Jahre Schichtarbeit in einem von Elektrosmog belasteten Raum, Widerstand gegen die Schlampereien im Management und der Zusammenstoß zweier Flugzeuge gaben mir und meiner Gesundheit wohl den Rest.

Es waren nicht die Auswirkungen der Leukämie, unter denen ich litt. Denn diesbezüglich gab es nichts zu leiden. Es war dieser aussichtslose Kampf gegen Windmühlen. Doch der Schrecken nahm noch kein Ende. Eine Knochenmarkbiopsie ergab, dass mein Blutkrebs nicht heilbar war. Aber, der Hämatologe war sichtlich erleichtert, ich hätte eine „milde" Form erwischt. Sanft, aber bösartig. Was für Aussichten!

Ein halbes Jahr nach dieser Diagnose entließ mich mein Arbeitgeber ohne Begründung. Nach 25 Dienstjahren. Zur selben Zeit verlor auch mein Ehemann seine Stelle. Wie ist das zu überleben? Indem ich alles als Herausforderung und zugleich als Chance betrachtet habe. So schräg dies für manche klingen mag. Für mich bedeutete es das Loslassen von Sicherheit, Prestige und höchst komfortablem Leben.

Gleichzeitig war es eine Kampfansage an diese hinterlistigen, weißen Blutkörperchen. Eigentlich sollten sie meinen Körper vor Eindringlingen schützen. Aber sie sind entartet, zu nichts nütze. Und sie teilen sich unaufhörlich. Sind unsterblich und nehmen Tag für Tag, Monat für Monat mehr Besitz von mir. Vergleichbar mit einem jungen Baum, den man mitten in eine stark befahrene Kreuzung pflanzt. Smog und Abgase nagen am gesunden Grün. Er kann nicht mehr richtig atmen, beginnt zu schwächeln. Pilze und gemeine Käfer machen sich breit. Bis eine Motorsäge oder in meinem Fall eine Lungenentzündung dem Elend ein Ende bereitet. Aber vorher sollte ich doch bitteschön rechtzeitig zur Chemotherapie erscheinen. So steht es in der Fachliteratur geschrieben. Dankeschön, aber das will ich nicht.

Wer seine Jugend mit dem Buch „Die rote Zora" im Schultornister oder unter dem Kopfkissen verbracht hat, der lässt sich auch als

Erwachsener nicht so schnell was auf die Nase binden. Es begann die Zeitspanne der Reflexion und Reaktion. Mit dem Hinweis, dass ich bis zur Chemotherapie nichts gegen meine Krankheit unternehmen könne, wurde ich von der Schulmedizin in die „wait & watch"- Phase entlassen. Ich habe weder gewartet noch zugeschaut, sondern mich an den Computer gesetzt. Auch wenn sich an meinem „Lebe-intensiv-und-sterbe-jung"-Motto noch nicht viel geändert hatte – für die Motorsäge war es klar zu früh.

Adieu posttraumatisch belastete, benzadiazeptinhaltige Nächte. Willkommen fahlblau-illuminierte Dunkelheit. Tausende von Stunden scannte ich das World-Wide-Web nach Trost bringenden Worten und medizinischen Fakten durch. Dank meiner universitären Ausbildung und journalistischen Tätigkeit bin ich in der Lage, fundiert zu recherchieren und seriöse Quellen von unseriösen zu unterscheiden. Wer das Internet zu nutzen weiß, dem tut sich ein Universum auf, vergleichbar mit dem Blick durch eine Taucherbrille auf die karibische Unterwasserwelt. Zeitweise etwas verzerrt, aber bunt, spannend, inspirierend. Und manchmal ziemlich exotisch.

An dieser Stelle ein kleiner Tipp an alle, die es mir gleichtun wollen: Meiden Sie insbesondere Einträge in Blogs und Foren, außer es handelt sich um fachlich betreute Bereiche bekannter Kliniken oder Selbsthilfegruppen. Auf meiner Reise durch das Netz habe ich etwas Essentielles erfahren: Es gibt eine „andere" Wahrheit, jenseits des (Schul-)medizinischen Mainstreams. Statistiken zur geringen Überlebenschance bei herkömmlicher Krebsbehandlung, Verunglimpfung ganzheitlicher Heilmethoden, Sicherung der Milliardengewinne der Pharmaindustrie und – Krebs ist heilbar. Wow. Man stelle sich vor, diese Kerle in gestärkten weißen Kitteln sind nicht die Allmächtigen! Nicht sie machen mich gesund. Das kann nur ich selbst. Die Weißkittel sind höchstens meine Gehilfen.

So bin ich im Internet auch auf eine biologisch-medizinische Kurklinik im Süden der Schweiz gestoßen. An diesem abgelegenen Ort war einfach alles irgendwie „bio": die Stille, das Essen, die Luft, die fürsorglichen Menschen, das Therapieangebot, und die Art und Weise, über sich nachzudenken. Dort hatte ich das große Glück, auf einen Komplementärmediziner zu treffen, der mich und meine Krankheit ernst genommen hat. Ja, ich bildete mir gar ein, dass er einen gewissen Ehrgeiz hatte, das Damoklesschwert über meinem Kopf zu vertreiben.

Die Traumata, der Stress und die zahlreichen Experimente mit Schlafmitteln und Psychopharmaka hatten meinen einst auf Baywatch-getrimmten Körper in eine durchscheinende, entkräftete Gestalt mit filigranem Nervengeflecht transformiert. Der Wille aber war immer eisern geblieben. Ich musste wieder fit werden. Aber nicht, um eine gute Figur zu machen, sondern um meine Selbstheilungskräfte auf Höchstform zu trainieren. Es wurde entgiftet, entstört und chronischen Dauerinfekten den Garaus gemacht. Meine eh schon gesunde Ernährung wurde nochmals optimiert. Ich lernte, alle Määähhh-Produkte zu mögen und Muhhh-Erzeugnisse zu meiden.

Alle zwei Monate fuhr ich für einige Tage an diesen stillen Ort, auch wenn es nichts zu entgiften gab. Ich stromerte durch die mediterrane Landschaft, sammelte tagsüber Kastanien, und des Nachts bestaunte ich das ungetrübte Funkeln tausender von Sternen über meinem nachdenklichen Haupt. Ich dachte über die Zukunft nach und wie ich sie beeinflussen konnte. Dieses Kontemplative war meine Art, neben dem Körper auch den Geist ins Lot zu bringen. Zen-Meditation, Klangtherapie, Yoga, Visualisierungsmethode nach Simonton – dieses Spektrum des „alternativen“ Heilangebotes hatte ich bislang außen vor gelassen. Da bin ich wohl zu sehr Wissenschaftlerin und zu wenig Esoterikerin. Aber vielleicht bin ich auch nur zu zappelig, um mich auf diese stille Reise zu begeben.

Mein „Ding“ war und sind immer noch die Selbstversuche mit natürlichen Substanzen. Stoffe, die in klinischen Studien nachweislich die Zellapoptose, also den gezielten Zelltod, einleiten. Vom Grüntee über Kurkuma bis zur Acai-Beere aus Brasilien habe ich wohl alles ausprobiert, was die Schulmedizin verboten hat. Akribisch wurde Protokoll über Dosis und mögliche Nebenwirkungen geführt. Nach jeder Versuchsreihe habe ich die entsprechenden Blutparameter austesten lassen. Beim Laetril-Versuch wurde es allerdings meinem Komplementärmediziner etwas unheimlich. Denn die B17-Substanz (im Volksmu„Blausäure“ genannt) und ihre medizinische Indikation waren ihm (noch) unbekannt.

Aus Solidarität schluckte auch mein Ehemann tapfer Algentabletten und kaute auf bitteren Aprikosenkernen herum. Nach drei Jahren war ich wieder in Topform. Ich habe alle Experimente unbeschadet überstanden. Mein Blut weist seitdem konstant gute Werte auf, und die Dunkelfeld-Mikroskopie zeigt das Bild eines annähernd gesunden Patienten. Einzig diese untauglichen, teilungsfreudigen weißen Blutkörperchen waren nicht zum dauerhaften Rückzug zu bewegen. Aber einigen Zehntausend geht es immer wieder mal an den Kragen. Mindestens zweimal im Jahr ist ein Differentialblutbild in der Uniklinik angesagt. Mit meinem Aktionismus ernte ich bei den Koryphäen in der Hämatologie jeweils nur ein kleines Lächeln. Mal höflich, mal flüchtig, mal ablehnend. Aber immerhin, ein Professor hat bereits nachgefragt, in welcher Dosis meine Selen-, Vitamin-A- oder Vitamin-C-Infusionen erfolgen …

Angesichts meiner Diagnose sehe ich unanständig gesund aus. Mein Energiepegel auf Dampfkessel-Niveau bringt manche Ärzte ins Grübeln und so viele Mitmenschen ins Schleudern. Die Diskrepanz zwischen meiner Präsenz und dem Bild chemogeschädigter Patienten löst veritable Irritationen aus. So habe ich entschieden zu schweigen. Nur mein Ehemann und einige enge Freunde wissen Bescheid. Die anderen müssen sich mit vagen Äußerungen zufrieden geben. Es ist etwas mit dem Blut. Mehr sage ich nicht. Damit das Gegenüber nicht erblasst. Und der Teppich unter seinen Füßen bleibt.

Seit nunmehr sieben Jahren lebe ich mit dem Feind in meinem Körper. Auch wenn es unglaublich klingt – ich will ihn nicht ganz loswerden. Alles, was ich wünsche, ist, die Kontrolle über ihn zu erhalten. Denn die Krankheit hat mich zur Besinnung gebracht. Ich arbeitete daran, mein Leben zu entschleunigen und dem wirklich Wichtigen die Bedeutung zukommen zu lassen, die es verdient. Weg mit den Egomanen, Egoisten und all dem negativen Zeug. Her mit den Leuten und Projekten, die meine Hilfe und Unterstützung brauchen. Mit größtem Vergnügen streife ich jetzt durch die Regale auf der Suche nach dem biologischsten aller biologischen Lebensmittel. Der tägliche Genuss von Grüntee, Kurkuma & Co ist zur Gewohnheit geworden wie das Zähneputzen vor dem Zubettgehen.

Trotz aller Kräuter und Tinkturen bleibe auch ich von Zweifeln und Rückschlägen nicht verschont. Soeben bin ich operiert worden. Eine unverschämt lange Narbe schmückt nun mein Dekolleté. Ein Alptraum, wenn auch nur für kurze Zeit. Hautkrebs, wohl ein Relikt aus meinen Tagen an den Traumstränden dieser Welt. Eine typische Sekundärerkrankung bei Leukämie, so der Professor der Dermatologie. Na dann schauen wir mal, dass es bei dieser einen Schramme bleibt.

Trost und Motivation finde ich beim Studium zahlreicher Berichte und Biografien über Patienten, die es „geschafft" haben. Meine Hausbibliothek umfasst inzwischen einige hundert Bücher zum Thema „Krebserkrankung". Und ich tummle mich nach wie vor täglich im Internet. Hier werde ich erfahren, wenn irgendwo auf der Welt sich wieder etwas in der alternativen Krebsforschung bewegt. Wie sieht es nun eigentlich nach all den stürmischen Zeiten der Grübelei und des Wandels mit meinem Credo aus? Will ich immer noch „schön" sterben? Ja, ich will. Aber nicht so, wie es geplant war. Man wird mich wohl kaum mit 120 Jahren totschlagen müssen, denn meine Krankheit lässt dies auch mit noch so vielen Kräuter- und Vitaminkuren nicht zu. Gott sei Dank. Ich will auf eine „schöne" Art sterben. Bei Sinnen, in Würde, und zu einem Zeitpunkt, den ICH mir aussuchen werde. Und bis dahin gibt es für mich noch einiges zu tun. In spätestens fünf Jahren sei ich fällig für die erste Chemotherapie, prophezeite mir vor kurzem die Koryphäe im gestärkten weißen Kittel. Wir werden sehen.

Isabella Fischer, 50,
Schweiz

Bewegungen suchen – sich dabei neu finden

von Susanne Fiur-Wolf

Wenn wir eine Wanderung planen, bestimmen wir eine Strecke, die für unsere körperliche Leistungsfähigkeit geeignet ist. Erst dann wird der Rucksack gepackt. Es fühlt sich gut an, so selbstbestimmt eine Tour zu planen, sie durchzuführen und zu verwirklichen.

Nach der Diagnose Brustkrebs konnte ich meine kommende neue Wegstrecke überhaupt nicht mehr erkennen. Nach der ersten Zeit der Hilflosigkeit, der Ängste und der beruflichen Pause wollte ich endlich wieder meinen Grund und Boden finden. Aber wie?

Einmal setzte ich mich einfach so in die Sonne und fragte mich: Was kann ich eigentlich noch? Für was bin ich noch gut, was könnte ich noch leisten? Dann ging mir eine ganz wichtige Frage in meinen Kopf: Was habe ich bisher getan? Ich besann mich auf meine früheren Hobbys, Aufgaben und auf meine Arbeit. Von Beruf war ich Physiotherapeutin und das sehr gerne. Ich könnte mir nie einen anderen Beruf für mich vorstellen. Heute bin ich es wieder.

Nach dem Motto „mein Körper ist der einzige Ort, in dem ich wohnen kann“, habe ich nach der Amputation der rechten Brust damit begonnen, Bewegungen zu suchen, die ich für mich brauchte. Es wurden dort sieben Lymphknoten entfernt. Einen Brustaufbau habe ich nicht vornehmen lassen.

Durch körperliche Bewegung werden die Flüssigkeiten in unserem Körper zum Fließen angeregt. Manchmal sehen oder fühlen wir es nicht, aber es entsteht ein „Transport“ in uns. Ein jeder kennt es: nach körperlicher Arbeit eine Zufriedenheit oder auch eine Müdigkeit zu spüren, die auch sein darf. Dabei ist es egal, ob es sich um einen Spaziergang handelt oder um ein paar Runden im Schwimmbad oder um das Einsammeln von Beeren im Garten. Mir selbst jedenfalls hat das schonende, langsame und doch konsequente körperliche „Tun“ sehr geholfen und tut es auch jetzt noch.

Bei Brustoperationen mit Krebsbefund werden immer auch Lymphknoten mit entfernt. Um einem Lymphödem am Arm vorzubeugen, sollten neue Lymphbahnen gebildet werden. Wir können durch gezielte und geführte langsame Bewegungen diesen Prozess fördern. Bei den hier beschriebenen Übungen kann mit dem Einbeziehen der Atmung eine positive Sogwirkung auf die Lymphflüssigkeit entstehen.

Hier einige Beispiele aus meinem Buch „Wenn das Leben uns bewegt!“[6]:

Es sind selbst erprobte Übungen und Tipps nach Operationen an der Brust.

Schulterkreise (ab 8. Tag nach der OP)
Die Arme hängen locker nach unten. Kreisen Sie intensiv und sehr langsam mit beiden Schultern. Nach vorne oben – dazu einatmen, nach hinten unten – dazu ausatmen. Mindestens 8 x wiederholen.

Neigung zur Seite
Die Arme hängen locker nach unten. Jetzt den aufrechten Oberkörper nach rechts neigen, dabei einatmen, aufrichten und ausatmen. Dann nach links neigen. So wird der Brustkorb wieder weit, und Sie können bis zur unteren Lungenspitze atmen.

Ellenbogen anheben – Hände anheben
Beide Hände fassen sich. Sie heben die Ellenbogen seitlich hoch – einatmen – wieder nach unten – ausatmen – locker lassen. Beide Hände in der Mitte nach vorne oben führen – einatmen – Ellenbogen wieder seitlich – ausatmen.

Ganz wichtig ist bei allen Übungen die Kombination mit der gleichmäßigen langsamen Atmung und Bewegung!

Narbendehnung (erst wenn die Fäden entfernt sind)
Eine Hand fixiert flächig die Narbe an der Brust, der andere Arm bleibt hängen. Er dreht sich langsam und gestreckt in eine Außenrotation.

6 Susanne Fiur-Wolf: Wenn das Leben uns bewegt, s. Literaturliste im Anhang.

Das Schulterblatt zieht nach hinten. In der Dehnung kurz bleiben, langsam wieder locker lassen.

Berührung

Eine Hand oder auch beide Hände auf die Brustnarbe legen und die Haut insgesamt flächig und leicht verschieben. Allein die Wärme der Hand zu spüren, ist eine Versöhnung.

Visualisieren

Während der Berührung stellte ich mir in meiner Fantasie meine Lieblingsfarben und Blumen vor, wie sie heilend und sanft in die Narbe fließen.

Bewegungsangst

Keine Angst vor den Bewegungen mit dem Arm der operierten Seite. Die Muskeln und alle anderen Strukturen sind dankbar für die dadurch entstandene Durchblutung. Bleiben Sie im schmerzfreien Bereich und akzeptieren Sie die momentan noch kleine Bewegungsfreiheit. Es wird schnell besser. Die Übungsausführung soll langsam sein. So haben Sie Zeit, in sich hineinzuhorchen und zu fühlen, wie weit Sie gehen können. Akzeptieren Sie also das Spannen und Ziehen, dort ist die Bewegungsgrenze.

Inzwischen sind sechs Wochen vergangen. Ich war regelmäßig bei der Lymphdrainage. Mein rechter Arm ist bisher schlank geblieben. Allerdings wollte ich nicht immer zur Therapie gehen, da mir die ewigen Termine lästig waren. Also versuchte ich es ohne Massagen. Ich machte jeden Tag zu Hause meine kleinen oben beschriebenen Übungen.

Zusätzlich ging ich mindestens eine Stunde täglich flott spazieren. Dabei schwang ich die Arme wie beim Nordic Walking mit. Die meisten Ärzte sind der Meinung, dass Bewegungsruhe besser wäre, aber als Krankengymnastin habe ich das nicht so gesehen. Also habe ich einfach im Gangrhythmus die Arme mit geschwungen (im schmerzfreien Bereich) und bin dabei immer mutiger geworden. Es ging mir sehr gut damit.

Schwungübungen
Beide Arme im Wechsel wie beim flotten Gang in Schwung bringen. Wenn ein Arm oben ist, kurz dort bleiben (2 Sek). Natürlich nur so weit, wie die Bewegungsfreiheit es zulässt.

Beide Arme hängen locker nach unten. Einatmen – Brustkorb raus, Arme aufdrehen – ausatmen, Arme zurück. Breitbeinig stehen. Mit beiden Armen vor dem Körper langsam und leicht einen Kreis schwingen oder eine Acht malen (Mit Musik ging alles noch besser).

Nach zwei Monaten konnte ich den Arm der operierten Seite wieder fast ganz nach oben führen. Die Narbe zieht, aber das darf ja auch so sein.

Nach drei Monaten nahm ich meine Nordic-Walking-Stöcke und ging flott und ohne Probleme mindestens eine Stunde am Tag meine Strecke. Der Arm hat wieder nicht negativ reagiert, sondern durch den Bewegungsrhythmus und die gleichmäßige Armbewegung einen positiven Reiz bekommen.

Zweite Brust-Amputation (1/2 Jahr später)

Leider ergab sich bei einer Nachsorgeuntersuchung wieder ein Befund. Diesmal auf der linken Seite. Wieder ins Krankenhaus, wieder diese schwere Operation. Ich wusste, was auf mich zukam. Um der Angst und hilflosen Wut zu begegnen, habe ich viel geatmet. Durch die konzentrierte Atmung konnte ich meine Panik bekämpfen.

Atemübung vor der OP:
Im Stehen die Arme langsam hochziehen – einatmen – Arme langsam sinken lassen und ausatmen – jetzt die Leere spüren – und dann erst wieder einatmen und dabei den Oberkörper nach vorne runter abrollen, Kopf hängen lassen – Arme hängen lassen – ausatmen und die Leere spüren. Einatmen und langsam hochkommen bzw. hochrollen.

Atmung im Dreierrhythmus:
Direkt nach der Operation bekam ich einen Druckverband um den Brustkorb, der mich sehr beengte. Um wieder der Panik und auch der

Luftnot zu begegnen, drückte ich während des Atmens mit dem Brustkorb gegen den Verband.

Luftholen – 1. Drittel – Luftholen – 2. Drittel – Luftholen – 3. Drittel. Beim letzten Einatmen drückte ich sanft mit dem Brustkorb gegen den Verband. Dann alle Luft ausströmen lassen. Die Leere spüren und dann erst wieder einatmen. Eins und zwei und drei ... Während des Atmens dachte ich an eine tolle bunte Blumenwiese, an einen blauen klaren Himmel und an Gräser, die sich im Wind wiegen.

Heilerde:

Als die Narbe geschlossen war, hatte ich an einer Stelle eine Hautreizung. Auf keinen Fall wollte ich wieder daran herumdoktern lassen. Ich machte mir regelmäßig eine Packung mit Heilerde. Das war richtig gut, kühlend und lindernd. Ein nicht aufgelöster Faden fand seinen Weg hinaus, und so konnte endlich alles abheilen.

Heute, nach drei Jahren, bin ich immer noch regelmäßig im Fitnessstudio und brauche keine Lymphdrainagen, da sich keine Ödeme gebildet haben. Deshalb möchte ich alle Frauen, die eine Brustoperation hinter sich haben, dazu motivieren, sich sportlich zu betätigen.

Susanne Fiur-Wolf, 52,
Physiotherapeutin, Penzberg

Alternative Heilmethoden und Vollwertkost

von Heide Fritsch

Von meiner Brustkrebserkrankung erfuhr ich im Mai 1983. Schon in den Jahren zuvor wurden mir mindestens fünf Mal gutartige Knoten aus der Brust entfernt. Nach der Totaloperation sollte ich eine Chemotherapie und Bestrahlungen bekommen, weil in der Achselhöhle auch Lymphknoten befallen waren. Nach der ersten Chemo-Spritze beschloss ich, die Therapie sofort abzubrechen. Weder Bestrahlungen noch Chemotherapie ließ ich über mich ergehen. Ich konnte mir einfach nicht vorstellen, meinem kranken Körper das zuzumuten. Für mich war die Krankheit ein Signal dafür, dass einiges in meiner Lebensweise geändert werden musste. Wie sonst konnte es passieren, dass mein Körper nicht genug Kraft hatte, um mit den Krebszellen fertig zu werden?

Mir wurde bald klar: Da war zunächst einmal die falsche Ernährung mit zu vielen Süßigkeiten, weißem Auszugsmehl, Schweinefleisch, geräucherter Wurst, Gegrilltem etc. Ein gesunder Körper kann vielleicht mit einer ungesunden Ernährung fertig werden, aber ein geschwächter, kranker Körper benötigt in jedem Fall eine ausgewogene Ernährung. Eine Vollwertkost, die den Körper mit natürlichen Abwehrstoffen ausstattet, und die im Stoffwechsel anfallende Schlacke abbaut. Sofort stellte ich meine Ernährung um auf Vollwertkost und entschied mich für die biologische Immuntherapie mit Iscador-Misteltherapie, Enzymen, Sauerstoff-Mehrschritt-Therapie, Vitamin C und A-E-Mulsin, einem rezeptpflichtigen Vitaminpräparat.

In der Reha erfuhr ich viel über gesunde Ernährung und orthomolekularen Nahrungsergänzungsmittel. Hier begann ich auch täglich zu joggen, mindestens 30 Minuten bei jedem Wetter. Sehr viel Freude hatte ich in der Tanztherapie. Ich tanze nun schon seit 25 Jahren.

Auf jeden Fall ging es mir nach dem Klinikaufenthalt körperlich und seelisch besser als vor meiner Erkrankung. Ich las so ziemliche alle Bücher, die zum Thema Krebs damals auf dem Markt waren.

Alle drei bis fünf Jahre hatte ich wieder Knoten in der Achselhöhle und jedes Mal lehnte ich eine Behandlung ab. Zwar gibt es immer noch Knoten im Bereich der Brust, aber sie haben sich seit 14 Jahren nicht vergrößert. Es geht mir nach wie vor gut, und ich fühle mich wohl.

Meine Familie, mein Mann und meine beiden Kinder (heute 49 und 46 Jahre alt), litten in der schweren Zeit mehr als ich. Ich war vollauf beschäftigt, um alles in Erfahrung zu bringen, was ich noch alles für mich im Kampf gegen den Krebs machen konnte.

Mein Onkologe, mit dem ich ja nur kurze Zeit zu tun hatte, und mein Hausarzt waren nicht so begeistert von meinem Vorgehen. Sie sahen in alternativen Heilmethoden weniger Heilungschancen, eher eine verlorene Zeit für wirkungsvollere Therapien. Wo aber bleibt die Aufklärung, wenn über unkonventionelle Methoden der Krebsbekämpfung von vornherein so geurteilt wird? Aber inzwischen bin ich 71 Jahre alt und freue mich über jedes weitere Jahr.

Leider habe ich schon öfter im Krankenhaus gelegen, und jedes Mal ist mir die Ernährung dort nicht gut bekommen. Mit starken Abführmitteln musste der Verdauung nachgeholfen werden. Bei meinem letzten Krankenhausaufenthalt wusste ich über die Vollwertkost Bescheid. Zum Frühstück versorgte mich meine Familie mit Sanoghurt, Frischkornbrei, Leinsamen, Milchzucker und Sanddorn. Statt Süßigkeiten und Kuchen aß ich Mohrrüben und Äpfel, sowie viel von den Vitaminen C, A und E. Statt des Krankenhausbrotes aß ich mitgebrachtes Vollkornbrot, und siehe da, meine Verdauung klappte prima, auch gleich nach einer Operation. Ich erholte mich viel schneller als sonst.

Hier in Oldenburg gibt es einen Krankenbesuchsdienst, der von der Evangelischen Kirche bzw. vom Krankenhauspastor organisiert wird. Ich habe mich dieser Gruppe angeschlossen und besuche einmal in der Woche Patienten im Krankenhaus, auch solche, die sich gerade einer Chemotherapie unterziehen. Weltweite Untersuchungen haben bewiesen, dass mit einer vollwertigen, ausgewogenen Ernährung mit vorwiegend pflanzlichen, ballaststoffreichen Lebensmitteln Krebs und anderen Krankheiten vorgebeugt werden kann, weil sie den Stoffwechsel aktiviert und die Abwehrkräfte stärkt. Ich versuche gerade mit diesen Patienten über Ernährung zu sprechen. Bisher habe ich noch keinen Patienten angetroffen, der sich über seine Ernährung Gedanken gemacht hat und zwischen seiner Krebserkrankung und seiner Ernährung überhaupt einen Zusammenhang sehen kann.

Ich wünsche mir mehr Beiträge über gesunde Ernährung und die Bedeutung der Ernährung bei Krebserkrankungen in großen Tageszeitungen, Zeitschriften und im Fernsehen. Damit es nicht mehr heißen kann: „Ernähren Sie sich weiter wie bisher, eine Krebsdiät gibt es nicht!“ Natürlich gibt es keine Krebsdiät, aber es gibt eine gesunde Vollwertkost. Auf den morgendlichen Frischkornbrei möchte ich jedenfalls nicht mehr verzichten.

Heide Fritsch, 72,
Sekretärin, Oldenburg

Mama, bist du Weihnachten wieder daheim?

von Ingrid G.

„Es gibt so viele gutartige Tumore, du wirst schon sehen, in einer Woche lachen wir gemeinsam darüber", versuchte meine Schwester mich gestern aufzumuntern. Vermutlich hatte sie mir die Angst angesehen. Zum Lachen war mir im Moment überhaupt nicht zumute. In den letzten Tagen hatte ich viel nachgedacht. Ich dachte, vielleicht würde ich bald durch die Hölle gehen. Aber nein, eine Krankheit allein kann nicht die Hölle sein. Mütter, deren Kinder verschwunden sind, diese Mütter gehen durch die Hölle. Es ist zu spät, überlegte ich. Jetzt sitzt du hier, und es bleibt dir nichts anderes übrig, als zu warten. Aber es musste sein, ich wollte endlich Gewissheit.

Meine Füße wurden ruhiger, und mit einem Taschentuch wischte ich mir den Schweiß von der Stirn. Schritte. Er kam. Ein weißer Kittel glitt durch die schwere Holztür. Ich streckte ihm meine kalte Hand entgegen und nahm wieder Platz. Ein paar Worte, ein aufmunterndes Lächeln und dieses Schreiben. Es zeigte das Ergebnis der Gewebeprobe.

Ich sehe es vor mir, „G2" stand dort. „Nahezu das gesamte Material ist blastomatös infiltriert." Was bedeutet das? Krebs! Bösartig! Mehr verstand ich nicht. Die Stimme des Arztes wurde immer leiser: „Brusterhaltend operieren … Knoten nicht mehr ganz klein." Ich hatte Krebs.

Ich vernahm die Worte des Arztes, als wären wir beide unter Wasser, ich verstand sie und auch wieder nicht. Was wird nun aus mir? Was wird aus meinen Kindern? Ich habe Krebs! Wie ich nach Hause kam und wann, das weiß ich nicht mehr, aber ich musste es irgendwie geschafft haben, das Auto auf der Straße zu halten. Meine Tochter, sie ist 19 Jahre alt, wartete bereits auf mich. Wir fielen uns um den Hals und weinten.

Ich bin 44 Jahre alt und habe Krebs. Das ist nicht, als ob man sich einen Arm oder Fuß bricht und weiß, dass man sechs Wochen einen Gips tragen muss und danach wieder putzmunter ist. Es ist Krebs. Und niemand weiß, ob ich jemals wieder gesund werde. Wie lange habe ich noch zu leben? Was wird aus meinen Kindern, wenn ich sterbe? Meine Kinder! Ich kann sie doch nicht alleine lassen.

Die beiden Großen machten mir weniger Sorgen, mit 19 und 16 Jahren waren sie nicht mehr auf mich angewiesen. Aber mein Jüngster war erst sieben Jahre alt. Er brauchte mich. Ich kann ihn nicht alleine lassen, ich muss wieder gesund werden. Wenn es auch nur dafür ist, dass ich ihn großziehen kann. Ich habe ihm gesagt, dass die Mama krank sei, schlimm krank und dass ich wegmüsste, nicht für immer, nein, für eine Weile. „Ich muss ins Krankenhaus“, hatte ich ihm erzählt, „wenn ich nicht gehe, dann muss ich sterben.“

In der Zeit bis zum Operationstermin stürzte ich mich in die Hausarbeit. Am Tag funktionierte es ziemlich gut, die unerträglichen Gedanken aus meinem Kopf zu verdrängen. Schlimm waren nur die endlosen, stillen Nächte. Sobald die Sonne verschwand, lag ich mit wachen Augen im Bett und verbrauchte zahllose Taschentücher. Die Nacht verdrängt nichts, die Nacht zeigt dir deine schlimmsten Befürchtungen. Ich stellte mir meine eigene Beerdigung vor. Ich sah mich im Sarg, ich sah meine große Verwandtschaft. Es sind viel zu viele Leute für diese kleine Kirche, dachte ich mir. Wenn nun einige draußen stehen müssen? Dann können sie die Worte des Pfarrers nicht verstehen. Und werde ich selbst meiner Beerdigung beiwohnen können, in welcher Form auch immer? Solche und ähnliche Gedanken bereiteten mir Sorgen in diesen schlimmen Nächten.

Die Operation verlief gut, der Knoten hatte eine enorme Größe – fünf Zentimeter Durchmesser waren bösartig befallen. Dazu noch sieben Lymphknoten. Das war der nächste Schock. Und damit nicht genug. Beim Knochen-Szintigramm auf der Suche nach Metastasen wurde ein nicht definierbarer schwarzer Fleck unter der Schädeldecke entdeckt. Ein weiterer Tumor in der Schädeldecke, der sich bereits in die Gehirnhaut ausbreitete.

Ich war am Ende. Alles drehte sich im Kreis. Das ist das Ende. Das war's. Sollten das wirklich bereits Metastasen im Kopf sein, dann würde ich wohl das nächste Jahr nicht mehr überleben. Es war drei Wochen vor Weihnachten, und ich hatte bereits den nächsten Operationstermin. Die drei Tage zwischen den beiden Krankenhausaufenthalten waren die schlimmsten meines bisherigen Lebens.

„Mama, bist du Weihnachten wieder daheim?", fragte mich mein Jüngster. Und ich zerriss innerlich fast bei den Worten „ich weiß es nicht …" Wie ist das wohl, wenn man stirbt?, habe ich mich oft gefragt. Gibt es den berühmten Tunnel, das Licht, ein Himmelreich? Sterben muss jeder einmal, habe ich mir gedacht, na gut, dann war ich eben früher dabei als andere. Aber warum sollte ich meine Kinder so früh verlassen müssen? Was wird wohl aus ihnen werden? Ich hatte Angst. Nicht vor der Operation, nein, vor dem Ergebnis. Ich hatte Angst, Angst davor, dass der Arzt mir sagt: „Der Krebs hat gestreut, Sie haben noch wenige Wochen zu leben."

Ich wurde von einer tiefen Stimme geweckt. Das Bett war hart, und meine Augen noch sehr müde. Aber ich hörte es laut und deutlich: „Frau G., ich habe eine gute Nachricht. Der Tumor war gutartig … Sie haben dadurch wesentlich bessere Heilungschancen." Ich hörte das Summen der Geräte, atmete den Geruch des Desinfektionsmittels und dachte: Gutartig! Ein Geschenk! Danke, lieber Gott, danke, lieber Gott. Ab diesem Zeitpunkt konnte ich wieder hoffen. Der liebe Gott hatte mich nicht komplett vergessen. Er war da, ich spürte es ganz deutlich.

Danach begann der übliche Therapieweg, zuerst Chemotherapie, dann Bestrahlung. Ehrlich gesagt, fühlte ich mich in dieser Zeit von den Ärzten im Stich gelassen. Mir fehlte das Gespräch. Mir fehlte es an Infobroschüren. Von den Ärzten bekam ich sehr wenig. Ich wusste kaum etwas über die Behandlungsmethoden und deren Nebenwirkungen. Diese Ungewissheit machte mir Angst. Was geschieht mit mir? Worauf muss ich in Zukunft besonders achten? Welche Chancen habe ich eigentlich? Und was geschieht mit meinem Körper?

Die Ausmaße der Chemotherapie konnte ich spüren, konnte sehen, wie meine Schweißdrüsen um ihr Leben rannten. Jede Nacht wechselte ich mindestens viermal meinen Schlafanzug, weil dieser klatschnass an meiner Haut klebte. Tagsüber versuchte ich, das Bett trotz meiner Müdigkeit zu meiden. Ich ging ein paar Schritte aus dem Haus und merkte schnell, dass es nicht möglich war. Meine Füße, die lange Spaziergänge gewohnt waren, hatten keine Kraft mehr. Ich wollte nicht im Bett liegen. Ich musste wieder aufstehen, denn nicht im Bett werden die Leute wieder gesund, dachte ich mir, nicht im Bett. Also begann ich langsam, sehr langsam wieder mit meiner Hausarbeit.

Natürlich verlor ich in dieser Zeit auch meine Haare, aber das war mir egal. Ich erinnere mich noch gut an meine Bettnachbarin in der Klinik, die den ganzen Tag über den Verlust ihrer Haare geklagt hat. Aber was sind schon Haare, wenn es hier um mein Leben geht? Anstatt zu jammern, wollte ich immer nach vorne blicken. Ich wollte weiterleben für meine Kinder. Und ich wusste von Anfang an, dass ich mich nicht nur auf die herkömmliche Schulmedizin verlassen würde.

Von der Mistel berichtete mir meine Schwester als Erste. Sie hatte bei ihrem Hausarzt eine Broschüre gefunden. Mistel bei Krebserkrankung? Ich hatte noch nie davon gehört und mich auch nicht weiter erkundigt. Kurze Zeit später fand ich in der Tageszeitung die Anzeige einer Heilpraktikerin, die sich auf Misteltherapien spezialisiert hatte.

Diese Heilpraktikerin erklärte mir, dass man immer den ganzen Menschen betrachten müsse. Jeder Mensch hätte seine eigene Mistel. Sie fand meine Mistel und auch jetzt, vier Jahre nach meiner Erkrankung, spritze ich mir die Mistel noch immer regelmäßig. Diese Therapie stärkt das Immunsystem, das durch die Chemotherapie sehr angegriffen wird. Gerade das Immunsystem muss nach dieser Behandlung schnell wieder aufgebaut werden. Außerdem bekämpft die Mistel die Krebszellen, die noch im Blut vorhanden sind, und hilft, die kaputten Krebszellen aus dem Körper zu transportieren.

Der einzige Nachteil dieser Behandlung ist der Preis. Die Therapie ist sehr teuer, und lange Zeit bezahlte ich sie selbst. Auf Nachfrage bei der Krankenkasse erfuhr ich erst spät, dass man dort die Misteltherapie befürwortet und sogar die Kosten übernimmt, wenn ein Arzt sie verschreibt. Mit diesem Wissen ging ich sofort zu meinem Hausarzt, um dann die nächste Enttäuschung seitens der Ärzteschaft zu erleben. Er verschreibe die Mistel nur an Palliativpatienten, sagte er mir. „Wenn ich so weit bin, dann brauche ich auch keine Mistel mehr“, gab ich ihm zur Antwort. Ist das etwa logisch? Warum wird die Mistel erst einem unheilbar kranken Menschen kurz vor dem Tod verschrieben? Ich dachte nicht länger darüber nach und fragte meinen Frauenarzt. Der war anderer Meinung, und ich bekam endlich meine Mistel auf Kassenrezept.

Nach und nach standen immer mehr Ratgeber zum Thema „Krebs – und wie ich ihn besiegen kann“ in meinem Bücherregal. Über die Klinik Heidelberg ließ ich mir Infomaterial zusenden. Und auch im Internet suchte ich nach Tipps und Erfahrungsberichten. Ich wollte mich, meinen Körper und die Krankheit verstehen lernen. Ich las in dieser Zeit viel. Das Thema „Selbstheilungskräfte“ war mir bis dahin fremd. Ich habe verstanden, wie wichtig es ist, gesund werden zu wollen und positiv zu denken. Krebs ist eine schlimme Krankheit, aber nichts ist verloren. Wer aufgibt, wer sich hängen lässt, der hat von Anfang an verloren, denn Angst ist reiner Stress und Stress ist Gift für die Seele und den Körper.

Einfach ist es nicht, immer positiv in die Zukunft zu blicken. Die Angst ist da, vor allem in der Nacht. Meine Familie war mir eine große Stütze. Sie war da für mich, sie hat mit mir gelitten und mich aufgemuntert. Aber nachts bist du allein mit der Krankheit und den zermürbenden Gedanken. Nachts fällt dir wieder ein, dass du es bist, die den Krebs hat, und du musst damit klarkommen.

Ein paar Mal traf ich mich mit Menschen, die ein ähnliches Schicksal wie meines heimgesucht hat. Ich besuchte eine Selbsthilfegruppe. Aber mir war schnell klar, dass dieser Weg für mich in eine Sackgasse führte. Jeder erzählte von seiner Krankheit, seinen Beschwerden, seinen Ängsten. Und ich konnte es nicht mehr hören, ich wollte endlich nach vorne blicken.

Sport ist in allen Ratgebern ein großes Thema. Sport hilft, Sport heilt. Ich versuchte es mit einer neuen Sportart: Nordic Walking. Ich wohne zum Glück auf dem Land, der Wald ist gleichsam vor meiner Haustüre. Es tat sehr gut, die kühle Waldluft einzuatmen. Die Natur und das Laufen halfen mir sehr. Ich konnte meinen Körper entspannen und die Seele baumeln lassen. Ich fühlte mich frei und gut. Auch vor meiner Krankheit bin ich gerne im Wald spazieren gegangen, aber ich nahm mir nur sehr selten Zeit dafür. Das passiert mir heute nicht mehr. Die Zeit im Wald hat mir Kraft gegeben. Auch heute laufe ich noch regelmäßig und genieße jeden neuen Tag.

Ich wurde christlich erzogen und der Glaube hat mir schon immer viel bedeutet. Und gerade in diesen schlimmen Monaten nach der Diagnose hat mir mein Glaube sehr geholfen. Es ist ein Stück Gewissheit: Ich bin nicht alleine. Ich kann mit meinem Gott sprechen, egal wann, egal über was, er hört mir zu. Meine Familie wollte ich so wenig wie möglich mit meinen Ängsten und Gefühlen belasten. Aber im Gebet konnte ich alles sagen, alles denken und die Hand spüren, die mir entgegengestreckt wurde.

Eine Person, die mich schon jahrelang faszinierte, war Anna Schäfer aus Mindelstetten, die 1999 seliggesprochen wurde. Sie litt 25 Jahre lang an den Folgen einer schweren Verletzung. Beim Sturz in einen Waschbottich hatte sie sich die Beine mit kochendheißem Wasser verbrüht. Anna Schäfer musste ein schweres Schicksal bewältigen und viel ertragen. Zeit ihres Lebens war sie sehr gläubig. Jetzt war ich es, die ein schweres Schicksal zu bewältigen hatte. Ich wusste, Anna Schäfer würde mir helfen. Deshalb fuhr ich oft zur Wallfahrtskirche nach Mindelstetten, wo sich das Grab von Anna Schäfer befindet. Ich konnte ihr mein Leid anvertrauen. Diese Kirchenbesuche gaben mir unwahrscheinlich viel Kraft.

Die Behandlungen waren auch nach der Bestrahlung noch nicht abgeschlossen. Ich wurde künstlich in die Wechseljahre versetzt, um den Östrogenspiegel niedrig zu halten und die Gefahr eines Rückfalls damit einzudämmen. Bis heute leide ich unter extremen Hitzewallungen und zeitweiligen Depressionen. Aber ich lebe. Ich lebe mit dem Gedanken, dass der Krebs wieder ausbrechen könnte. Dass die Ärzte den Krebs übersehen könnten. Ich lebe auch nach vier Jahren immer noch zwischen Zweifel und Hoffnung, zwischen Dankbarkeit und Angst.

Die Angst lässt einen auch Jahre später nicht los. Bei jedem kleinen Anzeichen von Unwohlsein, wie Kopfweh, Bauchweh oder Rückenschmerzen, kommt die Angst zurück. Hoffentlich ist das kein Krebs, denke ich mir dann. Auch in den Tagen vor der nächsten Nachuntersuchung quält mich die Schlaflosigkeit wieder. Die Nervosität vor der Untersuchung und die Erleichterung danach sind nun Bestandteil meines Lebens.

Aber die Krankheit hatte auch etwas Positives. Ich weiß jetzt, wer hinter mir steht, wem ich wirklich etwas bedeute. Wer die ganze Zeit zu mir stand. Ich habe sehr viel Rückhalt erfahren, viele Genesungskarten bekommen, auch von sehr entfernten Bekannten oder Verwandten. Mir wurde Hilfe und Unterstützung angeboten, ich bekam viele Ratschläge. Die Krankheit hat mir gezeigt, dass ich nicht alleine bin. Es gibt Leute, denen ich etwas bedeute, und das hat mir Kraft gegeben, weiterzumachen.

Ich habe viel über mich und das Leben gelernt. Wie belanglos doch viele Dinge sind. Es ist völlig egal, ob ich mir einen neuen Pulli kaufe oder nicht, ob ich geschminkt aus dem Haus gehe oder nicht. Es ist völlig egal, ob die Katze des Nachbarn wieder ihr Geschäft auf unserem Rasen gemacht hat. Das alles sind Kleinigkeiten, über die ich mich heute nicht mehr aufrege, denn sie sind es nicht wert. Ich bin einfach nur dankbar, dass ich noch hier sein darf. Es vergeht kein Tag, an dem ich nicht sage „Danke, lieber Gott“. Diese Dankbarkeit sitzt tief in meinem Herzen, und wenn ich jetzt nach draußen gehe und die ersten Glockenblumen sehe, dann denke ich mir: Jetzt erlebe ich den vierten Frühling nach der Krankheit. Es ist, als ob eine neue Zeitrechnung für mich eingesetzt hätte, es ist wie ein Geschenk. Das Geschenk eines zweiten Lebens.

Ingrid G., 48

Nicht dem Leben mehr Tage, sondern dem Tag mehr Leben geben

von Elke von Großmann

Ich bin 50 Jahre alt und ich weiß, dass ich nicht mehr lange leben werde.

Ich habe seit zwei Jahren Brustkrebs. Trotz aller medizinischer Maßnahmen wie Operation, Amputation, Chemotherapie, Strahlentherapie, Hormontherapie und auch alternativer Methoden gehöre ich laut meinem Onkologen nicht zu den 70 % der Frauen, die danach weiterleben können, sondern zu den 30 %, die daran sterben werden.

Jammern und mit dem Schicksal hadern bringt nichts, ich habe schlicht und einfach Pech gehabt. Aber ich möchte die Zeit, die mir noch bleibt, so aktiv und interessiert erleben als irgend möglich. Eine Schmerztherapie, die die immer wieder auftretenden Schmerzen eindämmt, macht dies möglich. So unternehme ich viel, reise und betätige mich im Rahmen des Möglichen auch sportlich.

Der „Vorteil“ über das Wissen um die eigene Endlichkeit ist, dass ich sehr viel vorbereiten und erledigen kann. Ich habe mir eine Schachtel zugelegt, in die ich alles reinlege, was mir wichtig erscheint. So habe ich beispielsweise Wünsche bezüglich meiner Beerdigung und Bestattung aufgeschrieben, verschiedene Vermächtnisse aufgesetzt, Passwörter notiert, Formulare als Beispiel ausgefüllt usw., damit meine Familie sich nach meinem Tod leichter tut.

Ich will meinem Mann und meinen Kindern eine schöne Erinnerung hinterlassen, und so habe ich in monatelanger Arbeit für jeden ein Fotobuch mit schönen Fotos aus unserem Leben angefertigt. Und wenn es ihnen danach ist, so können sie das Fotobuch in die Hand nehmen und es anschauen, aber auch wieder weglegen. Wenn ich verstorben bin, braucht meine Familie nur die Schachtel zu öffnen und alles in meinem Sinn zu erledigen. Es gibt mir eine sehr große Befriedigung und auch Ruhe, dass ich die Gelegenheit hatte, so viel zu erledigen.

Für mich ist es wichtig, dass ich selbstbestimmt und in Würde meinem Ende entgegengehe. Ich will nicht die kostbare Zeit, die mir noch bleibt, mit Therapiemaßnahmen verlieren, die nur Kraft kosten und außer vagen Hoffnungen nichts zu bieten haben. Ich kann nur jedem raten, der in eine ähnliche Situation kommt, nicht die Augen vor den Tatsachen zu verschließen.

Krebspatienten werden manchmal von Ärzten „sehr geliebt", kann man doch so vieles an ihnen ausprobieren: Vielleicht hilft es ja. Wer einmal in der Therapie-Maschinerie drin ist, kommt nur ganz schwer wieder raus. Bis man sich umschaut, ist die Zeit, in der man noch einiges hätte unternehmen können, vorbei. Dann kommt vor allem auch von den Angehörigen der Spruch: „... hätten wir doch noch dieses oder jenes gemacht, jetzt geht es nicht mehr."

Meiner Meinung nach ist es deshalb auch wichtig, sich mit seiner Familie über das entsprechende Vorgehen abzustimmen und sich gegebenenfalls auch gegen die „Wünsche" der Familie durchzusetzen. Keiner von den Familienmitgliedern hat beispielsweise eine Chemotherapie mitgemacht, verlangt aber vom Krebspatienten nochmal eine, weil es ja vielleicht doch noch hilft.

Mein Motto für den restlichen Lebensweg ist deshalb: Nicht dem Leben mehr Tage, sondern dem Tag mehr Leben geben.

Elke von Großmann,
Ingolstadt

Manchmal kommt es anders, als man denkt...

von Nina Grün

Wie alles begann:

„Wann würde es Ihnen denn zeitlich passen?", fragt mich der gutaussehende Arzt und ich sage: „Ich nehme den ersten Operationstermin, der frei ist!" Ich bin aufgekratzt und aufgeregt.

Ja, und ich freue mich, ich lasse mir nämlich die Brüste vergrößern.

Noch ahne ich nicht, wie sich das Blatt bald wenden wird und wie schnell aus Freude Verzweiflung werden kann.

Mein Mann ist nicht wirklich begeistert von meiner Idee, aber für mich ist es der optimale Zeitpunkt. Ich fange erst in zwei Monaten einen neuen Job an. Es ist also vorher genug Zeit, um wieder richtig auf die Beine zu kommen. Mein Sohn ist mit seinen fast zwei Jahren auch schon recht mobil, muss also nicht mehr ständig getragen werden. Also wann, wenn nicht jetzt.

Nach der Operation:

Nachdem ich aus der Narkose erwacht bin, habe ich schon beim ersten Gespräch mit dem Arzt ein seltsames Gefühl. Er wirkt viel ernster, keine lustigen Dialoge mehr. Ja, die Operation ist wirklich gut verlaufen, das Ergebnis sieht jedenfalls fantastisch aus. Am nächsten Tag rückt er mit der Sprache raus. Er hat, als die Operation schon beendet war, einen Knoten ertastet.

Was? Einen Knoten? Ich? Warum? Blödsinn!

Eine Woche lang denke ich nicht mehr an diesen kleinen Knoten, den ich nun selber auch ertasten kann. Doch ganz plötzlich werde ich unruhig und mache einen Termin bei meiner Frauenärztin. Schon am nächsten Tag ist die Biopsie, und dann steht ein grauenhaft langes Wochenende bevor. Das erste Mal steigt mir die Angst langsam den Rücken hoch, aber noch immer bin ich überzeugt, bei der Auswertung der Biopsie die erlösenden Worte zu hören.

Manchmal kommt es anders, als man denkt:

Das Gesicht des Arztes spricht Bände. Ja, wir haben Krebszellen gefunden, höre ich und noch vieles mehr.

Ich bin 38 Jahre. Niemand in unserer Familie hatte bisher Krebs, meine Eltern erfreuen sich bester Gesundheit, und meine Oma ist gerade 90 geworden. Wir sind doch keine Krebsfamilie. Ich war auch nie ein kränklicher Typ, das muss ein Irrtum sein!

Der Arzt redet halb besorgt, halb beruhigend auf mich ein. Ich schaue mich suchend um, doch niemand außer uns beiden ist im Raum. Er spricht also wirklich mit mir. Wie in Trance fahre ich nach Hause.

Ich hole meinen Sohn von einem Kindergeburtstag ab, dann fehlt mir ein Stück Erinnerung.

Er ist noch nicht einmal zwei Jahre alt.

Die Angst hat mich nun komplett im Griff. Krebs – den bekommen doch nur die anderen, aber doch nicht ich!

Die Angst zu sterben, die Angst, dass mein Kind ohne Mami aufwachsen muss, die Angst, dass bald alles zu Ende ist. Wer es nicht erlebt hat, wird es nicht verstehen können.

Wie sag ich „ES“ meinen Eltern?

Erst vor einigen Jahren haben sie ihren Sohn durch einen tragischen Verkehrsunfall verloren, meinen kleinen Bruder, der nicht mal 30 Jahre alt werden durfte. Hat unsere Familie einen Pakt mit dem Unglück? Meine Eltern sind tapfer und geben sich kämpferisch, das hilft mir, auch noch in den kommenden Monaten.

Ich brauche einen Plan:

Der Arzt drückt mir eine Studie mit dem schönen Namen „GeparQuinto“ in die Hand. Ich soll sie im Warteraum überfliegen, sie passt fantastisch auf mich, meint er. Unterschreiben Sie bitte sofort, dann machen Sie an der Rezeption den ersten Termin für die Chemotherapie. Und bitte Beeilung, das Wartezimmer ist voll!

Elf Seiten medizinisches Fachchinesisch überfliegen im Warteraum?

Erst Chemotherapie, dann Operation.

Nein, das schaffe ich nicht. Ich will dieses Ding in meiner Brust loswerden, und zwar so schnell wie möglich.

Ich schaue meinen Mann an, er weiß sofort, was ich denke. Wir stehen auf und gehen.

Ich nehme Kontakt auf mit einer Bekannten, die vor fünf Jahren erkrankt ist. Immerhin lebt sie noch und macht einen gesunden Eindruck, also muss ihr Arzt doch gute Arbeit geleistet haben.

Beim ersten Termin in Bad Saarow habe ich das gute Gefühl, ich werde hier aufgefangen. Hier geht alles ganz schnell. Auch die Behandlungsreihenfolge passt zu meinen Vorstellungen. Keine vier Wochen nach der Brustvergrößerung liege ich wieder im Operationsraum.

Im Aufwachraum:

Ich taste mich vorsichtig nach oben. Alles noch da. Ich bin erleichtert. Die Ärztin setzt sich zu mir. Ihr Blick sieht nicht wirklich zufrieden aus.

Ich bin im freien Fall.

Lymphknoten. Lymphknoten? Waren denn schon welche befallen? Nein, ich habe ausnahmsweise mal Glück. Die Lymphknoten sind frei, juhu, aber nun rückt sie mit der Sprache raus. Die Brustwarze, sagt sie ganz leise, konnte nicht wie geplant erhalten werden. Das haut mich in diesem Moment irgendwie nicht um.

Langsam macht sich Erleichterung breit.

Meine kleine Brustwarze, nie hast du dich in den Vordergrund gespielt, und nun bist du weg.

Hauptsache, ich lebe! Die erste Etappe ist geschafft.

Die 2. Etappe wird härter:

Sie sind zu jung! Der Knoten war nicht mehr wirklich klein! Die Empfehlung lautet sechs Mal Chemotherapie, danach Bestrahlung, dann Antihormone über fünf Jahre. Wie schnell man in dieser Mühle steckt.

Vor zwei Monaten noch fühlte ich mich gesund und war voller Pläne, wollte auch gern ein zweites Kind, und jetzt habe ich Krebs und bekomme die erste chemische Dröhnung.

Warum ist dieses Ding überhaupt gewachsen?

Habe ich zu viel Fleisch gegessen? Zu viel Wein getrunken?

Ist die Pille schuld? Oder die Hormone, die ich nehmen musste, um überhaupt schwanger zu werden?

Vielleicht haben die Schicksalsschläge, wie der Tod meines Bruders und die drei Fehlgeburten, mein Immunsystem so sehr geschwächt, dass der Krebs entstehen konnte?

Ich lese und recherchiere. Miriam Pielhau[7] gibt mir in ihrem Buch „Fremdkörper" auf die Frage nach dem Warum die Antwort: DARUM!

Ich suche mir eine Sportgruppe für Krebserkrankte. Ich trete in einen Malkreis für ebensolche ein. Ich pflege Kontakte zu gleichaltrigen Betroffenen, die ich im Krankenhaus kennen lerne.

Das sind die Dinge, die mir in dieser Zeit helfen. Ich bin nicht allein.

Meine beste Freundin nimmt sich an den Chemotherapie-Nachmittagen frei und wartet bei mir zu Hause, bis mich das Taxi wieder ausspuckt. Wir gehen spazieren, sie kocht mir etwas oder lässt mich einfach schlafen. Sie ist einfach da.

Mein Sohn wird in diesen Tagen von meinen Eltern betreut, was auch eine große Hilfe ist. Mein Mann ist dann an den Abenden da und motiviert mich auch weiterhin, am Leben teilzunehmen. Wir gehen oft zum Essen, ins Kino, fahren trotzdem in den Urlaub oder an den Wochenenden zur Ostsee. Immer mit Zeitplan, dass ich pünktlich zur Blutkontrolle antrete, und auch nicht direkt nach der Chemotherapie, denn da möchte ich am liebsten nur schlafen.

Vielleicht bin ich manchmal etwas leichtsinnig, gehe auch ins Kino, auf Partys und auf eine große Hochzeit. Doch für meine Seele, für mein Wohlbefinden ist das wichtig.

Ich will mich einfach normal fühlen, auch mit Perücke, auch wenn ich gerade im Ausnahmezustand bin.

Die Übelkeit bekämpfe ich erfolgreich mit einem Akupressur-Armband aus der Apotheke und mit wenigen Tabletten. Ich muss mich nicht ein einziges Mal übergeben.

Der Verlust der Haare ist wirklich das Schlimmste in dieser Zeit. Ich bin mir selbst so fremd mit diesem kahlen Kopf …

---

7 Pielhau, Miriam: Fremdkörper, s. Literaturliste im Anhang.

In der Sportgruppe lerne ich Jana kennen. Wir ähneln uns, nicht nur vom Äußeren. Mit ihr tausche ich Tücher und Perücken. Gegenseitig begutachten wir ungeniert unsere Glatzen. Sie tut mir unendlich gut. Wir verabreden uns regelmäßig mit anderen betroffenen Frauen, auch das erste Mal zum Essen oben ohne, mit unseren Millimeterfrisuren.

Wir sehen zwar aus wie eine Kampflesbengruppe, aber wir sind einfach nur glücklich, dass wir endlich unsere Kopfbedeckungen nicht mehr brauchen, drei Monate nach der letzten Chemotherapie.

Diese Gruppe ist allerdings Fluch und Segen zugleich.

Jeder bekommt nämlich andere ärztliche Ratschläge und Therapien. Wir diskutieren, lachen und weinen zusammen. Ein geflügeltes Wort wird: „Frag fünf Ärzte, du bekommst sechs Antworten!“

Und immer frage ich mich: Was verbindet uns alle? Wo ist die Schnittstelle? Wo sind die Parallelen in unseren Lebensläufen? Was ist es, was bei uns allen schief lief, dass wir nun hier sitzen?

Ein Jahr nach Ende der Behandlung bekommt die Erste von uns einen Rückfall. Das reißt uns die Füße weg.

Nachsorge und was noch zu tun ist:

Die Angst nimmt zu. In der Therapiemühle hatte ich das Gefühl, ich bekämpfe den Feind, doch was mach ich jetzt? Reichen regelmäßige Kontrollen? Ultraschall und Mammografie?

Muss ich nicht mein Leben ändern?

Ich lese immer wieder von der Chance des Lebens.

Wie stärke ich am besten mein Immunsystem?

Einige Wochen ernähre ich mich streng vegetarisch, doch ich halte das nicht lange durch. Aber Ingwertee trinken und mit Kurkuma das Essen würzen, wird doch nicht reichen. Der Satz „Zucker lässt Krebszellen wachsen!“ setzt mir auch ordentlich zu, vor allem, wenn ich meine mittlerweile 92 Jahre alte Oma sehe. Sie vernascht seit Jahrzehnten jeden Nachmittag ihr Stück Torte.

Ich fahre nach Grömitz, zu einer Rehamaßnahme für an Brustkrebs erkrankte Mütter mit ihren Kindern. Hier kann ich meinen Sohn mitnehmen, vor allem bin ich mit Gleichaltrigen zusammen. Parallel dazu nehme ich Kontakt mit der Gesellschaft für Biologische Krebsabwehr (GfBK) in Heidelberg auf, die unter anderem auch in Berlin eine Beratungsstelle hat.

Ich lese über Homöopathie bei Brustkrebs, über Nahrungsergänzung wie Selen und Vitamin D.

Besonders spricht mich die Hyperthermie an als alternative Krebstherapie. Fieber hatte ich seit bestimmt 25 Jahren nicht mehr. Es gibt Annahmen, dass der Temperaturanstieg nicht nur die körpereigenen Abwehrkräfte mobilisiert, sondern gleichzeitig auch Tumorzellen vernichten kann. Ich finde in Berlin Spandau eine tolle Ärztin und unterziehe mich in kurzen Abständen drei Mal einer Hyperthermie.

Danach wird der Rhythmus verlängert, also alle 3–6 Monate. Gleichzeitig mit der ersten Behandlung starte ich die Misteltherapie. Es gibt Studien, die für eine Therapie sprechen, es gibt Studien, die dagegensprechen.

Ich lerne und werde selbstbewusster. Niemand kann mir die Entscheidung abnehmen, die Verantwortung für mich übernehmen. Daran gewöhne ich mich schwer. Da kann auch die beste Freundin nicht mehr helfen.

Die aber hilft immer wieder, auch wenn ich mit angstverzerrtem Gesicht von der MRT (Magnetresonanztomografie) komme, die aufgrund starker Schmerzen im Brustwirbelbereich gemacht wurde. Nie hätte ich gedacht, dass ich mich einmal über die Diagnose Bandscheibenvorfall so freuen würde. Wer kann das verstehen? Nur betroffene Frauen.

Was andere tun können:

„Ach, das wird schon! Sei optimistisch! Die Bekannte meiner Bekannten hatte das auch mal. Nein, sie lebt nicht mehr, aber bei ihr war es auch viel schlimmer!"

Oder: „Oh mein Gott, das würde ich nicht durchstehen! Wie schaffst du das nur?"

Das sind Sätze, die nicht wirklich helfen.

Denn was sollen wir tun? Wir wollen leben, ja, wir kämpfen dafür. Die Einstellung zum Leben hat sich geändert. Ich verstehe nicht mehr, warum so viele Menschen an ihren Geburtstagen darunter leiden, dass sie schon wieder ein Jahr älter geworden sind. N i c h t mehr ein Jahr älter zu werden, das wäre eine Katastrophe. Das stellte die norwegische Schauspielerin Liv Ullmann schon fest.

... und heute:

Ich bin mittlerweile 40 Jahre, mein Sohn wird bald vier Jahre alt. Ich hatte für diesen Geburtstag einen Club gemietet und eine große Party veranstaltet.

Gern möchte ich 60 Jahre alt werden, dann würde ich meinen Sohn erwachsen werden sehen.

Das ist mein größter Wunsch!

Alles, was darüber geht, würde ich als Bonus betrachten.

Wenn ich die 50 schaffe, gibt es erst einmal das nächste Fest.

Doch bis dahin habe ich noch einige Nachsorgetermine, Ultraschalluntersuchungen und Blutkontrollen, gepaart mit viel Angst, zu bestehen.

Nina Grün

… UND TROTZDEM HOFFNUNG!

von Gudrun-Eleonore Haera

Endlich – ich habe ihn wieder gesehen, den „Züri"-See, die Berge und die Meinen, die dort leben!

Wer einmal den Sonnenaufgang an diesem See erlebt hat, den zieht es zurück, um dieses Schauspiel erneut anzuschauen. Zuerst ist es nur ein Strahl, der das Wasser berührt, dann scheint es sich tausendfach zu vervielfältigen, bis alles nur noch ein Fließen voll strahlenden Lichts ist, in dem man – selbst eingebunden – nur noch Licht zu sein scheint, vollkommen, gesund!

Es war die Zeit einer schweren Erfahrung. Es war fraglich, ob sie je wieder normal leben durfte, reisen konnte – oder einfach nur noch sein?

Die Abteilung Onkologie ist im Untergeschoss der Klinik. Ihr Bett steht am Fenster, das wegen der Souterrain-Lage nur einen kleinen Ausblick gewährt: Sie sieht auf grüne Büsche. Keine Blumen! Kein Himmel! Sie sieht auf Beine, die vorübergehen, dicke, dünne, Beine von Erwachsenen, Kinderbeine … Und mit etwas Fantasie kann sie sich vorstellen, wie der Mensch aussehen könnte, dem sie gehören.

Sie sieht sich im Zimmer um. Sie, eine Frau mittleren Alters. Sie ist sehr schwach, fast durchsichtig. Ihre Augen verraten, dass sie einmal ein quicklebendiger Mensch gewesen sein musste – einen Rest Energie davon versprüht sie immer noch!

Zum Nachdenken kommt sie nicht oft. Die Therapien sind sehr anstrengend. Alle ihre Kraft verlagert sie nun auf das Körperliche. Chemotherapie und Hyperthermie greifen entscheidend in ihr Leben ein. Eine Atempause zu Hause ist schon nach vier oder fünf Tagen vorbei. Sie muss die Klinik wieder aufsuchen. Oft schläft sie ein – einfach so am Tag, vor Schwäche und Übelkeit. Schlafen für eine kurze Zeit bedeutet „Erlösung" – los sein, nichts spüren, keine Schmerzen und – sterben! Sterben? Nicht mehr die Schärfe der Desinfektionsmittel riechen müssen, die verschüttete Chemie, Gerüche, die sich mit dem Angstschweiß der in dieser Zeit leicht transpirierenden Patienten vermischen.

Es ist früh am Tag. Besucher kommen noch nicht. Sie sieht einer Fliege zu – draußen vor dem Fenster. Sie fliegt scheinbar ziellos hin und her, von rechts nach links, bis sie auf einem von der Sonne beschienenen Blatt landet. Sonne? Hier unten? Ja! Ein leichter Wind schiebt die buschigen Zweige auseinander – und ein kleiner Strahl landet auf ihrem Bett! Sie nickt kurz ein. Wo ist die Fliege? Sie sitzt nun auf der Fensterscheibe. Ist es dieselbe? Vom gardinenlosen Fenster geht ihr Blick zum Tisch, dort sieht sie die vielen Medikamente – es ekelt sie an!

Die Uhr sagt ihr, dass Zeit vergangen ist. Plötzlich ein Knarren, die Zimmertür wird schwungvoll geöffnet, ein Pfleger erscheint. Kommentarlos wird ihr Bett hinausgeschoben. Das Schild „nüchtern" baumelt bedrohlich über ihr. Sie ist jetzt an der Reihe. Vom Untergeschoss geht es eine Etage tiefer durch endlose Gänge in den Keller, vorbei an einer Tür, auf der das Wort „Entsorgung" steht. Ja, so kommt sie sich vor. Wie jemand, der „entsorgt" werden soll.

Aber es geht weiter. Bis sie vor der gefürchteten Glastür des Therapieraums ankommt, wie vor einer Folterkammer. Sie muss warten – liegend im Bett. Ihre Gedanken kreisen … Bald wird sie ohne Kleidung, ohne Haare, dünn, wie sie jetzt ist, mit ihrem Bündel Kleidung, frierend vor dem Hyperthermie-Therapiegerät stehen, das sie bald aufnehmen wird. Zwei Buchstaben erstehen vor ihrem inneren Auge: KZ!

Von einer kleinen Treppe aus wird sie nach oben auf eine erhöhte Liegefläche steigen, unter sich zwei Bretter – Sargbretter? Zwischen dem nackten Körper und dem Holz wird sie von einer dünnen Haut eines Temperatur ausgleichenden Wasserbetts umhüllt. Die Hitze! Fast 41 Grad Celsius! Der Schweiß wird wieder von ihrer Stirn tropfen. Schmerzen wird sie wenig haben, dagegen bekommt sie Tabletten und Spritzen.

Steigt der Blutdruck in gefährliche Höhen, wird er durch die „bewährte“ Kapsel unter der Zunge in Schach gehalten. Die Schwäche, die Übelkeit, die Angst – sie werden bleiben! Angst vor der immer größer werdenden Angst – Angst, die 90 Minuten könnten nicht vergehen. Ja, die Zeiger der großen schwarzen Uhr, die wie eine Bahnhofsuhr aussieht, scheinen rückwärtszugehen.

Wozu das Ganze? Was wäre, wenn sie die Therapie sein ließe? Würde sie der Krebs auffressen? Unwirsch wischt sie sich über die Stirn, wie um diese Gedanken wegzuwischen – für immer! Geht das? Nein! Visualisieren – ein kraftloser Versuch! Sie schließt die Augen. Vor ihrem inneren Auge lässt sie die Berge ihrer nächsten Heimat erstehen: ein Häuschen … im Abendsonnenschein … nicht allein … gesund sein. Das wär's!!

Es wechseln die Bilder: Zürichsee – Sonnenaufgang – Glitzern und Fließen der Morgensonne – und die Kinder! Nur jetzt kein Selbstmitleid!

An ihrem Bett ist eine Bewegung spürbar. Ein älterer Herr nimmt Platz. Verwundert schaut sie auf. Ob er die wenigen Tränen auf ihrem bleichen Gesicht wahrnahm? Hier unten zwischen Leben und Tod, in diesem Grenzbereich gibt es keine Tabus. Sanft, fast zärtlich streicht er über ihre abgemagerte, von Spritzen zerstochene graue Hand. Sie fragt nicht: Wer sind Sie? Sie nimmt die liebevolle Geste als Trost wahr – und er erscheint ihr im Nachhinein wie ein Engel!

„Was wünschen Sie sich noch im Leben?“ Diese klare Frage lässt diesen, fast wie eine Fata Morgana Erscheinenden zur Wirklichkeit erwachsen. Sie sieht zu ihm auf und lächelt … dachte sie doch gerade an den „Züri“-See. So lautet ihre Antwort leise: noch einmal die Sonne am Zürichsee sehen, die Berge sehen, meine Kinder treffen …

Er wendet sich ihr zu, schaut sie fest an. Gut ist es ihr noch in Erinnerung.

„Sie werden den Zürichsee, die Berge, ihre Kinder wiedersehen … Sie werden l e b e n!“

Danach geht er so leise, wie er gekommen ist, unwirklich fast, denn die Therapie beginnt nun, leidvoll wie immer. Und noch viele

Tage, viele Schmerzen mit notvollen Erfahrungen ... Aber da war etwas wie eine Verheißung im Hinterkopf: Du schaffst es! Du wirst dieses Todesland verlassen. Du wirst l e b e n!

Heute – zwei Jahre später: Gerade komme ich zurück vom Zürichsee, den Schweizer Bergen und meinen Kindern ...

Ein Leuchten der Sonne blitzt wie das Morgenrot der Zukunft in meinen Augen ...

Aufbruch

Neues wird,
Altes zerfloss.

Aufbruch?
Neuer Anfang.
Ein Ziel sehen,
Den Weg finden
Mit dem ersten Schritt.

Gudrun-Eleonore Haera,
Diplompädagogin/Lehrerin, Garching

Das Leben ist ein Geschenk

von Doris Haller

14. Oktober 2010

Nordseeküste – ich bin am Strand und beobachte Wellen, die langsam heranrollen und wieder zurückgehen. Ein weiter Blick – keine Begrenzung am Horizont – und das gleichmäßige Rauschen des Wassers.

Vor vier Jahren und acht Monaten brach die Diagnose Brustkrebs wie eine Welle über mich herein. Sie hat mich aus meiner Bahn gerissen und mir mit aller Härte gezeigt: „Schau hin, da wächst etwas in dir, unkontrolliert und selbstzerstörerisch. Es frisst dich auf, wenn du so weitermachst."

Eigentlich ging es mir gut, ich war gerade zwei Jahre verheiratet, glücklich in meiner Ehe, ausgefüllt in meinem Beruf, sozusagen in der Mitte meines Lebens. Familie und Freunden ging es gut, daher war ich ohne Sorgen.

Und dann diese Krankheit, die mir ins Bewusstsein rief: Es gibt noch etwas anderes, etwas, das jetzt meine ganze Aufmerksamkeit verlangt. Plötzlich war die Zukunft in Frage gestellt, mein Leben nicht mehr sicher. Der Krebs hat meinen Blick für Raum und Zeit verändert.

8. Februar 2006

Ich bin bei mir angekommen – wenn auch durch einen harten Stoß in Bewegung versetzt, doch ich sehe eine Chance darin, zurückgeworfen zu sein auf mich selbst. Ich weiß nicht, woher ich im Moment die Kraft und die Ruhe nehme, mit der Diagnose Brustkrebs zu leben. Doch ich spüre in mir ein Vertrauen und einen Halt. Ich sehe und spüre den Rückhalt bei den lieben Menschen um mich herum, weiß aber, ich kann mir nur selbst helfen …

Die Familie, die Freunde, meine Arbeit – sie geben meinem Leben Inhalt und Bedeutung, ich fühle mich anerkannt und geliebt. Doch was ist, wenn ich keine Kraft mehr für sie habe, wenn ich meine ganze Energie darauf richten muss, selbst gesund zu werden? Dann geht auch alles weiter – ohne mich. Ich bin diejenige, die loslassen muss.

Die anfängliche Fassungslosigkeit, so mitten im Leben von einer mächtigen kalten Welle mitgerissen zu werden, hat sich bald, nachdem ich Atem geschöpft hatte, verwandelt. Ich konnte die Krankheit annehmen, sie als Chance für eine Veränderung sehen. Mir war bewusst, dass es keinen anderen Weg für mich gab, als den Tumor in mir als etwas zu begreifen, das zwar eine gewisse Macht über mich hat und ein Eigenleben führt, aber auch ein Teil von mir ist. Er kann mich zerstören, kann sich aber auch auflösen.

Wichtig für mich war, den Tumor nicht als einen Feind zu betrachten, den es zu bekämpfen galt. Denn diese Krankheit hat sich entwickelt und hat mich nicht wie ein Unfall plötzlich von außen überrannt. Nein, der Knoten ist langsam über Jahre in mir gewachsen und hat sich in meiner Brust breitgemacht. Nun war es an der Zeit, anzuhalten, aus dem gleichmäßigen Trott herauszukommen und innezuhalten.

8. Mai 2006

Im Krankenhaus – nach vier Chemozyklen sind meine Abwehrzellen im Keller und meine Gemütsverfassung ebenfalls. Die Nachricht, dass mein Knoten um ein Drittel zurückgegangen sei, hatte mich so positiv gestimmt, dass ich übermütig wurde und nicht mehr so sehr auf mich geachtet habe. Und jetzt bin ich hier, liege mit hohem Fieber in Quarantäne und hadere mit mir selbst …

Eine Krankenhausangestellte kommt mit Büchern herein, und im Gespräch mit ihr komme ich auf andere Gedanken. Sie sagt, meine Augen hätten eine positive Ausstrahlung …

Zum Glück hänge ich nie lange im Loch, sondern komme schnell wieder raus.

Erst durch die Krankheit gab ich mir die Erlaubnis, langsam zu machen, nicht mehr funktionieren zu müssen. Ich war in meinem Leben sehr stark damit beschäftigt, die erspürten Erfordernisse und Erwartungen von anderen zu erfüllen, meine Fühler nach anderen auszustrecken und die Umwelt abzutasten in dem Bestreben: Wo und wie kann ich mich nützlich machen? Wem kann ich helfen?

Jetzt konnte ich endlich mal nach innen hören, fühlen, was in mir hochkommt und was ich brauche, um gesund zu werden. Ich nahm mir die Freiheit, mir eine wirkliche Auszeit zu gönnen, denn hier ging es um mein Leben. Und siehe da, es ging auch ohne mich, sowohl auf der Arbeit als auch in der Familie. Ich kam als Stütze nicht mehr in Frage, daher fanden sich andere Lösungen, und es war in Ordnung so. Ich strebte nach Ruhe und bekam sie.

Den Freiraum, jetzt meine Gesundheit und mein Leben an oberste Stelle zu setzen, eroberte ich ganz für mich. Doch ich bin dankbar, dass mein Mann, meine Familie, Freunde und Kollegen mich darin unterstützten. Zu spüren, wie mein Mann mich bedingungslos liebte und mich zu allen Ärzten und Behandlungen begleitete, war für mich das größte Geschenk und gab mir die Kraft, alles gut durchzustehen. Überhaupt haben Dankbarkeit und Vertrauen in eine göttliche Kraft seit der Krankheit in meinem Leben stärker Wurzeln geschlagen. Jetzt ist es meine Aufgabe, darauf zu achten, dass ich sie wie eine Pflanze hege, damit sie wachsen und gedeihen. Sie sind die Kraft, die mir in dem elendig langen Behandlungsmarathon geholfen hat, die Beschwerden gut zu überstehen. Dankbar sein, dass ich ärztlich gut versorgt bin, dass ich es nach jeder Chemotherapie wieder schaffte, auf die Beine zu kommen.

Ich denke an die ersten Spaziergänge, bei denen ich, gestützt auf meinen Mann, eine kleine Runde um den Block gedreht habe. Es war anstrengend, jeder Schritt ist mir schwer gefallen, aber es tat so gut, draußen in der frischen Luft zu sein, zu sehen, was in den Gärten wächst, und die Sonne auf der Haut zu spüren. Überhaupt waren Spaziergänge in der Natur eine Wohltat für die Seele. Hier konnte ich auftanken und Hoffnung schöpfen.

Zu Hause halfen mir Yogaübungen auf dem Weg, meine Aufmerksamkeit auf mich zu lenken. Was ich früher nicht schaffte, nämlich regelmäßig meine Übungen zu machen – jetzt hatte ich die Zeit dafür und auch den Willen. Ich merkte, wie gut es mir tat, mich auf meinen Körper zu konzentrieren und die Ruhe durch mich hindurchfließen zu lassen, zu erkennen, es geht nicht um sportliche Leistungen, sondern darum, den Körper zu spüren, Vertrauen in ihn zu entwickeln, dass er es wieder schafft, gesund zu werden. Denn das Vertrauen leidet durch eine derart schwere Krankheit, und es erfordert Aufmerksamkeit und Achtung für die kleinen Fortschritte, die wir im Verlauf des Gesundungsprozesses machen. Konzentration auf das Gesundwerden war für mich entscheidend.

Während manche Frauen im Krankenzimmer bei der Chemobehandlung um ihre Krankheitssymptome wetteiferten und sich gegenseitig bemitleideten, stopfte ich mir die Kopfhörer ins Ohr, ließ mich von ruhiger Musik wegtragen. Sie tat meiner Seele gut und unterstützte mich bei meinen Visualisierungsübungen. In der Imagination half mir eine Heilerin, die Chemokeule umzuwandeln, sie mit Licht und Kraft aufzuladen und zur Gesundung zu nutzen. In dieser Verbindung von moderner Medizin und dem Glauben an die Selbstheilungskräfte schaffte ich es, den Knoten aufzulösen. Auch wenn die Nebenwirkungen mir arg zu schaffen machten und ich einmal auch nicht mehr weiterwollte, weil all meine Kraft aufgebraucht zu sein schien, irgendwie ging es immer weiter, und ich war dankbar für jede Besserung und Linderung meiner Beschwerden. Es hat mich ungemein beeindruckt, wie der Körper es schaffen kann, mit solchen Dosen von Gift fertig zu werden und sich zu regenerieren.

Mit meinen 42 Jahren war ich an einem Punkt angelangt, wo ich mich körperlich leistungsfähig und attraktiv fühlte, aber in der Chemozeit kam ich mir manchmal wie eine alte Frau vor. Die Haare verloren, die Haut schlaff, die Muskeln kraftlos – ich wurde durch die Krankheit auf einen Schlag jenseits der Wechseljahre katapultiert und fand mich um Jahre gealtert. Und doch ließ ich mich nicht hängen, ließ mir von meinem Mann bewusst die Haare abschneiden, da ich spürte, wie sie mir nach und nach ausfielen. Auch ohne meine Lockenpracht war ich Frau, selbst mit Glatze konnte ich in den Spiegel sehen und Ja zu mir sagen. Es war nicht immer einfach, zu meinen körperlichen Veränderungen zu stehen, denn mein Aussehen ist mir auch in solchen harten Zeiten wichtig gewesen. Daher achtete ich nicht nur auf meine inneren Bedürfnisse, sondern auch ganz bewusst auf mein Äußeres.

Entscheidend war jedoch meine innere Haltung und die Erkenntnis, dass etwas zum Fließen gebracht wurde – der Fluss an positiver Lebensenergie.

9. Mai 2006

Mein Leben ist kostbar. Gott hat es mir geschenkt, und ich darf es nicht vergeuden; Energie vergeuden für Dinge, die nicht wichtig sind, die meine Zeit aus-füllen, aber nicht mein Leben er-füllen. Ich befasse mich in Gedanken oft mit Plänen für die Zukunft oder mit Grübeln über die Vergangenheit, statt mich auf die Gegenwart zu konzentrieren.

Wenn ich heute auf diese Zeit zurückblicke und mich frage, was sich verändert hat, erkenne ich, dass ich in meinem Bewusstsein Wesentliches von Unwesentlichem besser trennen kann. Ich lebe mehr in der Gegenwart, gehe achtsamer mit mir und der Umwelt um. Mein Fokus ist nicht mehr so stark auf meine Mitmenschen ausgerichtet, sondern ich erlaube mir selbst, dass es mir gut gehen darf. Mein Leben nach der Krankheit ist ein Geschenk, und ich würdige es als solches. Dieses Geschenk nehme ich in Liebe und Dankbarkeit an.

… und immer, wenn ich wieder dabei bin, in altes Fahrwasser zu geraten, erinnere ich mich an diese Zeit und das Versprechen, das ich mir gegeben habe. Um diese Erfahrung reicher fällt es mir jetzt leichter, herauszutreten aus alten Bahnen, innezuhalten und wieder zu mir zu finden.

Doris Haller, 49,
Förderschullehrerin, Nackenheim

Aus dem Leben einer Amazone

von Irmhild Harbach-Dietz

Eigentlich ist es zum Lachen. Auch wenn der Anlass traurig ist. Deshalb schreibe ich es auf.

Vor acht Jahren wurde mir die linke Brust abgenommen, und ich wurde so zu einer „Amazone“, wie die kämpferischen Frauen ohne Brust in der antiken griechischen Mythologie hießen. Um meinem Körper weitere Eingriffe und Risiken zu ersparen, entschied ich mich gegen einen Brustaufbau und für die Versorgung mit einer Epithese (im BH zu tragendes Ersatzteil).

Beim Besuch des ersten Sanitätshauses trat die Verkäuferin ohne Erklärung hinter mich, umfasste meinen Oberkörper und nahm mit ihrer rechten Hand Maß, um die Größe festzustellen. Ich bekam ein Teil in 6B.

Ich war froh, endlich die mit Watte gefüllte Erstversorgung ersetzen zu können. Leicht an Gewicht, wanderte sie nämlich oft nach oben. Wenn ich an mir runter sah, erschrak ich manchmal über den hohen linken Brustansatz und war dann damit beschäftigt, mehr oder weniger unauffällig an mir rumzuziehen.

Allerdings hörten diese Wanderbewegungen mit dem neuen Ersatzteil nicht auf, nur die Richtung änderte sich. Jetzt bewegte sich das Teil seitlich zur Mitte, sodass ich den BH häufig wieder nach links ziehen musste.

Mangels weiterer Informationen hielt ich dies für normal und auch für nicht so bedeutsam. So machte ich weiter meine typischen Handbewegungen. Bis ich zwei Jahre später ein anderes Sanitätshaus aufsuchte, um eine neue Epithese zu kaufen. Ich bekam eine größere, passendere, eine, die weniger rutschte.

Zwei Jahre später stehe ich bei einer Veranstaltung an einem Stand mit Kunstbrüsten, unterhalte mich mit der Fachfrau und höre sie, nach einem kurzen Blick auf meinen bekleideten Busen, sagen: Ihre Epithese ist zu klein für Sie.

Diesmal gehe ich auf Empfehlung in ein spezielles Sanitätshaus, mittlerweile Nr. 3 und bekomme eine 6L Größe angeboten. Größenmäßig scheint es jetzt zu stimmen, aber das Rutschen hört nicht auf. Zwischendurch nutze ich auch die Haftunterlage, um die Epithese direkt an der Brust festzukleben und einen normalen BH tragen zu können. Aber auf Dauer ist mir dieser enge Kontakt zwischen Narbenbereich und dem Kunststoff unangenehm.

Wieder zwei Jahre später teste ich Sanitätshaus Nr. 4 – und siehe da, die dortige Fachfrau scheint Ahnung zu haben. Sie bringt mir eine Epithese, die – passend zu meinem breiten Brustkorb – eine größere Grundfläche hat, damit besser im BH sitzt und einfach passt.

Nach sechs (!) Jahren habe ich nun endlich das richtige Ersatzteil gefunden! Wenn ich jetzt alle „Brüste“ vor mich hinlege, kann ich gar nicht glauben, dass ich sie so lange und zufrieden getragen habe.

Meinen Mann stört die Kälte des neuen Körperteils bei Umarmungen. Ich frage mich, ob mein Herz direkt darunter auch schon klagt? Mich selbst stört eher das Schwitzen an dieser Stelle. Ich fahre viel Fahrrad, mache Sport. Dadurch entsteht ein spezieller Geruch, den ich auch nach dem Reinigen des Kunststoffteils noch leicht wahrnehmen kann.

So kam ich auf die Idee, mir aus weißem und schwarzem Baumwollstoff Einlagen in der Größe der Epithese-Grundfläche zu nähen und diese mit in die Tasche zu schieben. Die Wirkung dieser einfachen Isolierung ist hervorragend, kein Schweißgeruch mehr, die Einlagen lassen sich kochen und austauschen, allerdings zerknittern sie gern etwas.

Und jetzt – nach sieben Jahren – erfahre ich auf meine gezielte Frage hin, dass es so etwas auch zu kaufen gibt. Es gibt Klima-Pads, die eine Frau zwischen Epithese und Brust tragen kann, um Hitze und Kälte auszugleichen. Allerdings ist dieses Teil, das mich an eine Turnschuheinlage erinnert, aus Kunststoff. Trotz des stolzen Preises von fast 30 Euro bestelle ich mir eins zum Ausprobieren (das dann jedoch in der Schublade verschwindet, da die selbst genähten einfach angenehmer sind).

Und noch etwas habe ich entdeckt:

Die Ersatzbrust bietet auch neue Möglichkeiten: Bei Wanderungen, Radfahrten oder Reisen habe ich einen ziemlich sicheren Aufbewahrungsort für mein Geld. Ich kann inzwischen bei Bedarf die Scheine mit einem kleinen unauffälligen Griff aus der Busentasche ziehen.

Irmhild Harbach-Dietz, 62,
Dipl.-Psychologin, Berlin

Nun seien Sie doch mal ehrlich ...

von Jutta Heinze

Ende 2007 ließ ich eine juckende Stelle auf der Kopfhaut untersuchen. Die Diagnose nach einem langen Ärzte- und Klinikmarathon lautete: Mikrozystisches Carcinom der Hautadnexe, eine selten auftretende krebsartige Veränderung der Haut. Es wurden von der Klinik noch zwei weitere Schnitte an der Kopfhaut vorgenommen, das histologische Material an zwei weitere Labore geschickt. Nicht zuletzt deshalb, weil das erste Untersuchungsergebnis als „eigentlich nicht möglich" interpretiert wurde. Das histologische Ergebnis des zweiten Labors ergab den Befund, dass das untersuchte Gewebe eine „kutane Karzinom-Metastase" aufzeigte. „Da Mammakarzinome sehr oft an der Kopfhaut metastasieren", schrieb dieser Arzt eine entsprechende umfangreiche Untersuchungsempfehlung.

Mit Mammografie, MRT (Magnet-Resonanz-Tomografie) und PET (Positronen-Emissions-Tomografie) machten sich die Ärzte auf die Suche nach dem Primärtumor. In den Mammografie-Bildern war nichts zu sehen. Die PET bestätigte dann das Ergebnis der MRT vorher: In der linken Brust wurde ein Karzinom von 1,1 cm Größe entdeckt. Weitere Herde konnten sie zum Glück ausschließen. Allerdings ist es wichtig zu wissen, dass mit der PET problematische „Stellen" unter 0,5 cm nicht abgebildet werden können.

Die Biopsie ergab, dass es sich es um einen langsam wachsenden und hormonabhängigen Tumor handelte. Als ich wissen wollte, wie es denn mit einer Chemo- und/oder Strahlentherapie sei, antwortete der Arzt: „Bei Ihnen nicht. Ich sage Ihnen schon, was richtig ist. Fragen Sie nicht so viel!" Über den Inhalt dieser Antwort war ich glücklich, aber auch verwundert.

Monate später meinte eine andere (homöopathische) Ärztin, man hätte mir diese Therapie nicht angeboten, in der Annahme, es würde sich bei mir nicht mehr lohnen.

Die Ankündigung des Arztes, dass nun eine vollständige Amputation angeraten sei, war ein weiterer Schock. Es sollte so bald wie möglich sein. Ich fragte nach der Bedeutung der Metastase am Kopf und ob in einem solchen Fall eine Operation noch sinnvoll sei. Er antwortete: „Ohne Operation ist die Überlebenszeit einfach kürzer."

Ich fragte nach meiner Lebenserwartung. Ich wollte halt „alles" wissen! Ich könne s c h o n noch zwei Jahre leben, das wäre in meinem Alter (63 Jahre) doch noch recht viel, bekam ich zur Antwort. Ohne Operation verbliebe mir weniger Zeit. Ich solle mir keine Sorgen machen, zwei Jahre seien doch ziemlich viel. Innerlich brach eine Welt in mir zusammen: „Zwei Jahre?", rief ich aus und konnte es nicht fassen.

Da wusste ich spätestens, dass dies nicht der richtige Weg für mich war.

Aber, was sollte ich tun?

70 % der folgenden Zeit verbrachte ich vorwiegend mit der Sammlung von Informationen. Alles, was diese Welt hergab, musste ich wissen! Ich begann wild zu recherchieren. Ich sammelte alles! Material über Selbsthilfegruppen und ihre fachkundigen Mitarbeiter, über die Deutsche Krebshilfe und ihre Internetinformationen sowie über ihre Mitarbeiter vor Ort. Ich erkundigte mich nach komplementären Angeboten von Yoga über Qi Gong, Meditationen, fand sogar eine Heilpraktikerin, die mit Schlangengift den Krebs zu bekämpfen suchte.

Bei Panikattacken bediente ich mich entsprechender Meditationsmusik mit Sprechanteil, eine Astrologin fehlte auch nicht. Es war wie das Greifen nach den (unerreichbaren) Sternen.

Um am Tag sinnvoll die Zeit zu verbringen, lernte ich Guolin Qi-Gong und verbrachte so manche Stunde mit einer Gruppe, vor der Öffnungszeit im Botanischen Garten, bis heute noch ein Mal wöchentlich.

Schwierige Entscheidungen

Ich habe mich zu jener Zeit gegen eine Operation des Primärtumors in der Brust entschieden, weil mir kein Arzt, keine Ärztin eine verständliche Erklärung dafür geben konnte. Es war eine Metastase am Kopf diagnostiziert worden, meine Vermutung, meine Ängste, dass weitere in meinem Körper vorhanden sein könnten, wurden mir mit unterschiedlicher Empathie bestätigt. Eine erfolgreiche Operation mit einer positiven Prognose für die Zukunft konnte mir kein Mediziner anbieten. Hätte mir jemand überzeugende Gründe genannt, hätte ich mich möglicherweise darauf eingelassen.

Außerdem hatte ich Angst vor der Operation und dem Krankenhausaufenthalt. Mit Anfang 20 hatte ich aufgrund einer Fehldiagnose eine Blinddarmoperation. Dabei kam es zu einem Herzstillstand, und ich musste reanimiert werden. Seitdem meide ich Krankenhäuser.

Schließlich nahm ich mit der Gesellschaft für Biologische Krebsabwehr (GfBK) Kontakt auf. Sie schickten mir umgehend umfangreiche Informationen zu dieser Thematik zu, und ich fühlte mich schon am Telefon gut beraten. Es tat mir gut, mich als ganze Person auch mit meinen Zweifeln und Fragen verstanden zu fühlen.

Die erste Beratung bei der GfBK-Ärztin vermittelte den Eindruck, dass es gute Alternativen zu einer Operation gäbe. Ich bekam von ihr u. a. Informationen zur Homöopathie und zu einer homöopathischen Klinik in der Schweiz, die mit Krebspatienten arbeitet.

Ich bekam von der GfBK-Beratungsstelle in Berlin verschiedene praktizierende homöopathische Ärzte empfohlen. Ich wählte eine Ärztin aus, die ich von früher persönlich kannte. Sie empfahl mir die Schweizer Klinik Santa Croce[8] und stellte für mich die Verbindung her.

Das Telefonat mit einem der Klinikärzte erlebte ich als sehr ermutigend. Er beantwortete alle meine Fragen und meinte, ich hätte gute Chancen, mit Homöopathie den Krebs zu bekämpfen. Mit homöopathischen Mitteln könne der Tumor sich verkleinern und dann gäbe es immer noch die Möglichkeit einer Operation. Eine diesbezügliche Entscheidung könne man zu einem späteren Zeitpunkt treffen. Auch eine Mail von ihm wirkte wie ein neuer Lichtblick in mein künftiges Leben.

---

8 Klinik Santa Croce: www.clinicsantacroce.ch – s. Link- und Adressenliste im Anhang.

Ich bekam erste Verhaltensregeln bis zur Aufnahme in die Klinik.

Alle Medikamente sollte ich 14 Tage vorher absetzen, die Einnahme von Antihormonen hat man mir angeraten, und ich nehme sie bis zum heutigen Tag.

Während meiner verzweifelten Suche nach Alternativen fand ich einen Facharzt für Präventivmedizin, der mir viele Fragen beantwortete. Obwohl ich ihm gleich zu Beginn unseres Gespräches eröffnete, dass ich mich inzwischen für den homöopathischen Weg entschieden hätte, nahm er sich sehr viel Zeit. Jede von mir gestellte Frage beantwortete er umfänglich und schenkte mir dabei seine volle Aufmerksamkeit. Es schien, als habe er „alle Zeit der Welt".

Schließlich meinte er: „Ich glaube, Sie haben Glück gehabt", und, obwohl er es nicht begründen konnte, hatte ich das unumstößliche Gefühl, dass er Recht hatte. Erleichtert verließ ich die Praxis, erfüllt von dem Gefühl, dass es nun endlich aufwärtsging.

Nachdem ich die Entscheidung getroffen hatte, in die Schweizer Klinik zu fahren, fühlte ich mich besser. Ich stellte einen Antrag bei der Krankenkasse. Die Bearbeitung dauerte lange, aber ich war sowieso entschieden, mich in jedem Fall dort behandeln zu lassen. Letztendlich stimmte die Kasse zu und übernahm die Arztkosten sowie die Kosten für den Aufenthalt.

Einen zu mir passenden Gynäkologen hatte ich inzwischen auch gefunden. Seine Frau bot Simonton-Kurse an. Sie übte mit mir Visualisieren und stärkte den positiven Umgang mit meiner Angst.

Im Juli 2008 war ich 16 Tage in der Schweizer Klinik. Zuerst war ich enttäuscht, nicht den Arzt bekommen zu haben, mit dem ich bis dahin telefonischen Kontakt hatte. Aber im Nachhinein denke ich, dass mein jetziger Arzt, ein sehr genauer Beobachter, sehr gut für mich ist. Wir sind weiterhin in telefonischem Kontakt, und alle seine Behandlungsstrategien haben sich bisher als erfolgreich herausgestellt. Zudem vermittelt er das sichere Gefühl, stets erreichbar zu sein. Es hat sich ein vertrauensvolles Verhältnis entwickelt, das für mich sehr wichtig ist. Ich war im Jahr 2009 noch einmal zu einem

Gespräch dort und bekomme auch heute stets die erforderlichen Globuli zugeschickt.

Bei der ersten Nachuntersuchung war der Tumor auf 0,7 cm geschrumpft! Ich konnte mein Glück kaum fassen.

Seit Oktober 2010 ist er nicht mehr sichtbar. Auch eine weitere Untersuchung im April 2011 hatte das gleiche Ergebnis.

Manche Leute bezweifeln, dass ich überhaupt Krebs habe. Ich habe nur wenigen Menschen von meiner Erkrankung erzählt, weil ich befürchtete, dass sie dann anders mit mir umgehen.

Es gab eine erfrischende Situation, in der mich bei einem privaten Treffen einige Ärzte nach meiner Geschichte fragten. Alle waren von der Entwicklung beeindruckt. Es gab bewundernde Anmerkungen, die mir ganz gutgetan haben. Eine Ärztin meinte, ich müsse ja gute Nerven haben. Dabei habe ich selbst nur das Gefühl, dass es für mich keine schulmedizinische Alternative gibt.

Heute erzähle ich nur den Leuten meine Geschichte, die danach fragen. Oder denen, von denen ich glaube, dass ihnen meine Erfahrungen nützen können.

Nachuntersuchungen

Zur Kontrolle der homöopathischen Behandlung werden bestimmte Blutuntersuchungen gemacht. Die Anzahl der tumorverdächtigen Zellen im Blut werden in regelmäßigen Zeitabständen gezählt. Die Ergebnisse werden in Beziehung gesetzt und sollen die Entwicklung während der Therapie dokumentieren sowie Entscheidungshilfen für die Medikation geben. Allerdings gibt es auch Zweifel an der Aussagekraft dieses Verfahrens.

Jedes halbe Jahr lasse ich eine MRT (Magnetresonanztomografie) und einmal jährlich eine Hautuntersuchung sowie eine CT (Computertomografie) machen.

Die Frauenärztin, bei der ich jetzt bin, macht ein umfangreiches Blutbild und spricht ihre Verordnungen mit dem Schweizer Arzt ab.

Imagination

Seit über einem Jahr gehe ich zu Dr. L. zur Imaginativen-Körper-Psychotherapie (IKP) im Institut für Psychosomatik und Psychotherapie, Potsdam-Babelsberg e. V.[9] IKP ist ein komplexes psychotherapeutisches Verfahren, das die heilende Kraft innerer Bilder, bildhafter Phantasien und Vorstellungen einbezieht. Dort habe ich gelernt, mir in tiefer Entspannung vorzustellen, wie meine Zellen aktiv werden. Inzwischen spüre ich dabei meinen Körper ziemlich intensiv und kann ihn spürbar anregen. Es ist ein gutes Gefühl, so konzentriert nach innen zu gehen, sich zu erden und einen klaren Kopf zu bekommen. Der Vorteil dabei ist, selbst aktiv etwas für die eigene Gesundheit tun zu können. Jede und jeder kann das lernen. Diese Methode erfordert allerdings Disziplin und regelmäßiges Üben.

Ich habe neun Monate lang täglich geübt. Jetzt lasse ich schon mal ein, zwei Tage aus. Aber am dritten Tag fällt es mir wieder ein. Die Wirkung ist immer noch bemerkenswert.

Inzwischen bin ich überzeugt, dass die Psyche einen großen Anteil an Heilungsprozessen hat und dass der Wille ein entscheidender Faktor ist.

Was war wichtig und hilfreich?

In der akuten Stressphase am Anfang hat mir eine hypnotherapeutische CD von Werner Eberwein[10] sehr geholfen, vor allem, wenn ich nicht mehr weiterwusste. Die Entspannung hat mich beruhigt.

Ich habe gleich nach der Diagnose meine Ernährung umgestellt und mich über zwei Jahre nur vegetarisch ernährt. Das gilt im Wesentlichen auch heute, jedoch verhalte ich mich nicht mehr ganz so konsequent.

Insgesamt glaube ich, dass mir die Homöopathie am meisten geholfen hat, aber ich vermute auch, dass die verschiedenen Methoden, die ich angewandt habe, zusammenwirkten.

---

9 www.ipp-potsdam.de

10 Eberwein, Werner: Selbstheilungskräfte in der Seele entfalten –, s. CD-Liste im Anhang.

In der akuten Situation meiner ersten Phase habe ich mich, wenn Ärzte vehement auf die tödliche Krankheit hinwiesen und mir ein entsprechendes Szenario vor Augen führten, stets innerlich davon distanziert. Ich war mir sicher, dass dies für mich nun gar nicht zuträfe. Das waren Aussagen, die vielleicht für andere galten!

Was hat sich geändert?

Die Auseinandersetzung mit der Erkrankung hat einiges verändert. Heute habe ich mich mehr im Blick und achte genauer auf meine Bedürfnisse. Früher harrte ich länger in belastenden Situationen aus. Jetzt beende ich Situationen schneller, wenn sie für mich nicht passen, und kann öfter Nein sagen. Außerdem probiere ich neue Dinge aus, gerade auch die „Kleinigkeiten", die das Leben so lebenswert machen.

Ich glaube, dass ich oft an meinen Bedürfnissen vorbeigelebt habe und dass dies die Krankheit mitverursacht haben könnte.

Seit drei Jahren bin ich pensioniert. Als ich noch arbeitete, habe ich mich oft schwach und erschöpft gefühlt. Vermutlich hatte die Krankheit damals schon Auswirkungen gehabt. Heute habe ich wieder mehr Energie. Und ich habe wieder Vertrauen gewonnen, dass sich manches von selbst regelt.

Bei der letzten Untersuchung, bei der der Tumor nicht mehr nachweisbar war, hat mich der Facharzt für Radiologie gefragt: „Nun sagen Sie doch mal ehrlich, Sie haben keine Chemotherapie gemacht – nur Homöopathie?" Nach meiner kurzen Antwort insistierte er mehrfach, freundlich und doch ungläubig: „Wirklich? – nun mal ganz ehrlich!"

Mein homöopathischer Arzt meinte, dass Menschen, die sich nicht in vorgefertigte Richtungen drängen lassen, die größeren Heilungschancen hätten.

Mein Leitspruch von Hölderlin entspricht auch meiner Lebensphilosophie:

„Wo aber Gefahr ist, wächst das Rettende auch."

Jutta Heinze,
Berlin

Wie bei einem Experiment...

von Heike Herrle

Ein herrlich sonniger Tag im September 1995.

Ein Sommer mit Hausbau und erster Gartengestaltung liegt hinter mir. Etwas erschöpft beschließe ich, nicht die ausgedehnte Radtour mit meinen Kindern und meinem Mann zu unternehmen. Ein kleiner Bummel über den Neuburger Töpfermarkt wäre eine Alternative, da könnte ich ja mal nach passenden Verschönerungsobjekten für unser neues Familienzuhause stöbern.

Nur – irgendwie habe ich wieder diese rasenden Kopfschmerzen, und ordentlich Luft bekomme ich auch nicht. Eigentlich fühle ich mich wie ein nasser Waschlappen. Mir wird übel, und ich bin froh, dass meine Mutter und meine Schwester mit ihrem Baby mich begleiten. Wir beschließen, unseren Nachmittagsausflug etwas früher zu beenden, und kehren zunächst in unseren Garten zurück, wo ich auf meinen Mann und meine beiden Jungs warten werde. Ich will gerade noch den neuangelegten Rasen bewundern lassen, als sich mein Leben von einer Sekunde auf die andere ändert.

Bumm! Irgendwie habe ich noch den Gedanken, dass mir Etwas – bildlich ausgedrückt – den Stecker zieht und alles tief dunkel wird. Als meine Augen sich wieder öffnen, blicken sie in die erschrockenen Gesichter meiner Mutter und Schwester, die jetzt kreidebleich aus dem immer noch sonnigen blauen Septemberhimmel auf mich herunterschauen. Hören und sprechen kann ich nichts, denn meine Ohren haben momentan Düsenjets im Anflug und meine Kehle einen trockenen Sandsturm zu überstehen.

Wow! Also, so ein Systemzusammenbruch sollte analysiert werden! Wir alle sind der Meinung, dass ich in die Notaufnahme des Roten Kreuzes gebracht werden soll. Hier treffe ich meinen ersten „Engel" für die nächste Zeit. Der diensthabende Arzt stabilisiert mich so weit, dass ich mit der Gewissheit nach Hause gehe, bei der nächsten beunruhigenden Situation sofort wieder auf seine Station im Klinikum kommen zu können. Gleich möchte ich noch nicht bleiben, da mein Mann und die Kinder erst von ihrer Radtour zurückkehren und informiert werden sollen. Handyzeitalter ist ja noch nicht!

Am darauffolgenden Montag erhalte ich von meinem Hausarzt eine Überweisung ins Klinikum. Ich mache mich mit meiner Sporttasche und meinem Mann auf den Weg in die Notaufnahme. Dort möchte ich auf die Station, die mir am Wochenende empfohlen wurde. Ich muss zunächst einige Untersuchungen vornehmen lassen, wobei die Mienen meiner Gegenüber zunehmend besorgter und die Untersuchungsergebnisse immer mehr in ein neutrales Medizinerdeutsch verpackt werden. Nach ein paar Stunden ist klar, dass ich ein ernstes Problem habe und mir in nächster Zeit sehr viel Zeit für mich nehmen sollte. Irgendwie denke ich dabei an meine zwei Jungs, viereinhalb und acht Jahre alt, und mich befällt jetzt schon Trennungsschmerz.

Gott sei Dank sind weitere Engel für mich da. Meine Mutter und Schwiegermutter wohnen ganz in der Nähe und können als Betreuerinnen für die beiden Kinder einspringen, auch meine Geschwister und meine Nachbarn können helfen. Mein Mann versucht, den Familienalltag so stressfrei wie möglich für die Kleinen zu halten und den nötigen Papierkram zu managen.

Während dieser ersten Zeit im Krankenhaus komme ich mir wie mein eigenes Experiment vor. All das erinnert mich so an die vielen Experimente in meinem erst kürzlich abgeschlossenen Chemiestudium. Nur dass jetzt mein Körper und mein Leben davon abhängen, wie dieses große Experiment ausgeht. Nach der ersten Bestrahlungseinheit, die meine mittlerweile akute Atemnot bessert, stehen die Ergebnisse der Analysen fest. Ich habe einen 20 Zentimeter großen, äußerst bösartigen „Non Hodgkin"-Tumor über meinem linken Lungenflügel. Mein Stationsarzt, mein Onkologe und ich besprechen die weitere Vorgehensweise. Die Lage ist so ernst, dass ich von nun an Hochdosis-Chemotherapie und Strahlentherapie erleben werde. Erleben ist dabei wörtlich zu nehmen, denn eigentlich ist meine Lebenszeit schon ganz schön knapp geworden.

Wow! Nie hätte ich gedacht, dass Experimente so spannend sein können!

Als meine beiden „Engel" das Krankenzimmer verlassen, beginnt meine persönliche Strategieentwicklung. Mit meinem Verstand versuche ich zu realisieren, dass ich jeden Augenblick erfahren kann, wie mein Körper sterben könnte. „Jetzt geht's um alles!", schießt ein Gedanke durch meinen Kopf, und ich beschließe, mich vorzubereiten für den Fall der Fälle. Nur fühlt es sich alles so komisch an.

Damit meine turbulenten Gedanken wieder zur Ruhe kommen, gehe ich ins Badezimmer, trinke einen Schluck Wasser und schaue mir dabei im Spiegel in die Augen. Ganz selbstverständlich startet mein Gegenüber mit mir eine Unterhaltung: „Also das hast du dir ausgesucht? Interessant. Suchst du dir immer so arbeitsreiche Themen aus? Soll es das schon gewesen sein mit deinem Leben auf der Erde? Gerade mal 31 Jahre jung, deine Kinder noch so klein, deine Partnerschaft erst ein paar Jahre alt? Gerade ein Haus gebaut und noch nicht mal richtig drin gewohnt, gerade dein Studium beendet und … und …"

Langsam steigt Wut in meinen Gefühlen auf, und gleichzeitig erkenne ich mich immer weniger im Spiegel. Es ist, als ob jemand anderes zu sprechen beginnt. Ein irgendwie körperloses Wesen blickt mir ernst in die Augen und tief in meine Seele. Raum und Zeit scheinen zu verschwinden. Plötzlich finde ich mich in einem hochinteressanten Zustand wieder, schwebe irgendwie im Weltall. Ich sage „Nein", ich schreie so laut, wie ich kann, in meinen Gedanken um Hilfe. Ich rufe nach Gott: „… und wenn du gerade beschäftigt bist, könnte Jesus vielleicht mich hören? Ich bin in höchster Lebensgefahr und brauche jetzt Hilfe! Hilfe! Ich könnte von nun an jeden Augenblick sterben, und ich habe vergessen, wie das geht. Hört mich jemand?"

„Schrei doch nicht so herum, ich bin doch schon da!", versucht eine Stimme mein Geschrei zu übertönen. Gleichzeitig registriere ich, wie ich mich, von einer etwas entfernteren Warte aus, schreien sehe und höre. Ich höre tatsächlich auch eine Antwort. Sie lässt mich beinahe taumeln, denn ich spüre gleichzeitig noch meinen Körper im Krankenzimmer. Ich habe den irritierenden Eindruck, dass ich einen Körper habe, von dem aus ich einen zweiten beobachte und noch einen dritten, der wiederum alle anderen beobachtet. In diesem „Film" kann ich sehen, wie ich mich mit einer hellen Figur unterhalte, als ob es das Selbstverständlichste auf der Welt wäre! Fassungslos beobachte ich aus meiner dritten Position heraus, wie ein zweites Ich sich mit einem „Geist" unterhält!

„Hallo?!", höre ich mich sagen, „so wie es aussieht, ist meine Zeit zu Ende. Ich habe aber vergessen, wie das mit dem Sterben ist. Auf jeden Fall möchte ich alles besprechen, damit ich gut vorbereitet bin."

Das zweite „Ich" kauert dabei wie hinter einer Wand und senkt den Blick, beginnt seine Lebensbeichte hervorzusprudeln. Selbst kleinste Dinge wollen aus dem Mund. Ein sanfter, absolut liebevoller Zug vorne am Brustbein zieht das „Ich" frontal zu diesem Wesen, und ich fühle, wie eine tiefe Liebe in mich strömt.

„Was erzähle ich da überhaupt?", sage ich schon viel ruhiger. „Du weißt doch sowieso alles von meinem Leben. Als Mensch erlebt man ganz schön viel auf dieser Erde. Aber sollte ich wirklich nach Hause kommen, dann befehle ich meinen Geist in deine Hände. Ich bin bereit. Darf ich aber bemerken, dass ich 31 Jahre ziemlich kurz finde, ich bin ja noch gar nicht zum Genießen gekommen und das Allerwichtigste: Ich hatte so wenig Zeit mit meinen Kindern. Ich möchte sehr gerne noch eine Weile mit ihnen leben. Schon der Gedanke an Abschied schmerzt. Sie würden meinen Tod vielleicht noch nicht verstehen. Und mein Mann auch nicht. Darf ich vorschlagen, dass ich noch ein paar Jahre lebe und dafür eine von dir gestellte Aufgabe als Gegenleistung erbringe? Es wäre dazu günstiger, ich würde diese Therapie relativ unbeschadet überstehen."

Fassungslos höre ich meine frechen Reden und noch verwunderter sehe ich, wie mein Gegenüber herzlich lacht und mich verlässt. Ich bin so verwirrt von dieser ganzen Szenerie, dass es mir nicht möglich ist, eine Antwort klar und deutlich zu vernehmen. Allmählich glaube ich, mein Verstand „zerspringt“ vor lauter Stress. Egal, wie ich versuche, eine Antwort zu erinnern, es gelingt nicht mehr, und mit einem „Plumps – Plumps – Plumps“ stehe ich wieder in meinem Krankenzimmer gleich neben der Badezimmertür. Nur wenige Augenblicke scheinen vergangen zu sein.

Wow! Das menschliche Gehirn reagiert bei Stress ja äußerst interessant, ist mein nächster Gedanke. Ich versuche, das gerade Erlebte irgendwie einzuordnen: Mein Gefühl ist ruhig. Tief in mir habe ich die starke Gewissheit, dass ich nun alles mutig schaffen kann, und vor allem, dass ich ganz, ganz viele Helfer habe. Ich bin nicht allein. Wir sind alle miteinander verbunden. Ich weiß von meiner Existenz außerhalb meines Körpers.

Die hoch dosierte Chemo- und Strahlentherapie bringe ich als Teilnehmerin der Tumorforschungsgruppe München und in Ingolstadt mit Unterstützung einer großen Schar liebevoller und kompetenter Menschen und „Engel“ gut durch. Wir brauchen dafür ein Jahr.

Als ich mein Ergebnis erhalte, ist es wieder ein sonniger schöner Septembertag. Ich brauche ein paar Tage, bis ich den vollen Umfang so richtig verstanden habe und ein Jahr Daueranspannung zu weichen beginnt.

Der nächste Schritt ist eine Knieoperation. Zehn Tage danach bietet mir mein Onkologe in seiner neuen Tagesklinik eine Stelle an. Insgesamt arbeite ich zwei Jahre dort und lerne diesmal das Thema „Krebs“ von dieser Seite kennen. Nun kann ich anderen mit meiner Arbeit helfen und erlebe, wie alle in dieser Klinik zusammen wirken, damit kranke Menschen wieder gesund werden können.

In meiner Freizeit beginne ich Qi Gong zu lernen, um wieder fitter zu werden, denn meinen früheren Sport, Volleyball, soll ich lieber nicht mehr ausüben. Diese asiatische Art, seine Gesundheit durch Bewegung, Atmung und weitere Übungen zu pflegen und auf Dauer auch wiederherzustellen, fasziniert mich derart, dass ich beschließe, die Ausbildung zur Guo Lin Qi Gong-Lehrerin zu beginnen.

Heute unterrichte ich interessierte Menschen von 11 bis 85 Jahren in dieser Disziplin und weiteren dazu passenden Richtungen. Schritt für Schritt wächst meine Erfahrung, und wieder beginnt mein neugieriger Forschergeist ein großes „Experiment". Es ist absolut spannend zu beobachten, wie diese sehr alten asiatischen Gesundheitsmethoden auch heute noch wirken und in unseren westlichen Alltag integriert werden können.

Heute staune ich ab und an, welch spannende neue Horizonte sich für mich geöffnet haben und bestimmt noch auftun werden. Gemeinschaft und Austausch mit anderen Menschen führt immer einen Schritt weiter! Und vor allem – viel Mut führt zu viel Hilfe!

Danke, Danke, Danke an alle.

Heike Herrle, 46,
Diplomchemikerin/Qi-Gong-Lehrerin, Ingolstadt

Meine Heilreise

von Paula Hlawon

Im Sommer 1993, ich war 35 Jahre alt und meine Kinder neun und sieben, entdeckte ich voller Entsetzen einen Knoten in meiner linken Brust. Mein Arzt schickte mich zur Mammografie. Die Ärzte dort meinten, der Knoten sei ganz harmlos, doch mein Frauenarzt riet mir zur Entfernung. Ohne mir viele Gedanken zu machen, ging ich ins Krankenhaus.

Der Schock kam dann nach der Gewebeentnahme. Diagnose: bösartig! Mir zog es buchstäblich den Boden unter den Füßen weg. Zwei Tage später wieder Operation. Mehr Gewebe wurde entfernt und ein Teil der Lymphknoten. Die schier endlosen fünf Tage des Wartens auf den endgültigen histologischen Befund kamen mir vor wie das Warten auf mein Todesurteil. Ich fühlte mich wie aus dem Paradies vertrieben.

Die angrenzenden Lymphknoten waren zum Glück nicht befallen. Es folgten 35 Bestrahlungen. Meine innere Stimme sagte mir: „Tu es nicht!“ Aber ich traute mich nicht, Nein dazu zu sagen. Das Ganze war mir unheimlich. Zermürbend waren auch das stundenlange Warten auf ein paar Minuten Bestrahlung und die vielen kranken Menschen dort. Die Strahlen vertrug ich gar nicht gut. Die Haut verbrannte, und ich fühlte mich, als hätte mir jemand meine Kraft entzogen.

Im Klinikum empfahl mir der Professor auch noch eine Chemotherapie zur Prävention. Da jedoch traute ich mich, Nein zu sagen. Vor einer Chemotherapie hatte ich damals schon mehr Angst als vor meiner Krankheit. Zuerst vierteljährlich, später halbjährlich und dann jährlich musste ich zu den Nachsorgeuntersuchungen kommen. Schon Wochen vor den Terminen war es mir immer ganz schlecht vor lauter Angst. Nach fünf Jahren ließ ich die letzte Untersuchung sausen. Ich konnte mich nicht mehr dazu überwinden. Außerdem fühlte ich mich wieder einigermaßen gut. Ich war froh, so weit alles überstanden zu haben, aber ich lebte mit „angezogener Handbremse“, und die Angst hing oft über mir wie eine dunkle Wolke.

In den Jahren 1997 und 1998 wurden in meiner Hausarztpraxis alle gängigen Impfungen aufgefrischt und Pneumovax[11] dazugegeben. Das hätte ich besser nicht gemacht. Mein Immunsystem wurde nämlich komplett durcheinandergebracht. Im Februar 2001 hatte ich dann meinen ersten schweren Migräneanfall (eine Spätfolge von Nebenwirkung der Impfungen, laut Beipackzettel!). Von da an lag ich fast alle vier Wochen zwei Tage mit Migräne im Bett. Im Grunde war ich weder gesund noch krank. Im Jahre 2002, nachdem ich mich beruflich zu etwas hatte überreden lassen, wozu ich besser Nein gesagt hätte, entdeckte ich an derselben Stelle wieder einen Knoten. Diesmal schickte mich mein Frauenarzt in die Nachbarstadt, in die Klinik der „Koryphäen“. Weil ich die letzte Nachsorgeuntersuchung und die dazugehörige Mammografie unterlassen hatte, machte mir die untersuchende Ärztin gleich Vorwürfe.

Das war vier Jahre her, und ich hatte die Veränderungen ja immer selbst entdeckt. Normalerweise hätte ich aufstehen und gehen müssen. Voll in der „Opferrolle“, brachte ich kein Wort zu meiner Verteidigung heraus. Später verriet mir eine Ärztin während des Nachtdienstes, dass man diesen Knoten bei der Mammografie gar nicht hätte sehen können, weil er viel zu weit oben lag. Nach dem niederschmetternden Ergebnis der Untersuchungen – Tumor Stufe 3 – sollten auch in der Klinik dort Operation, Chemotherapie und Langzeittherapie mit Tamoxifen folgen. Als ich zu fragen wagte, was Tamoxifen für ein Medikament ist, sagte man mir nur, dass ich das nehmen müsse. Ich solle nicht weiter nachfragen und den Beipackzettel auch nicht lesen. Auf die Frage, ob ich die Chemotherapie unbedingt machen müsse, herrschte mich der Herr Professor an: „Wenn Sie diese Chemotherapie nicht machen, spielen sie mit ihrem Leben!“ Er rief dann gleich einen befreundeten Arzt in unserer Nähe an, bei dem ich mich

11 Pneumovax: Impfstoff, der vor Erkrankungen, die durch Pneumokokken hervorgerufen werden, schützen soll, wie bei einer Lungen- oder Hirnhautentzündung.

sofort wegen der Chemotherapie vorstellen sollte. So fuhr ich weinend nach Hause, sah mich schon elend sterben.

Mein Mann und ich ließen uns bei dem empfohlenen Arzt in der Praxis wegen der Chemotherapie beraten. Dieser schlug als Erstes seinen Laptop auf und zeigte mir meine Überlebenskurven (fast wie Aktiencharts). Dann sagte er: „Wenn Sie diese Chemotherapie machen, verbessern Sie Ihre Überlebensrate um 10 %." Wir dachten, wir haben uns verhört: Bestimmt hat er 90 % gemeint. Leider nein. Er wiederholte seine Aussage und wollte auch gleich die entsprechenden Termine festmachen. Die Östrogen senkende Spritze, sogenannte Dreimonatsspritze, wollte er mir auch verabreichen. Als ich sagte, dass ich mir das noch überlegen wolle, klappte er seinen Terminkalender zu.

Danach im Café schauten mein Mann und ich uns an und sagten: „Wir sind Banker, das war ein ziemlich mieses Angebot!" Ja, Humor braucht man. Außerdem fand mein Mann, dass dieser Arzt die Nebenwirkungen ziemlich verharmlost hatte. Die nächsten Tage saß ich oft hinter unserem Haus auf einem Stein und weinte, war verzweifelt und überlegte, was ich eigentlich will. Da wurde mir klar, dass ich, wenn ich sterben sollte, an der Krankheit und nicht an der Therapie sterben wollte. Also musste ich eine alternative Methode finden, die meine hohe Sensibilität berücksichtigte.

Eine meiner Schwestern schenkte mir eine Zeitschrift mit der Geschichte einer Frau, die ohne Schulmedizin wieder gesund wurde. Das gab mir Hoffnung. Vielleicht gab es ja auch für mich einen Weg, es irgendwie anders zu schaffen. Ich sagte die Chemotherapie ab, womit ich mir wieder einen ordentlichen Rüffel des Arztes einhandelte. Er sagte wortwörtlich zu mir am Telefon: „Wer hat Ihnen denn das eingeredet? Machen Sie ja nicht auf homöopathisch, das ist der größte Schmarrn!"

Aber ab jetzt ließ ich mich nicht mehr beirren, obwohl ich noch nicht wusste, wie ich das Ganze angehen soll. Mein Frauenarzt unterstützte mich sogar damals in meiner Entscheidung, da er auch der Meinung war, dass bei einer Chemotherapie in meinem Fall der Schaden größer sei als der Nutzen. Eine gute Alternative hatte er aber auch nicht für mich. Man muss sich mal vorstellen, Prävention mit so einer Giftdosis!!

Von da an öffnete ich mich für die Heilung. Plötzlich traten die richtigen Menschen in mein Leben und rieten mir das Richtige. So eine Freundin, die mich nach Holzmannstett brachte. Das ist ein Seminarhaus bei Ebersberg. Dort kam ich auch gleich unter und belegte bei Angelika und Hermann das Seminar „Wieder gesund werden“. Dort lernte ich viel über „Selbstheilungskräfte aktivieren“, „Stressfaktoren entmachten“, „Ängste lösen“, den „Krankheitsgewinn erkennen und auflösen“ sowie den Sinn meines Lebens. Bei einer tiefen Meditationsreise sah ich mich mit Enkelkindern auf dem Arm. Da wusste ich, dass ich überleben werde. Diese Woche war der Anfang meines guten Weges! Zum Abschied nahm mich Angelika ganz fest in den Arm und flüsterte mir ins Ohr: „Du schaffst es!“ Danke, liebe Angelika und lieber Hermann!

Dann ging alles Schlag auf Schlag. Wiederum über die gute Freundin bekam ich Mitte November 2002 einen Termin bei einer ganzheitlich und alternativ arbeitenden Ärztin in einem anderen Nachbarort. Ich erinnere mich noch genau, als ich ihr erwartungsvoll und sehr nervös zum ersten Mal gegenübersaß. Die Chemie stimmte hervorragend zwischen uns, und wir begannen sofort gemeinsam zu arbeiten.

Zu der Zeit betreute mich in der Nachsorge noch mein Frauenarzt. In die Klinik wollte ich auf gar keinen Fall gehen. Ich nahm das Tamoxifen ca. ein halbes Jahr ein, aber mir ging es nicht gut dabei. Ich hatte Dauerperiodenblutung, Depressionen, Wassereinlagerungen und war einfach nicht mehr ich selbst. Als Entlastung empfahl mir mein Arzt eine Ausschabung zu machen, ansonsten hätte ich es halt auszuhalten. Außerdem verschlechterte sich nach kurzer Zeit mein PAP-Abstrich[12] derart, dass ich schon wieder vor einer Operation stand. Auch eine der Nebenwirkungen von Tamoxifen, die im Beipackzettel stand. Ich

12 PAP-Abstrich: gynäkologischer Abstrich zur Früherkennung von Gebärmutterhalskrebs, wurde nach dem griechischen Arzt und Begründer der Zytodiagnostik, Geoge Papanicolaou, benannt.

fühlte mich völlig bedroht in meiner Weiblichkeit. Da entschloss ich mich, das Medikament nicht mehr zu nehmen, und siehe da, mir ging es gleich viel, viel besser. Ich dachte mir, Überleben ist schon recht, aber nicht um jeden Preis!

Eine weitere Operation kam für mich auf keinen Fall in Frage, daraufhin hat mir mein Frauenarzt telefonisch und schriftlich „gekündigt", da er die Verantwortung für mich nicht mehr übernehmen könnte. Verantwortlich kann nur jeder Mensch für sich allein sein. Ich habe gelernt, die Verantwortung für mich zu übernehmen und sie nicht irgendwelchen anderen Menschen oder „Fachleuten" zu überlassen. Schließlich kenne ich mich selbst am besten. Ich bin ihm sehr dankbar für seine Absage, da er es mir damit leichter gemacht hat, mich aus diesem **für mich** ungesunden System auszuklinken.

Nun konnte ich mich voll und ganz meinem Heilweg widmen. Als Erstes bekam ich von meiner Ärztin mein damaliges homöopathisches Konstitutionsmittel. Wir deckten seelische Konflikte und ungesunde Glaubenssätze auf und „programmierten" sie um. Mit dem Körbler-Status[13] harmonisierte sie mein Meridiansystem und entstörte meine zahlreichen, schmerzenden Narben. Der Körbler-Status wirkt auf das Meridiansystem wie Akupunktur. Statt Nadeln werden bestimmte, von Erich Körbler entdeckte Zeichen auf den Körper aufgemalt. Getestet wird mit der Einhandrute (funktioniert wie Kinesiologie). Unterstützend nutzte ich auch noch verschiedene andere Heilmethoden, wie z. B. Chakra Blüten Essenzen von Carola Lage-Roy, Blutbild und Therapie nach Enderlein, Mineralien Therapie, Geistiges Heilen, Reiki, Familienaufstellen nach Hellinger, Journey nach Brandon Bays, Heilpilze, Spiralstabilisation der Wirbelsäule nach Dr. Smisek, manuelle Therapie und Osteopathie. Die drei zuletzt genannten Therapieformen haben mir geholfen, meinen durch die zahlreichen Narben verzogenen Körper wieder ins Lot zu bringen. Ich fühlte mich sehr gut aufgehoben, und so haben wir Schritt für Schritt mein „System" wieder

13 Körbler-Status: Gesamtbalancierung eines menschlichen feinstofflichen Energiesystems nach Erich Körbler (Neue Homöopathie).

hochgefahren. Bei einem grippalen Infekt bekam ich nach langer Zeit auch wieder Fieber. Dies war ein gutes Zeichen. Mein Immunsystem hatte seine Arbeit wieder aufgenommen.

Irgendwann, nach einer unserer Sitzungen, hat sie mich zum Abschied in den Arm genommen. Das war für mich mit eines der tollesten Schlüsselerlebnisse. Das brauchen Menschen wirklich, um gesund zu werden! Ich veränderte vieles in meinem Leben. So achtete ich jetzt ganz besonders auf meine Gedanken und Worte. Denn alles, was wir nach „oben schicken", kommt wieder zu uns zurück. Außerdem versuchte ich, Belastungen wie E-Smog, Toxine in der Nahrung und Stress jeder Art so weit wie möglich zu reduzieren. Um es auf einen Nenner zu bringen: Ich ließ es mir gut gehen, und ich ließ es Art die Lebensfreude wieder nahezubringen.

Dann wurde es richtig spannend. Meine Ärztin meinte, Testen mit der Rute kann ich auch lernen, was ich erst mal weit von mir wies. Aber meine Neugier und die Aussicht auf ein weiteres Stück Selbsthilfe bewegten mich dazu, einen Rutenkurs bei ihr zu belegen. Total begeistert und neugierig begann ich ungefähr zwei Jahre später bei ihr die Ausbildung zur „Biophysikalischen Informationsberaterin" nach Erich Körbler. Diese Ausbildung machte ich in den Jahren 2006/2007 und sie gab mir noch einmal einen richtigen Schub in Richtung Selbstfindung, Selbstheilung. Es folgten weitere Ausbildungen und Seminare. Unter anderem bin ich seit 2009 Reiki-Meisterin.

Seit Mitte 2008 arbeite ich nun bei meiner Ärztin in der Praxis mit und darf dort das Gelernte anwenden. Ich habe mich sehr gefreut, als sie mich gefragt hat, ob ich in der Praxis mitarbeiten möchte. Schon nach kurzer Zeit habe ich gemerkt, dass dies meine Berufung ist. Zum Jahresende 2008 habe ich nach 28 Berufsjahren bei der Bank gekündigt und mache jetzt das, was mir wirklich Freude macht, nämlich Menschen auf ihrem Heilweg zu begleiten und ihnen mit meiner eigenen Erfahrung Mut zu machen.

Nichts bleibt stehen, die Entwicklung geht immer weiter. So auch bei mir. Die Reise ist noch lange nicht zu Ende. Es gibt ab und an immer wieder etwas zu bearbeiten, wenn die Zeit dafür da ist. Allen

Menschen, und wirklich **allen,** die mit mir in irgendeiner Weise in meinem Leben in Berührung gekommen sind, bin ich unendlich dankbar und sende ihnen ganz viel Licht und Liebe. Ich weiß, dass jeder Mensch immer sein Bestes gibt, das ihm gerade möglich ist!

Ganz besonders bedanke ich mich bei allen Menschen, die mir behilflich waren, meine Gesundheit wiederherzustellen.

Dies ist meine ganz persönliche Heilreise. Jeder Mensch hat die Möglichkeit, seinen eigenen Weg zu finden und zu gehen, um ganz gesund zu werden. Dieser Weg sieht bei jedem anders aus, so wie jeder Mensch anders ist.

Ich habe meine Geschichte aufgeschrieben, um zu zeigen, dass es durchaus auch andere Wege jenseits der Schulmedizin gibt. Jeder hat die Wahl!

Paula Hlawon,
Energieberaterin

Brief an meine Freunde

von Claudia Horn

Liebe Freunde,

endlich schaffe ich es, dir/euch zu schreiben. Weil sich so viele von euch gemeldet haben, wird es aber nur ein gemeinsamer Brief an euch alle.

Eure Anrufe, Briefe, Geschenke, Gebete und guten Wünsche haben mich so gefreut! Sie waren ganz wichtig für mich, und noch wichtiger seid natürlich ihr, die Menschen, die dahinterstehen. Jeder Mensch ist einmalig und jede(r) von euch hat mir etwas gegeben, was mir auf meinem Weg durch die Krankheit weiterhilft.

Die Diagnose Krebs hat mich und meine Familie natürlich ziemlich umgehauen, und die Verarbeitung dauert an. Dazu kommen die Nebenwirkungen der Behandlung, von der ich weiß, dass sie mindestens auf drei Jahre angelegt ist. Wir müssen also lernen, möglichst gut damit zu leben.

Dennoch ist meine Krankheit auch eine große Chance und – so seltsam es klingen mag – ein Geschenk. Ich habe eine wundervolle Familie und liebe Freunde, ich genieße Musik (spiele viel klassische Gitarre: v. a. Johann Sebastian Bach und singe Lieder aus Taizé[14]), lese Gedichte und genieße das Zusammensein mit Jojo (unser Hund) und Futura (mein Pferd), und ich lerne einen Menschen völlig neu kennen, den ich jahrelang vernachlässigt habe: mich selbst.

Und Gott? Er ist da, er trägt mich und führt mich – das weiß ich im Innersten meiner Seele. Dennoch geht es mir abwechselnd wie dem Propheten Elija (die Geschichte steht in der Bibel bei 1 Könige, 19,1-13) und der hl. Theresia von Ávila: „Nada te turbe nada te espan-

14 www.taizé.fr

te. Solo Dios basta“ (Nichts beunruhige dich, nichts beängstige dich, Gott allein genügt).

Wie der Lebensweg der beiden ist auch mein Weg (und eurer) mühsam, spannend, wertvoll und verändert mich/uns (zum Guten!), wenn wir ihn annehmen.

Bis ich wieder in mein „normales“ Leben zurückkehre, wird es wohl noch ein paar Monate dauern. Inzwischen denke ich oft an jede/n von euch und freue mich, wenn ihr euch meldet.

Liebe Grüße

deine/eure Claudia

Geh deinen eignen Weg!
Geh deiner Sehnsucht nach
und lass dich nicht beirren.
Die Kraft in dir,
wo Gottes Liebe in dir wohnt,
die Seele,
wird dich führen.
Die Gaben,
die du in dir hast, sind wichtig.
Sie fehlen doch auf unserer Welt,
wenn du sie nicht ins Leben lässt.
Drum hab Vertrauen in dich selbst.
Hab Mut, zu tun,
was wichtig dir erscheint.
Sei dankbar für dein Leben!
Und mach die Augen auf,
sei glücklich!
Bring Gottes Liebe und die deine
spürbar in die Welt.
Es ist dein Recht,

zu andren Nein zu sagen.
Was nicht der Liebe dient,
misslingt.
Wenn du vor Freude strahlst,
wenn deine Liebe blüht,
wenn deine Seele lächelt,
kannst du voll Freude sagen:
Ja, ICH BIN.
Geh deinen eigenen Weg!

Der kleine Knoten in meiner Brust
Ich habe ihn gespürt,
schon lange, bevor er erschien.
Etwas war zu fest geworden in meinem Leben:
Meine Überzeugungen? Mein Glaube? Ich?
„Was soll denn jetzt noch kommen“, fragte ich,
mit 43 Jahren alt geworden vor der Zeit.
Und dann kam er,
der kleine Knoten in meiner Brust und sprach:
„Ich mach noch mal ein bisschen Wirbel!“
Es war ein Wirbel
von der Wirkung einer Atombombe …

Claudia Horn

Glaube und Hoffnung – die Kräfte der Heilung

von Werner Huber

Ab Mitte fünfzig ging ich halbjährlich zur Krebsvorsorge. Mein Urologe empfahl es mir dringend, weil bei meinem älteren Bruder ein Prostatakarzinom rechtzeitig bei einer Vorsorgeuntersuchung erkannt und erfolgreich behandelt werden konnte. In einer Klinikbroschüre in München-Großhadern las ich später, dass die Wahrscheinlichkeit bei 90 % liegt, an Prostatakrebs zu erkranken, wenn ein Familienmitglied schon vorher daran erkrankt ist.

Im Jahr 2006, ich war 62 Jahre alt, erhöhte sich mein PSA[15]-Wert plötzlich von 3,9 auf 5,6, und die Gewebeprobe ergab die Diagnose: Prostatakarzinom Gleason, Stadium T2.

Bei der Operation wurden der Tumor und die regionalen Lymphknoten gefäß- und nervenschonend entfernt. Ich hatte Angst, dass der Krebs sich ausbreitet und die Lebensqualität durch Inkontinenz, Erektions- und Gefühlsstörungen sehr eingeschränkt wird. Bei meiner Recherche hierzu las ich, dass der Schließmuskel trainiert werden muss, um Inkontinenz zu verhindern. Gleich nach der Diagnose und drei Wochen vor der Operation trainierte ich also drei Mal täglich. Als der Blasenkatheder zwölf Tage nach der Operation entfernt wurde, hatte ich keine Beschwerden mit Inkontinenz. Ein Erfolg meines kräftigen Trainings!

Leider wird bei vielen Patienten erst nach der Operation auf ein Training des Muskels hingewiesen, deshalb leiden sie auch einige Zeit an Inkontinenz. Oft werden auch Medikamente wie „Viagra" verschrieben. Die haben jedoch Nebenwirkungen. Ich versuchte es deshalb mit einer Vakuum-Erektionspumpe[16] und war mit den Er-

15 PSA = prostataspezifisches Antigen.
16 www.froehle.de

gebnissen zufrieden. Durch rechtzeitige Vorsorge und gute Operation wurde das Prostatakarzinom zu keinem großen Problem. Gott sei Dank!

Im Oktober 2009 spürte ich zuerst eine leichte Erhebung links und dann rechts am Hals, zehn Tage später in den Achseln rechts und links. Der Internist stellte fest, dass auch in den Leisten und am Lungenanfang vergrößerte Lymphknoten vorhanden waren. Da die erste Gewebeentnahme zu gering war und relativ schnell zerfiel, konnte noch nichts festgestellt werden. Deshalb wurde eine kleine Operation nötig, bei der tiefer geschnitten und mehr Gewebe entnommen wurde. Die Gewebeproben ergaben den Befund „Morbus Hodgkin Stadium III". Erst im Januar stand fest, welche Art von Krebs ich hatte und welche Chemotherapie angewendet werden sollte. Die Ärzte teilten mir sodann mit, dass nach einer Chemotherapie die Heilungschancen bei etwa 86 % lägen, aber die Nebenwirkungen der Behandlung sehr stark sein könnten.

Ich bekam immer wieder Angstzustände und dachte viel über den Tod nach. Gleichzeitig hatte ich das Gefühl, dass meine Seele neben meinem Körper stand. Ich spürte regelrecht die Energie, welche die Elementarteilchen bewegt und die Materie verändern kann. Wenn die Seele mehr ist als der Leib, so dachte ich mir, dann wird sie auch die Kraft haben, meine Krankheit zu heilen. Wenn ich das Leiden begreife, werde ich das Nichtleiden erreichen. Ich machte die Erfahrung, dass Leid zur Innenschau hilft, Selbstbesinnung und neuer Erkenntnis.

Ich versuchte stets, eine Niederlage in einen Sieg zu verwandeln. Dazu musste ich natürlich meine Einstellung immer wieder ändern. Der Mensch muss sterben. Hat er aber im Leben die „richtige Erkenntnis" erlangt, so hat der Tod keinen Stachel mehr. Ich war durch die Krankheit auf meinen Tod vorbereitet. Ich war dankbar für das bisherige Leben, für den Frieden in meiner Umwelt und vor allem für die „Liebe", die mir geschenkt wurde.

Die Liebe in unserer Ehe gab – und gibt mir noch immer – den unbedingten Willen zu leben. Jede Sekunde, die wir zusammenleben dürfen, erfüllt mich mit Dankbarkeit. Daraus nehme ich die Kraft und den Glauben daran, dass ich geheilt werde. Wenn nun Glaube und Gedanken zusammenfließen, so senden sie Schwingungen aus, die das Unterbewusstsein beeinflussen und den Heilungsprozess einleiten. Ich habe darüber in vielen Büchern gelesen und konnte es vor allem in der schwierigen Zeit der Erkrankung erfahren, dass Autosuggestion, das Wiederholen von positiven Aufträgen (Affirmationen) an das Unterbewusstsein, dazu beitragen können, den Glauben freiwillig zu entwickeln.

Oft habe ich um „Dieses und Jenes“ gebetet. Gott hat meistens anders entschieden, und es war immer gut so, wie ich es im Nachhinein klar erkennen konnte. Gott sei Dank hat Gott nicht immer auf mich gehört! Er wollte mir wohl nicht die Entscheidung über mein Schicksal überlassen.

Vor meiner Erkrankung war ich Vertriebsleiter. In der Zeit des Wartens auf Untersuchungsergebnisse traf ich eine frühere Kundin, etwa in meinem Alter. Diese Frau befasst sich viel mit Naturmedizin und auch mit „Engeln“. Sie war zu einem Heilpraktiker gegangen, um sich ein Mittel gegen Sodbrennen zu holen. Der Heilpraktiker schaute ihr in die Augen (Irisdiagnose) und stellte fest, dass mit ihrem Darm etwas nicht in Ordnung war. Er zeigte genau auf die Stelle und empfahl ihr, sich schnellstens in der Klinik untersuchen zu lassen. Dort wurde Darmkrebs mit Metastasen festgestellt. Nach der Operation war Chemotherapie angesagt. Weil sie diese nicht vertrug, lehnte sie nach der dritten Behandlung alle weiteren ab. Diese Kundin erzählte mir von ihren guten Erfahrungen mit dem Essen von bitteren Aprikosenkernen[17] und führte mich hin zu dieser Art von Ernährung.

Drei Monate lang aß ich die bitteren Aprikosenkerne. Dadurch hatte ich das Gefühl, der Krebs wäre zum Stillstand gekommen. Ab Januar 2010 bis zum Beginn des ersten Chemotherapie-Zyklus nahm ich diese Kerne nicht mehr ein. Ich glaubte zu spüren, dass der Krebs durch das Weglassen der Kerne geradezu explodierte. Die Lymphknoten wurden dicker und ich glaubte zu ersticken.

---

17 Weitere Infos www.biokrebs.de – Umstrittene Therapien/ Vitamin B17

Mit der ersten Chemotherapie wurde es dann sofort besser. Nachdem der Port gesetzt war, über den die Infusionen in den Körper fließen sollten, begann der erste Zyklus der Chemotherapie nach einem Schema, das in Deutschland bei einer Krebserkrankung im fortgeschrittenen Stadium durchgeführt wird, allerdings mit einem hohen Risiko an Nebenwirkungen. Die Ärzte überlegten lange, ob ein sechzigjähriger Mann wie ich eine so schwere Chemotherapie überhaupt verkraften kann. Gemeinsam gingen wir das Risiko ein, und es war gut so.

Bis Juli waren acht Zyklen geplant. Nach dem siebten Zyklus aber war der Port mit Bakterien belegt. Ich bekam 40 Grad Fieber, und der Port musste schnellstens entfernt werden. Wegen der Einnahme von Antibiotika war der achte Zyklus nicht mehr möglich. Die große Frage war: Haben die sieben Zyklen Chemotherapie ausgereicht? Die PET (Positronen-Emissions-Tomografie) zeigte, dass das Stoffwechselverhalten und die Größe der Läsionen keine weitere Therapie erforderlich machte. Ich war auf einem guten Weg der Gesundung. Gott sei Dank!

Die Ärzte waren erstaunt, wie gut ich die Chemotherapie vertrug. Zwar konnten Haarausfall und körperliche Schwäche nicht vermieden werden, aber ich hatte keine Schmerzen und vor allem auch keine Magen-Darm-Probleme. Täglich aß ich 250 g Kefir mit Obst, vor allem Banane und Müsli, um die durch die Chemotherapie geschädigte Darmflora mit den Bifido-Bakterien des Kefirs zu unterstützen. Zusätzlich würzte ich das Essen mit Kurkuma, Pfeffer und Olivenöl. Mein Hausarzt empfahl mir Selen-Forte 300 mg pro Tag und weiterhin Kefir.

Wissenschaftler stellten bei einer Tagung der Amerikanischen Gesellschaft für Krebsforschung in Washington ihre Studie zur Senkung des Risikos eines Non-Hodgkin-Lymphom durch Vitamin K vor. Es zeigte sich u. a. folgender Zusammenhang: In der Gruppe mit der höchsten Vitamin-K-Aufnahme war das Erkrankungsrisiko um 45 % geringer als in der Gruppe mit der geringsten Aufnahme.[18]

Schulmediziner empfehlen gesunde Ernährung, Entspannung und

---

18 Quelle: Vitalstoffe Aktuell III/2010 www.docmedicus.de

Sport. Naturmediziner empfehlen gesunde Ernährung, zusätzlich natürliche Nahrungsergänzungsmittel, Entspannung und Sport.

Zunächst erschien es mir wichtig, meine Vitalität durch körperliche Übungen wieder aufzubauen und zu stärken. Ich gehe jetzt regelmäßig ins Fitness-Studio und in die Sauna, fahre gern und lange mit dem Rad und spiele Tennis. Bei Spaziergängen in der schönen Natur sauge ich deren kleine und große Wunder in mir auf. Ich bin dankbar für die Liebe, die ich erfahren durfte, und auch für die gute ärztliche Versorgung in unserem Lande.

Ferner arbeite ich daran, dass mir die Verbundenheit mit allem Leben noch bewusster wird. Ich möchte den göttlichen Funken jenes ewigen Lichtes, den wir in uns tragen, zur Flamme erwecken. So stelle ich mir bei meinen regelmäßigen Visualisierungen das innere Licht vor, wie es meinem Körper Kraft gibt, heilt und schützt. Für Goethe trug jeder Mensch den Gottesfunken in sich. Auch die Inder sagen, dass die Gottheit im Menschen versteckt wurde, damit sie nicht gefunden und zerstört werden kann.

Eine wichtige Rolle spielt in meinem Leben das Lesen in der Bibel. Besonders angesprochen fühle ich mich durch „Das Hohelied der Liebe“(1 Korinther 13). Darin ist für mich das ganze Evangelium zusammengefasst.

Und so versuche ich nach dem Satz „… nun aber bleiben Glaube, Hoffnung, Liebe, diese drei Kräfte, aber die Liebe ist die größte unter ihnen“ zu leben.

Werner Huber

Zufall: Leben

von Christine Jeiter

Eine Kleinstadt in Thüringen 1965.

Mein Vater, darauf bedacht, dass seine Kinder sich für ihren Beruf ein gediegenes Fachwissen aneignen, kauft für die Tochter das neu erschienene Buch „Enzyklopädie Gesundheit". Eigentlich als Beitrag zum gesundheitsfördernden Verhalten der Bevölkerung gedacht, bildete es eine gute Ergänzung zur Fachliteratur bei meiner Ausbildung zur Krankenschwester, besonders durch praktische Hinweise und mit Abbildungen zu verschiedenen Krankheitsbildern.

Meine Mutter blättert darin und entdeckt Informationen zur Selbstuntersuchung der Brust, Informationen und Fotos zum Mamakarzinom. Sie lässt sich dadurch herausfordern und entdeckt ihre eingezogene, verfärbte rechte Brustwarze. Dies veranlasst sie, den Gynäkologen aufzusuchen. Dr. X. nimmt die Sache nicht so ernst. Widerstrebend schreibt er ihr eine Krankenhauseinweisung für eine seiner Meinung nach „überängstliche Patientin" aus, nachdem meine Mutter telefonisch Rücksprache mit mir genommen hatte und ich sie bat, so schnell wie möglich nach Berlin zu kommen. In meinem Ausbildungskrankenhaus wollte ich ihr ein Bett besorgen.

Meine Mutter – Jahrgang 1909 – ist eine beherzte, realistische Frau. Früh hat sie ihre Mutter verloren, ist im Ersten Weltkrieg fast verhungert. Im Zweiten Weltkrieg und danach hat sie sieben Jahre auf ihren Mann gewartet und ihre beiden Kinder allein erzogen. Den Flüchtlingen aus dem Osten und ihren Mitmenschen gegenüber ist sie zugewandt und hilfsbereit. Gern besuchen andere Frauen sie und reimen: Und kommen wir nicht mehr weiter, dann gehen wir zu Frau …, die ist immer heiter.

Als ich im St. Hedwigkrankenhaus, Berlin, um die dringliche Aufnahme meiner Mutter bitte, fragt die Ordensschwester verwundert: „Noch jetzt, vor Ostern?" und gibt mir auf meine Bitte hin doch umgehend einen Aufnahmetermin.

Ich bin erschrocken, als mir Mutter die Geschwulst zeigt und mich fragt: „Ist das Krebs?" Eine Diagnose steht mir als Krankenschwesternschülerin nicht zu und doch höre ich sie bereits.

Gewohnt, jede Frage ehrlich zu beantworten, versuche ich auszuweichen: „Mutti, das zeigt erst die Pathologie, das kann ich so nicht sehen!", füge aber in Gedanken hinzu: „Es sieht aber ganz so aus."

In unserer Familie stellten wir uns allen Problemen, auch denen, die das Leben verändern würden. Dadurch konnten wir viele Jahre später offen mit Sterben und Tod umgehen. Eine Erleichterung für alle.

Alles ging dann sehr schnell: Die Operation fand am Mittwoch in der Karwoche statt. Mein Dienstplan wurde so gestaltet, dass ich an Mutters Bett sein konnte, als sie aus der Narkose erwachte. Sie lächelte mir zu und fragte: „Und, ist die Brust ab?"

Diese Frage kam für mich plötzlich und unerwartet, daher begann ich zu stammeln: „Kann ich nicht sehen, hast ja einen dicken Verband!"

„Sag mir die Wahrheit!"

„Ja, Mutti, sie musste entfernt werden!"

„Gut, ist die Karwoche!", so unser kurzer, inhaltsschwerer Dialog.

Am ersten Morgen durfte ich ihr beim Waschen helfen, am zweiten Tag versuchte es meine Mutter selbst, auch das Kämmen ihres langen Haares.

Vorsichtshalber waren die axillaren Lymphdrüsen entfernt worden, und der Schnitt ging längs der ganzen rechten Brustseite. Lebenslang war der rechte Arm etwas gestaut, schmerzte und behinderte in der ersten Zeit – Lymphdrainage wurde noch nicht angewandt.

Alternative Möglichkeiten waren in der DDR zur damaligen Zeit nicht bekannt. Die Therapien folgten den üblichen Standards: Nach erfolgter Wundheilung 40 Röntgenbestrahlungen (dieser Bereich war für Wasseranwendungen lange Zeit tabu – oft zeigten sich gitterförmige, schmerzhafte Verbrennungen). Gegen den „Röntgenkater" wurden ein „Schnäpschen" und Vitamine empfohlen. Gleichzeitig erfolgte eine Hormontherapie mittels Testosteron-Injektionen, einem männlichen Hormon. Dieses bewirkte eine Veränderung der Stimme. Meine

Mutter verlor ihre klangvolle Altstimme, ein wirklicher Verlust, da sie gern im Chor, zu Hause und in der Kirche sang.

Damals durften die Patientinnen während der Therapien im Krankenhaus verbleiben, die räumliche Nähe von Mutter und Tochter trug so sicherlich zum Heilungsprozess bei. Das staatliche Gesundheitswesen kümmerte sich gut um die krebskranken Frauen, sie erhielten nach dem Krankenhausaufenthalt eine Genesungskur, auch weiterhin in zweijährigen Abständen. Sie wurden in einer Dispensare-Betreuung erfasst und mussten sich regelmäßigen Gesundheitskontrollen, zunächst vierteljährlich, später alle fünf Jahre stellen. Wenn innerhalb dieser Zeit kein Rezidiv auftrat, galten die Frauen als geheilt. Nach zehn Jahren wurden sie nochmals erfasst. Das gab meiner Mutter auch eine gewisse Sicherheit.

Die Diagnose Krebs ruft im Menschen meist viele Warum-Fragen auf: „Warum gerade ich?", „Warum gerade unsere Mutter?" Diese Fragen wurden von uns jedoch nicht gestellt, da wir alle wissen, dass Leiden zum Leben gehört.

Meine Mutter wollte alle Kräfte aktivieren. Das hat sie auch an anderen Bruchstellen ihres Lebens gekonnt: „Nun erst recht – ich gebe nicht auf. Ich werde weiterleben!" und so war sie auch nach überstandener Therapie wieder ein heiterer, dem Leben zugewandter Mensch.

Als wir nach Jahren einmal gemeinsam zurückschauten, sagte sie: „Leicht ist es für eine Frau nicht, ihre Brust zu verlieren – etwas fehlt – aber: ich lebe!"

Was aber wäre passiert –,

wenn ich zu dieser Zeit nicht ZUFÄLLIG eine Ausbildung zur Krankenschwester gemacht hätte (Zweitberuf)...,

wenn mein Vater nicht ZUFÄLLIG das neu erschienene Buch gekauft hätte...

wenn meine Mutter nicht ZUFÄLLIG neugierig gewesen wäre ...

Ist es wirklich nur ein ZUFALL, das geschenkte Leben?

1995 starb unsere Mutter im Alter von fast 96 Jahren – nicht am Krebs, diesen hat sie 40 Jahre überlebt.

Christine Jeiter

Trotz Widerständen – ich gehe meinen Weg

von Iris Kamann

Heute bin ich gesund. Hier einige wichtige Stationen meiner Kranken- und Heilungsgeschichte.

Im September 1998 trat der schwarze Hautkrebs auf. Ich war 34 Jahre jung. Die Stelle, die ich an meinem rechten Fußgelenk bemerkte, beunruhigte mich zuerst gar nicht. Es sah aus wie ein Blutschwamm, klein und rot, rechts unter dem Außenknöchel. Kein Gedanke an Krebs.

Krebs, ich habe lange gebraucht, bis ich dieses Wort in meinen Mund nehmen konnte. Diese Stelle war da und ging nicht wieder weg. Sie beschäftigte mich immer wieder, bis ich dann irgendwann doch meinen Hautarzt aufsuchte, um sicher zu gehen, dass ich mir keine Gedanken mehr machen musste. Auch er fand diese Stelle überhaupt nicht aufregend. Er meinte nur, man sollte sie irgendwann entfernen, weil sie sehr bluten könnte, falls ich mich einmal daran stoßen sollte. Ich weiß noch, wie ich in der Praxis saß und gedacht habe: Wenn sie sowieso entfernt werden muss, dann kannst du dir auch gleich einen Termin geben lassen.

Das habe ich dann auch getan, und der kleine Blutschwamm wurde entfernt. Danach hatte ich gar keine Zeit mehr, über meine kleine Operation nachzudenken. In der Zeit verunglückte nämlich ein Freund von mir mit dem Auto und verstarb nach einigen Tagen. Die Begleitung seiner Freundin ließ gar keinen Raum, an meine eigene Situation zu denken. Ich weiß noch sehr genau, dass mich einen Tag vor der Trauerfeier unseres Freundes die Praxis anrief und mich für die kommende Woche Dienstagnachmittag einbestellte, weil der Doktor etwas mit mir besprechen wollte. Aber auch da war keine Zeit für meine eigenen Gedanken. Sie kam dann erst einen Tag vor diesem Arzttermin. Ich stellte mir besorgt die Fragen: Warum muss ich in die Praxis kommen? Was gibt es Besonderes mit mir zu besprechen?

Und dann war der Dienstag da. Die Sätze des Arztes höre ich noch wie heute: „... es ist bösartig, es muss schnellstens operiert werden. Ich mache einen Termin!“ Dann konnte ich nicht mehr zuhören, es rauschte in meinen Ohren. Ich lief aus der Praxis, lief weinend zu meinem Auto und fuhr nicht nach Hause, sondern zu meinem Bruder und seiner Frau. Sie beruhigten und trösteten mich, und danach fiel es mir leichter, alles meinem Mann zu sagen.

Es folgten Krankenhausaufenthalt – Entfernung des Tumors – Entlassung. Danach wieder Krankenhausaufenthalt – Hauttransplantation – und anschließend Reha.

Zwei Tage vor Weihnachten kam ich wieder nach Hause. Ich saß in unserem neu renovierten Wohnzimmer, mein Mann hatte das während meiner Reha alles gemacht. Ich weinte und hatte Angst vor der Zukunft.

Es hat lange gedauert, bis ich mein Leben wieder in die Hand nehmen konnte. Ich begann damit, Informationen zu sammeln nach dem Motto: Was kann ich selber tun?

Ich hörte mit dem Rauchen auf, fing an, mich mehr zu bewegen, entdeckte das Radfahren für mich. Heute fahre ich bis zu 30 km am Tag, wenn es die Straßenverhältnisse zulassen.

Und ich informierte mich über sehr viele ergänzende Methoden. Ich bin heute felsenfest davon überzeugt, dass sie maßgeblich an meiner Gesundung beteiligt sind.

Anfangs waren mein Mann und ich ziemlich sprachlos. Wir wussten überhaupt nicht mit der Situation umzugehen. Mein Mann zog sich in den ersten Wochen sehr zurück. In der Zeit des ersten Krankenhausaufenthaltes war uns das noch nicht so bewusst. Als ich dann aber die ersten sechs Wochen zu Hause war und auf meinen Transplantationstermin wartete, wurde es für mich unerträglich. Ich war fast die ganze Zeit alleine, er konnte mit seiner Angst nicht in meiner Nähe sein und zog sich noch mehr zurück. Ich hielt es irgendwann nicht mehr aus und suchte das Gespräch. Ich sagte ihm sehr deutlich, wie sehr ich ihn brauchte. Wir sprachen lange miteinander und konnten so einen anderen Kurs für uns einschlagen. Es war eine prägende, erfahrungsreiche Zeit in unserer Beziehung, die nun schon 26 Jahre hält. Solche Krisen sind eine echte Bewährungsprobe. Wir können heute ganz anders miteinander reden.

Meist erkundigten sich Freunde nur nach mir – nicht nach meinem Mann. Darunter litt er manchmal sehr. Es macht aber nur deutlich, wie ohnmächtig Menschen sich dieser Situation ausgeliefert fühlen, wenn sie mit so einer schweren Erkrankung konfrontiert sind.

Enorm wichtig waren während meiner Zeit der Gesundung auch Karten und Briefe von Menschen, die sich nicht trauten, mich anzurufen oder mich zu besuchen. Sie schrieben mir oft sehr offen darüber, wie schwer es ihnen fiel, in dieser Situation mit mir umzugehen. Dann konnte ich irgendwann von mir aus, wenn mir danach war, den Kontakt wieder aufnehmen.

Durch Zufall bekam ich im Jahre 1999 in Celle auf dem Kongress der Gesellschaft für Biologische Krebsabwehr (GfBK)[19] einen Flyer in die Hand, in dem die Ausbildung zur psychoonkologischen Beraterin beschrieben war. Den steckte ich mir erst einmal ein, wie viele andere Materialien auch.

Mich faszinierte sehr, wie dieser Kongress auf mich als Patientin – und nicht als hauptamtliche Krankenschwester – gewirkt hat. Während meiner Erkrankung hatte ich sehr oft spüren müssen: Patienten dürfen keine eigenen Entscheidungen treffen. Von Teamwork, wie es die Deutsche Krebsgesellschaft empfiehlt, keine Spur. Es ist auch heute noch schwierig, wenn ich als Patientin anderer Meinung bin als der behandelnde Arzt. Ich habe das während meiner gesamten Behandlungszeit leider so erfahren. Darum möchte ich jedem Betroffenen Mut machen, seine eigenen Entscheidungen zu treffen und/oder zu widersprechen, wenn er oder sie mit irgendetwas nicht einverstanden ist – auch wenn Zeitdruck auf ihn ausgeübt wird.

Heute würde ich mir viele Dinge nicht mehr bieten lassen. Nur

19 GfBK – s. Link- und Adressenliste im Anhang

wenn ich selbst ein gutes, für mich stimmiges Gefühl habe, ist die Therapie auch gut für mich, und ich kann gesund und heil werden. Ich entschied mich dann irgendwann dazu, die Ausbildung zur Psychoonkologin zu machen. Die Dozenten setzten sich aus Allgemeinmedizinern, Onkologen, Psychologen und Heilpraktikern zusammen. Während dieser 200-stündigen Ausbildung wurde uns unter anderem viel theoretisches Wissen bezüglich des Zusammenhanges von Krebserkrankung und Seele vermittelt.

Ich sang Mantras, malte, formte Skulpturen und tat vieles andere mehr. Ich spürte, wie gut mir diese vielen Selbsterfahrungen auch im Zusammenhang mit meiner Erkrankung taten. Dadurch wurde ich richtig gesund. Alle diese positiven Erfahrungen konnte ich jetzt in Form von Beratung an andere Menschen weitergeben.

Die Schulmedizin ist ganz sicher in der Krebstherapie oft unerlässlich. Viele andere ergänzende Therapien, Methoden und natürlich die Psychoonkologie können jedoch auch einen entscheidenden Einfluss auf die Heilung bei Krebs haben.

Während der Zeit der Gesundung profitierte ich sehr von den Kongressen der Gesellschaft für biologische Krebsabwehr. Immer wieder konnte ich von den schriftlichen und telefonischen Informationsmöglichkeiten dieser Gesellschaft Gebrauch machen. Ich empfehle jedem Erkrankten, seinen Angehörigen, Freunden und sonstigen Interessierten, sich an diese unabhängige Gesellschaft zu wenden und/oder Mitglied zu werden.

Viele Menschen lernte ich dort kennen, die trotz schwerer Erkrankung gesund geworden sind. Sie wurden spontan geheilt, bekamen einen neuen Zugang zu ihrer Erkrankung und hatten so trotz allem eine gute Lebensqualität.

Niemand kann mir sagen, mit was ich zufrieden sein kann oder möchte. Den Weg durch die Krebserkrankung kann kein anderer für mich gehen. Nur ich selbst. Ich weiß, wie schwer gerade die erste Zeit nach so einer Diagnose ist. Wie müde und mutlos man sich manchmal fühlt, weil man nicht weiß, wie es weitergeht und ob man es schafft.

Es lohnt sich aber, immer aktiv an seiner Gesundung mitzuarbeiten und den Mut zu haben, zu widersprechen, wenn man mit Therapien nicht einverstanden ist. Es ist wichtig, sich auch Begleitung und Unterstützung einzuholen, wenn man sie braucht.

Das Leben ist so schön, und es hält so viel für uns bereit. Ich darf mich trauen! Es gibt einen schönen Spruch von Friedrich Nietzsche: „Es gibt auf der Welt einen einzigen Weg, auf welchem niemand gehen kann, außer dir: Wohin er führt? Frage nicht, gehe ihn."

Genauso wichtig ist für mich auch ein Satz von Teresa von Ávila „Tue deinem Leib etwas Gutes, damit deine Seele Lust hat, darin zu wohnen!"

Ich wünsche allen Betroffenen KRAFT und MUT auf allen Wegen.

Iris Kamann, 46,
Krankenschwester, Wittingen

Brief an meinen Krebs

von Margit Kobold

Lieber Krebs,

Das Leben stellt die Fragen ... und wir haben zu antworten, das Leben zu verantworten.
Viktor E. Frankl

Lange habe ich überlegt, ob ich Dir diesen Brief schreibe, und wenn ja, wie sollte ich Dich anreden? Lieber Krebs? Lieber ... Liebe, welch ein großes Wort! Du, verhasst als Bösewicht, Angst einflößendes Ungeheuer, Todesbringer, Panikmacher. Die Menschen verfluchen Dich. Du, außer Kontrolle geratenes Zellgewebe, das Körper und Seele zerstört, Frauen zu Witwen und Männer zu Witwern macht, Kinder zu Waisen und Eltern zu lebende Toten.

Und ich nenne Dich „Lieber". Wie vermessen! „Ungehörig", schüttelt man den Kopf, vielleicht heißt es auch: Ich hätte den Verstand verloren. Nein – ich habe mir dabei etwas gedacht.

Denn Du kamst nicht ohne Grund. Hattest einen Auftrag. Hast Dich eingeschlichen und eingegraben in meine rechte Brust. Als letzte mahnende Instanz hieltest Du Deinen Finger drohend empor. Erst da begriff ich. Forschte nach Deinem Auftrag. Stück für Stück enträtselte ich dessen Sinn.

Fragte nach in meinen Träumen, achtete auf Symbole, übersetzte und wie ein Puzzle fügte sich Teil für Teil zusammen: mein Lebensmuster. Ja, es bedurfte der Korrektur. Mein in mehr als sechs Jahrzehnten festgezurrtes, eingespieltes, gewohntes Muster musste geändert werden.

Aber weshalb? War ich nicht freundlich und hilfsbereit, gab von Herzen, organisierte, funktionierte, stand immer beim Geben in der ersten und beim Nehmen in der letzten Reihe. Sagte lieber Bitte als

Danke und Ja anstatt Nein. Funktionieren und schlucken. Tatsachen verdrehen, sodass sie zu ertragen waren. Ungeweinte Tränen hinunterschlucken, wie unterdrückte Wut. Ich habe gelächelt, ich habe es nicht anders gekannt.

In dem Moment, als Du Dich offenbartest, als harter großer Wulst in meiner Brust, geschönt bezeichnet als Knoten, da begegnete ich Dir in Augenhöhe. Auf Du und Du, und ich fühlte keine Angst mehr. Dein Erscheinen hatte ich geahnt.

Nun warst Du da, bist mitten in mein Leben geplatzt. Plötzlicher Stillstand. Am Abend vor der Operation habe ich mich von meiner Brust verabschiedet. Hab „Danke" geflüstert. Sie war so schön.

Nach Narkose und Schlaf konnte ich das erste Mal mit Dir „reden". Habe Dich visualisiert. Dich, Billionen Zellen, die in meinen hervorgerufenen Bildern eiligst meinen Körper verließen, verfolgt von knurrenden und beißenden Hunden, meinem Immunsystem. Sie schlugen Dich in die Flucht. Immer wieder holte ich dieses Bild hervor.

Deine Botschaft erreichte mich als Traum: Mein höchster Chef verlangte einen Bericht über mich. Ich lieferte ihn ab, ein Bericht über meine Arbeit, mein Tun. Doch ein Bote brachte ihn mir zurück. Korrigiert. Und ich staunte. Erhielt ein Buch, kostbar gebunden, mit weißer Schrift auf schwarzem Papier, golden gerahmt. Und ich erblickte Fotos von mir – als Kind. Auch sie gerahmt in Gold. „Das bin ja ich", hörte ich mich sprechen und erwachte.

Ich habe verstanden. Mein höchster Chef, mein eigentliches ICH, machte mir klar: Ich musste mich nicht anstrengen. Muss nicht die Erste sein, nicht die Beste, nicht die Zuverlässigste, die Freundlichste, die Erfolgreichste. Nicht mein Tun war gefragt. Nur mein Sein. Damit hatte Dein Auftrag einen Sinn. Danke, mein Krebs. Du hast mich gelehrt, mein Sein zu akzeptieren, mit allen Facetten, mit meinen Ängsten und mit meinem Schatten.

Ich habe nicht gegen Dich gekämpft. Dich nicht besiegen wollen. Sieg schreit nach Revanche und erneuten Kampf. Ich will Frieden, Licht und Liebe und meinen Zweifel in Glauben an die universelle Macht verwandeln, die nur das Gute will. Denn Geist ist stärker als Materie.

Danke Dir, der Du in mir warst und gegangen bist. Hast mich wachsen und reifen lassen, meine Ängste anzunehmen und das Leben, so wie es kommt. Ich schaue nach vorn. Mein „Danke“ gilt dem Einen und Allem, was ist und immer war. Dies, mein Freund, so nenne ich Dich, war und ist mein Weg, mein ganz individueller Weg zurück in mein Leben und ich sage Dir, es ist kostbar und es ist schön.

Margit Kobold

Mein böser Freund, mein lieber Feind …

von Hanna Koch-Burmeister

Im Juli 1997 traf mich der Blitz. Eine kleine Zwischenuntersuchung beim Gynäkologen. Ich wollte einen Segelturn machen. Es gab ein paar kleine Unstimmigkeiten, die ich abklären wollte. Da kam die Diagnose: Unterleibskrebs, und zwar älteren Datums. Es war ein Freitag und am Montag darauf sollte ich schon ins Krankenhaus. Ich steckte mitten in der Arbeit (Honorarbasis), hatte für das ganze Jahr Termine – endlich hatte ich mich etabliert –, und dann so was. Nun musste ich für die nächste Zeit alles absagen.

Mein Sohn war schon selbstständig, hatte seine eigene Wohnung, aber meine Tochter wohnte noch zu Hause. Wir hatten gerade die schwierige Phase „Pubertät" einigermaßen überwunden.

Schicksalsschlägen und Niederlagen begegne ich erst mal mit einer gewissen Schnodderigkeit. Ich kann sie gar nicht nah an mich heranlassen. Ich telefonierte, sagte Termine ab, legte sie um, managte – und ganz weit hinten im Hinterkopf stand die Frage: Was soll nun werden? Bis zum späten Abend hielt ich dem Schock stand, aber dann, allein in meinem Schlafzimmer, brach alles über mich herein. Zukunfts- und Existenzangst waren schon immer die dominierenden Themen gewesen, die Krankheit hatte ich noch gar nicht realisiert. Verzweifelt wälzte ich mich im Bett herum, tat alles, damit meine Tochter, die nebenan schlief, mein verzweifeltes Weinen nicht hörte. Ich wollte es ihr erst am nächsten Morgen sagen, möglichst gefasst und ein bisschen beiläufig, die starke Mama eben, wie sie mich kannte.

Irgendwann in der Nacht stand ich leise auf und nahm mir mein altes Tagebuch vor. Ich habe es schon etwa dreißig Jahre und schreibe immer wieder mal darin, meistens, wenn es mir besonders gut oder besonders schlecht geht. Es ist gar nicht so verkehrt, wenn man später mal nachliest, was man schon so alles erlebt und überstanden hat. Auch in dieser Nacht gelang es mir wieder, meinen Schock, meine Angst dort abzuladen. Ich schrieb wohl fast drei Stunden, dann konnte ich schlafen. Morgens hatte ich dann einen Weg gefunden, damit umzugehen. ICH SPRACH DARÜBER.

Natürlich sprach ich mit der Familie und mit Freunden darüber – einige musste ich zunächst selbst trösten und beruhigen, aber viele waren gleich für mich da und gaben mir Zuwendung und Kraft. Ich sprach aber auch mit Nachbarn und Bekannten oder mit Leuten, die ich zufällig mal traf, darüber, wenn es sich ergab. Es machte mir Mut zu hören, wie viele Leute Ähnliches schon durchgemacht und überstanden hatten. Es war auch toll zu merken, wie offen die Leute darüber sprechen konnten. Von früher kannte ich nur, dass hinter der vorgehaltenen Hand geflüstert wurde und keiner das böse Wort aussprechen wollte: „Krebs, die Todgeweihten!"

Auch im Krankenhaus erfuhr ich unglaublich viel Zuwendung und Unterstützung (als Kassenpatientin!). Ich ging positiv und zuversichtlich in die Operation und die anschließende Nachbehandlung.

Danke an der Stelle noch mal für all die Liebe und Unterstützung von allen!

Durch meinen lieben Feind, den Krebs, habe ich eine Menge gelernt. So zum Beispiel, dass man seinen Stolz über Bord werfen und um Hilfe bitten kann. Und, dass man diese auch bekommt. Ich bin durch die Muße-Zeit in der Bestrahlungsphase langsam wieder zu mir gekommen. Mein Tag wurde gemächlich, nicht hektisch und getrieben. Ich radelte alleine kilometerweit durch den Wald und wanderte am Strand entlang – etwas, das ich vorher nur ganz, ganz selten getan hatte. Ich war immer gefangen in der Klammer der Existenzsicherung. Und jetzt, als nichts mehr sicher war, jetzt fing ich an zu leben und mein Leben zu genießen. Ich wurde liebevoll umsorgt von meinen Kindern, meinen Geschwistern und meinen Freunden. Sie respektierten, dass ich nicht wie eine Kranke behandelt werden wollte. Wir kamen häufig fröhlich und unbeschwert zusammen, und wenn ich ganz plötzlich müde wurde, was in dieser Situation leicht vorkommt – so als ob jemand das Licht löscht –, durfte ich mich ohne lange Erklärungen und bange Fragen einfach zurückziehen. Das war eine schöne Zeit in meinem Leben. Ich bekam sogar eine Festanstellung in einem wohnortnahen Betrieb, der mich schon von früheren freiberuflichen Arbeiten her kannte, und das, obwohl ich meine Diagnose offengelegt hatte. Allerdings wurde die Probezeit auf zwei Jahre festgelegt. Das war okay für mich.

ABER nach und nach rutschte ich wieder in die alten Verhaltensweisen zurück. Es gab viel Arbeit, der Personalbestand war gering wie überall, und man musste allein die Arbeit bewältigen, die früher zwei bis drei Leute gemacht hatten. Oft arbeitete ich über zwölf Stunden am Tag. Aber ich wollte beweisen, dass ich es schaffen konnte. Schließlich war ich ja trotz meiner Erkrankung angestellt worden. Da durfte ich doch nicht schlappmachen.

Eine Zeit lang ignorierte ich hartnäckig die Signale, die mein Körper mir gab. Hartnäckige Migräneattacken, die auch mit starken Medikamenten nicht zu unterdrücken waren, große Müdigkeit und Kurzatmigkeit. Längere Spaziergänge konnte ich gar nicht mehr machen. Ich wusste, dass etwas nicht in Ordnung war. Ich ging zu meinem Hausarzt, der mich seit dreißig Jahren kannte, und bat darum, für eine Computertomografie zum Abklären ins Krankenhaus eingewiesen zu werden. Eine Computertomografie gab es damals nur im Krankenhaus. Die Wartezeiten dafür waren lang. Mein Arzt machte mir deutlich, dass das gar nicht ginge. Schließlich sei es nicht gerechtfertigt, so hohe Kosten zu verursachen, bloß weil man ein bisschen hysterisch wäre und immer gleich an das Schlimmste denke. Außerdem würde ich mir das nur einbilden, denn ob jemand Krebs hat, könne man gar nicht selbst merken. Und Frauen seien da ja auch besonders ängstlich.

Ich nahm das nicht einfach hin, sondern wechselte die Ärzte – der Gynäkologe hatte nämlich ähnlich reagiert. Ich verließ mehrfach Praxen, bis ich schließlich einen Gynäkologen fand, der mir zuhörte und aufgrund der Vorerkrankung die Notwendigkeit einsah, dass ich diesen Check brauchte. Inzwischen war fast ein Jahr vergangen.

Bei den Untersuchungen stellte sich heraus, dass ich zwei Lymphome im Bauchraum hatte, die inzwischen faustgroß waren. Sie lagen unglücklich zwischen Bauchschlagader und Hauptschlagader, sodass sich zunächst kein Arzt fand, der das operieren wollte. Das Risiko sei zu groß. Das hätte härteste Chemotherapie bedeutet. Ich wollte so einen Fremdkörper aber lieber raushaben. Die Ärzte waren sehr mitfühlend und taten alles, um eine Lösung zu finden. Ja, sagten sie, wenn es früher entdeckt worden wäre …

Schließlich gab es einen Urologen, der aus einer Uniklinik neu in das Krankenhaus gekommen war und den Chefarztposten dort bekommen hatte. Er hatte eine solche Operation schon einmal bei einem Mann gemacht. Er war zwar sehr gefühllos, aber er war ein guter Handwerker und erklärte sich bereit, mich zu operieren. Es könne schon bis zu zehn Stunden dauern, meinte er, und er würde auch gleich wieder zumachen, wenn er sähe, dass „es" sich nicht mehr „lohne". Und dann wäre die Operation kürzer. Seltsamerweise konnte ich mit seiner Art ganz sachlich umgehen, während meine Bettnachbarin in Tränen ausbrach. Ich bat nur die anderen Ärzte, bei der Operation dabei zu sein, weil ich den menschlichen Faktor sehr hochschätze. Das taten sie dann auch. Der Operateur meinte später ganz mürrisch, er hätte kaum Platz für seine Ellbogen gehabt. Diese Operation war für mich die entscheidende, da es direkt um Leben und Tod ging und sich niemand sicher war, dass ich die überstehen würde. Nur ich war mir ganz sicher, dass noch nicht alles vorbei war.

Das ereignete sich 1997 – später ein wichtiges Gedenkjahr für mich.

Ein Jahr danach bemerkte ich noch einmal zwei Karzinome in der Brust. Sie waren noch so klein, dass man sie nicht tasten konnte, und die Mammografie hatte sie auch nicht gezeigt. Nur bei genauer Suche mit dem Ultraschall konnte man die Veränderung sehen und vorsichtshalber eine Gewebeprobe nehmen. So war der Eingriff vergleichsweise klein. Mit einer längeren Nachbehandlung zwar, aber erfolgreich.

Ich feierte damals im Krankenhaus meinen 50. Geburtstag, und in ein paar Tagen werde ich 60. In den letzten dreizehn Jahren lebte ich sehr dankbar, auch wenn die äußeren Umstände oft sehr schwierig waren. Ich hatte endlich den Mut, Arbeit loszulassen, wenn ich merkte, dass sie anfing, mich krankzumachen. Als meine Tochter in die Welt zog, konnte ich sie loslassen und es sogar genießen, nur noch für mich verantwortlich zu sein. Nach vielen Jahren hatte ich meine erste eigene Wohnung, das war sensationell. Ich konnte allein sein, aber ich war nicht einsam. Ich hatte und habe nach wie vor einen wunderbaren Freundeskreis und natürlich meine liebevolle Familie.

Ja, und schließlich lernte ich Ende 2003 meinen lieben Mann kennen, womit ich nie im Leben mehr gerechnet hatte. Ende 2007 haben wir geheiratet. Nach zwei gescheiterten Ehen stimmte nun alles. Wir gehen gut miteinander um, vielleicht, weil wir auch schon so vieles erlebt haben. Wir sind uns unseres Glückes bewusst.

Ich habe eine wunderbare Familie zu meiner wunderbaren Familie dazubekommen. Ich kann alles locker angehen und muss mir keine Sorgen mehr um meine Existenz machen. Ich habe viel zu geben und bekomme viel zurück.

Weshalb ich das schreibe? Vielleicht liest das mal jemand, dem es gerade gar nicht gut geht, und der findet vielleicht ein bisschen Trost darin.

Wenn ich heute zurückblicke, weiß ich, dass es mir verdammt gut gegangen ist in meinem Leben. Ich habe viel gearbeitet und fahre heute eine reiche Ernte ein, ganz anders, als ich es gedacht hätte.

Ich achte mehr auf mich. Ich lasse es nicht mehr zu, dass andere Menschen mir einreden, was gut für mich ist. Ich tanze gerne und lache viel. Ich habe eine unbändige Lust zu leben und bin dankbar dafür. Meine Grundeinstellung ist, dankbar zu sein, und mein Lieblingsspruch ist: „Ich weiß nicht, ob es besser wird, wenn es anders wird, aber ich weiß, dass es anders werden muss, damit es besser werden kann.“

Hanna Koch-Burmeister

Schlüssel-Erlebnis

von Willy Lebsanft

Menschen und Kerzen haben
Gemeinsamkeiten.
Eine Kerze im Schrank ist nutzlos.
Eine Kerze, die aber brennt,
erzeugt Licht und Wärme.
Wohlwissend aber, dass es
ein Ende gibt.

Es war Sommer. Der azurblaue Himmel wurde durch wenige Kumuluswolken verziert. Die Sonne hatte trotz der kleinen Wölkchen reichlich Platz, um ihre wärmenden und hellen Strahlen auf unseren blauen Planeten Erde zu schicken.

Mein Blick fängt sich gegen Osten hin am steilen Trauf der Schwäbischen Alb. Das Sonnenlicht lässt den Weißjura-Kalkfelsen, an den baumlosen Stellen am 300 Meter hohen Trauf, deutlich hervortreten.

Aus der Ferne erscheint dies dem Betrachter tatsächlich als eine Blaue Mauer. Der bekannte Naturforscher Ernst Waldemar Bauer hat damit den Albtrauf, den schwäbischen Dichter Eduard Mörike zitierend, benannt.

Auf den beherrschenden Bergen lag halbrechts die sonnenüberflutete Burgruine Hohen Neuffen und geradeaus die noch etwas höher gelegene Burg Teck. Halblinks konnte ich noch den Stuifen, der aus der Dreiergruppe der Stauferberge herausragt, sehen. So stand ich auf meiner Terrasse und ließ meinen Blick hin und her schweifen. Ich konnte beobachten, wie die kleinen Wolken große, langsam ostwärts wandernde Schatten auf das Albvorland und an den Albtrauf warfen. Oben am Albtrauf angekommen, entschwanden sie aus meinem Blickfeld.

Eigentlich ein Naturschauspiel zum Genießen. Konnte ich das in meinem Innersten?

Vor wenigen Tagen erhielt ich die Diagnose Leukämie (CML). Der untersuchende Arzt eines Krankenhauses im Kreis Esslingen informierte mich über das Untersuchungsergebnis. Er fragte mich dabei, wie alt ich wäre. Meine Antwort darauf veranlasste ihn zu der Bemerkung: „So wie Sie aussehen, haben Sie bestimmt ein gutes Leben gehabt." Und er fügte dem mit noch gesteigerter Wortkraft hinzu, dass er erst vor wenigen Tagen einen Patienten auf seiner Station durch dieselbe Krankheit verloren habe. Peng. Das saß.

Wie traumatisiert konnten meine Frau und ich auf die verbale Keule nicht angemessen reagieren. Er hat dem Fach Psychologie in seiner Ausbildung wohl wenig Beachtung geschenkt. In meinen Augen hatte er sich disqualifiziert und sah mich nie wieder.

All dies ging durch meinen Kopf, während ich so auf meiner Terrasse stand und dem Naturschauspiel halbherzig zuschaute. Natürlich fragte ich mich: Wie oft darf ich wohl hier noch stehen? Wie geht es weiter? Was wird aus meiner Familie? Wo sollte nun die Behandlung erfolgen? Viele Fragen, keine Antworten.

Meine hin und her wandernden Blicke nahmen plötzlich links in der Ferne einen winzig kleinen Punkt am Himmel wahr. Immer wieder sah ich nach diesem. Er schien langsam größer zu werden und Form anzunehmen. Der Punkt bewegte sich offenbar genau über dem Neckar flussaufwärts und entpuppte sich als eine Wildente.

Ganz allein flog sie südostwärts. Eigentlich unüblich für Enten. Im Normalfall fliegen sie in Gruppen und dann, um im Windschatten Kraft zu sparen, in vorteilhaft gestaffelter Formation. Auffallend war zu beobachten, dass die Wildente, wie an einer Schnur gezogen, ihrem Ziel entgegenflog. Welchem Ziel? Woher kannte sie überhaupt den Weg zu ihrem Ziel im Nirgendwo?

Solche und ähnliche Fragen drängten sich mir auf.

Interessiert blickte ich zur Ente rüber, die nur wenige Meter über meinem Standort ihrem Ziel entgegeneilte. Ich glaubte zu erkennen, dass es sich um eine weibliche Stockente handelte. Deren Flügelschläge waren gleichmäßig, so gleichmäßig wie das Ticken einer Uhr. Mein Interesse an den Schattenspielen der Kumuluswolken am Albtrauf trat völlig in den Hintergrund. Die Ente zog mich in ihren Bann.

Immer die gleichen Fragen, nach ihrem Ziel und Weg, drängten sich mir wieder und wieder auf. Offenbar hatte die Ente ein „festes Ziel" vor Augen. Denn sonst würde sie nicht schnurgerade fliegen. Warum nehme ich mir kein Beispiel an ihr? Sie kann doch „nur" fliegen, und ich kann lesen, schreiben und reden. Also spute dich und suche dir den dir am sinnvollsten erscheinenden therapeutischen Weg zur Gesundung. Was die Ente kann, musst du doch auch können, so nahm ich mich in die Pflicht.

So langsam erwachte wieder mein mir angeborenes Kämpferherz, während die Ente mich passierte und bereits halbrechts flog. Mit den Gedanken „Wo ein Wille ist, da ist auch ein Weg" verlor ich den fliegenden Motivationsgeber aus meinem Blickfeld.

Dieses Ereignis sollte sich als ein Schlüsselerlebnis herausstellen.

Von diesem Tag an, es war Mitte August 2001, besorgte ich mir Berge von Unterlagen. Ich las viel, archivierte viele Unterlagen. Aber genauso viele, mir weniger vorteilhaft erscheinende Unterlagen wanderten in den Papierkorb. Kopf und Bauchgefühl entschieden jeweils darüber. Auch begann die Suche nach einem zu mir passenden Therapeuten. Ich musste dabei erkennen, dass Hämatologen dünn gesät sind.

Und dann noch einen Arzt nach meinem persönlichen Anforderungsprofil zu finden, erschwerte die Suche maßgeblich.

Mehreren Ärzten stellte ich mich als Patient vor.

Einer der Hämatologen, Dr. med. Benz (Name geändert), machte nach dem zweiten Gespräch, im Beisein meiner Frau, deutlich, er würde mich gerne therapieren. Mir obliege aber die Entscheidung, ob ich mich ihm anvertraue. Ich konnte es (noch) nicht. Ich suchte weiter. Ich hatte den Eindruck, irgendwie stimmte die „Chemie" (noch) nicht.

Eines Tages war das Gefühl da, ausreichend recherchiert zu haben. Ganz nüchtern wog ich Vor- und Nachteile ab. Meine Entscheidung fiel auf Dr. Benz, wohlwissend, dass ich es dann mit einem reinen Schulmediziner zu tun haben würde.

Beim nächsten Schritt marschierte ich mit all meinen Fragen, fünfzehn an der Zahl, auf einem großen Zettel notiert, zu Dr. Benz. Den Notizzettel legte ich, ganz bewusst sichtbar für Dr. Benz, auf den Tisch. Als alle Fragen für mich zufriedenstellend abgearbeitet waren, musste ich mich entscheiden. Ich nahm sein Angebot zur Therapie an. Von meinem Standpunkt aus betrachtet, verdeutlichte ich ihm, dass wir jetzt Partner wären und er möge sein kompetentes Wissen an mir anwenden und mich wieder „auf die Füße stellen". Dr. Benz bedankte sich für meinen Vertrauensvorschuss.

Die 2001 gegründete Partnerschaft besteht auch heute – 2011 – noch.

Im Herbst 2001, nach einer auskurierten schweren Erkältung, sah Dr. Benz den Zeitpunkt gekommen, mit der Therapie zu beginnen. Als das geeignete Therapiemittel sah er *Interferon Alpha* für mich an. Dieses Mittel, erklärte er mir, wäre täglich selbst in die Bauchdecke zu spritzen. Welch eine grauenhafte Vorstellung für jemanden wie mich, der heute noch bei der Blutkontrolle den Kopf abwendet. Ich und spritzen, das erschien mir so schwer, wie die Titanic zu heben.

Zuhause besprach ich alles mit meiner Frau. Sie hatte die gute Idee, einfach die Dienstleistung des örtlichen Sozialdienstes in Anspruch zu nehmen. Gesagt, getan.

Beim ersten Besuch der Schwester vom Sozialdienst vereinbarte ich mit ihr, dass sie bitte dreimal kommen soll. Zweimal sollte sie mich spritzen und beim dritten Mal wollte ich es in ihrem Beisein selber machen. Mit dieser selbst auferlegten Regelung setzte ich mich bewusst unter Handlungsdruck, nach dem Motto: Du musst das lernen, du kannst es.

So vergingen die drei ersten Therapietage. Am vierten Tag stand, nein, saß ich allein da mit der Spritze in der Hand. Nach drei, vier Anläufen drückte ich endlich die Nadel in meine zusammengekniffene Bauchdecke. Ich habe einige Zeit gebraucht, bis ich endlich meinen inneren Schweinehund überwunden hatte. Oft standen mir dabei Schweißperlen im Gesicht.

Die zu Beginn zu spritzenden Chargen von 3,5 Mio. Einheiten (ME) wollte Dr. Benz stufenweise auf etwa 9 Mio. erhöhen. Aber es zeigte sich sehr bald, dass das Interferon Alpha und mein Körper keine Symbiose schafften. Immer weniger konnte ich essen. Ich benötigte immer mehr Schlaf und Ruhe. Ans Telefon ging ich nicht mehr. Das Radio und der Fernseher verstummten ganz. Die gutgemeinten Besuche erwiesen sich als eine starke Belastung und wurden folglich nur in großen zeitlichen Abständen zugelassen.

In mein Büro, an meinen geliebten Schreibtisch, ging ich am Anfang der Therapie noch halbtags. Das reduzierte sich rasch nur noch auf eine Stunde pro Tag. Bei einer der Blutkontrollen, es war Mitte Dezember 2001, verbot mir Dr. Benz, weiterhin beruflich tätig zu sein. Er sah offenbar meinen körperlichen Verfall besser, als ich es selbst wahrhaben wollte.

Wie Recht er hatte, lehrten die kommenden Wochen. Im Gleichschritt der intervallartigen Versuche zur Erhöhung der Interferon-Gaben verließen mich die Kräfte. Von einem 24-Stundentag verschlief ich in der Regel 18–20 Stunden. Essen konnte ich nur zwei, maximal drei Bissen. Obwohl ich Hunger litt, sprichwörtlich wie ein Hund in der Wüste. Es ging einfach nicht mehr.

So pendelte sich ein Essrhythmus ein, wobei ich alle ein bis zwei Stunden, auch während der Nacht, zwei bis drei Bissen zu mir nahm. Mit dieser Minimalkost blieb der Zeiger der Körperwaage bei immer kleineren Zahlen stehen. Meine Spaziergänge erstreckten sich, mit viel Mühe, vom Esstisch zur acht Meter entfernten Couch – für mich gleichsam ein Halbmarathonlauf. Meine Frau hatte alle Hände voll zu tun, um mich zu versorgen.

Zum Arzt musste ich gefahren werden. Selbst die Arzttermine mussten auf den späten Vormittag gelegt werden. Früher schaffte ich es einfach nicht.

Weihnachten 2001. Meine beiden Söhne kamen mit ihren Familien. Es war ein stiller, zurückhaltender Besuch. Von der sonst so sprühenden Freude war nichts zu spüren. Ich konnte Sorge um Ehemann, Vater, Schwiegervater und Opa erkennen. Und ich erkannte daran, dass ich ganz „unten angekommen“ sein musste. Wie geht mein Weg weiter?

Ich wollte und musste aber Zuversicht ausstrahlen, trotz der prekären Situation. Ob mir dies gelang, ich weiß es nicht. Die von Dr. Benz anvisierten 9 ME schienen ein unerreichbares Ziel zu bleiben. Maximal konnten 6 ME gespritzt werden. Der Zeiger der Waage zeigte trotzdem immer weniger Kilogramm an.

Es war am 11. Februar 2002, ein Arztbesuch stand wieder an. Meine Frau und ich saßen im Behandlungszimmer und warteten auf Dr. Benz. Plötzlich ging die Tür auf. Dr. Benz streckte den Kopf kurz herein und rief uns zu: „Ich habe heute eine gute Nachricht. Ich komme gleich wieder." Meine Frau und ich schauten uns nur unverständlich an. Minuten später kam Dr. Benz mit einem bereits ausgefüllten Rezept in der Hand. „Jetzt ist das neue Therapiemittel zugelassen und somit auch in Deutschland erhältlich", sagte er strahlend. Auf diesen Augenblick hatten wir, mein Arzt, meine Familie und ich schon lange gewartet. Mit dem neuen Therapiemittel verknüpften wir große Hoffnungen.

Glivec, so hieß das neue Medikament zur Therapie von Blutkrebs. Es war in den USA, Schweiz, Großbritannien schon länger zugelassen. Ich musste drei Tage warten, bis es die Apotheke liefern konnte. Am 14. Februar 2002 begann die Ära Glivec und das ungeliebte Spritzen, so hoffte ich, gehörte nunmehr der Vergangenheit an.

Meine Frau und ich waren sehr gespannt, wie mein Körper auf das neue Mittel reagieren würde. Wird es mir besser gehen oder bleibt es bei dem Unwohlsein, bei der extremen Müdigkeit, auch Fatigue genannt? Jeden Morgen, beim Aufwachen, „horchte" ich zuerst in meinen Körper rein, um zu ergründen, wie es um das Wohlbefinden stand. Das bis dahin ständige Unwohlsein blieb aus. Meine Frau fragte mich wochenlang mehrmals am Tage, ob es mir noch nicht übel sei. Jedes Mal konnte ich, mit Freude, verneinen. Wir konnten es fast nicht glauben und befürchteten einen Rückfall.

Ganz allmählich konnte ich etwas mehr essen. Dadurch wuchsen Kraft und Lebensenergie in mir. Der Schlafbedarf reduzierte sich ebenfalls. Und eines Tages, es war im Mai 2002, bat ich meine Frau, sie möge mich zu einem Spaziergang, im Freien wohlgemerkt, begleiten.

Ich war aufgeregt, gespannt, wie sich die Sonnenstrahlen, direkt auf der Haut und nicht nur durchs Fensterglas, anfühlen würden.

Meine Frau lief für meine Fähigkeiten zu schnell. Ich musste sie bitten, etwas langsamer zu gehen. Für mich, der ehemals Bewegung brauchte wie die Glühbirne den Strom, eine völlig neue Erkenntnis. Nach etwa 100 Metern kehrten wir um. Erschöpft, aber hochzufrieden und überglücklich, die Glückshormone spielten in meinem Kopf verrückt, legte ich mich zuhause auf die Couch. Tat ich doch soeben einen „ersten Schritt für meine zweite Zukunft", in Anlehnung an die Worte von Neil Armstrong, als er als erster Mensch am 21. Juli 1969 den Mond betrat.

Mut, Wille, Kraft kehrten zurück. Der Aktionsradius der gemeinsamen Spaziergänge wurde langsam größer. Die Blutwerte, vornehmlich die der Leukozyten, gingen Richtung Normalwert zurück. Dr. Benz war sehr zufrieden bei der positiven Entwicklung. Es schien so, dass das Glivec und mein Körper zusammenpassten wie Schloss und Schlüssel.

Einen weiteren Meilenstein wollte ich angehen. Etwa Ende August 2002 setzte ich mich erstmals wieder auf mein geliebtes Fahrrad. Auf leichtem, ebenem Terrain fuhr ich etwa zwei Kilometer. Ein Nichts gegenüber früher. Damals fuhr ich von meinem Wohnort in einem Tag an den 165 km entfernten Bodensee. Das Schöne war, ich freute mich über die 2 km mehr, ja viel bewusster, als über die früher selbstverständlichen 165 km.

Parallel zu meiner gesundheitlichen Besserung hielt ich Ausschau nach sinnvollen, aufbauenden natürlichen Nahrungsergänzungsmitteln. Der Computer war bei der Suche ein vorteilhaftes Instrument. Bei einem mit meinen Zahnarzt besuchten Vortrag in Stuttgart lernte ich die Erkenntnisse, Erfahrungswerte und das Wissen von Johanna Budwig[20] aus Freudenstadt kennen. Sie war eine approbierte Apothekerin, Dipl.-Chemikerin mit Promotion in Physik und Chemie, Obergutachterin für Arzneimittel und Fette in hoher staatlicher Funktion und zudem noch Heilpraktikerin. Der Referent kannte sie noch persönlich, denn sie war erst kurze Zeit vorher im hohen Alter verstorben.

20 Johanna Budwig – s. Literaturliste im Anhang.

Die von ihr alternativlos empfohlene Kost aus Leinöl, mit dessen hohem Anteil an Omega-3-Fettsäure, in Kombination mit Eiweiß, sollte ein Eckpfeiler meiner täglichen Ernährung werden. Auch wurde das Mikrowellengerät bei uns aus dem Verkehr gezogen.

Gegen Grippe schütze ich mich seitdem mit dem Allrounder, dem kolloidalen Silberwasser[21], das ich mit dem selbst angefertigten Gerät nach Bedarf herstelle. Besonders wichtig ist mir auch das Trinken von natürlichem, dem sogenannten „Belebten Wasser“[22]. Ungern würde ich auch auf das Eigenerzeugnis, die Kombucha, verzichten. Dieser Tee morgens, nach dem Aufstehen und nach der ersten Zahnreinigung, noch vor dem Frühstück getrunken, belebt Körper und Geist.

Da der Mensch als biologisches System auf Erdstrahlen reagiert, ließ ich einen Rutengänger kommen. Die Adresse erhielt ich freundlicherweise von der Gesellschaft für Biologische Krebsabwehr (GfBK) in Heidelberg. Ohne zu wissen, warum, sollte er unseren Lebensraum, vornehmlich die Schlafplätze, untersuchen. Am Bett meiner Frau meinte er festzustellen, dass die hier liegende Person Probleme vom Kopf bis zur Hüfte hätte. In der Tat, meine Frau hatte damals Bandscheibenprobleme. Bei der Untersuchung meines Schlafplatzes entfernte er sich mehrmals davon. Trotz unserer Fragen sagte er kein Wort. Er war ganz offensichtlich unruhig, ja nervös. Meine Frau und ich schauten uns mit fragenden Augen an. Was soll das? Dann endlich seine Einschätzung. Die Person, die hier schläft, führte er aus, darf ab sofort hier nicht mehr liegen. Der Schlafplatz wäre höchst ungeeignet. Die betreffende Person hätte, wenn sie mehr als sieben Jahre diesen Schlafplatz nutzte, bereits erhebliche Gesundheitsprobleme oder bekäme diese noch bei einer weiteren Nutzung.

Wir wohnten gerade siebeneinhalb Jahre hier. Was war zu tun? Meine Frau und ich wollten möglichst viele Optionen zu meiner Gesundung nutzen.

Das Schlafzimmer wurde daraufhin um 180° gedreht. Das bedeutete

21 „kolloidales Silberwasser“ – s. Link- und Adressenliste im Anhang.
22 „Belebtes Wasser“ – s. Link- und Adressenliste im Anhang.

eine neue Verkabelung, Versetzung der Türe, neue Tapeten, neuer Fußboden.

Nicht verzichten kann ich auf den täglichen Spaziergang. Unterwegs schaue ich zum Himmel und sage danke für das Geschenk des Erreichten. Dankbar bin ich aber auch meiner Frau, meiner Familie, dass sie mich vorbildlich gestützt haben. Auch meinem Therapeuten Dr. Benz, den Verwandten, Bekannten, den Sportkameraden vom Lauftreff, meinen Kollegen/dem Betrieb bin ich sehr dankbar. Alle haben um mich gebangt.

Heute bin ich in der sehr komfortablen Lage, dass Dr. Benz mir freie Hand lässt, wenn es darum geht, den zeitlichen Rhythmus der Blutuntersuchungen, der Blutabnahme zur „Molekulargenetischen Untersuchung" (zur Bestimmung des BCR/ABL-Wertes) und der Ultraschalluntersuchung zu bestimmen. Ein Arztbesuch verläuft heute so: Blutabnahme, beim Griff nach der Nadel durch die Blut abnehmende Person geht mein Blick reflexartig (immer noch) zur Seite. Die volle Blutampulle kommt zur Bestimmung der Blutwerte sofort in den Computer. Drei Minuten später erhalte ich einen Ausdruck, der zweite wandert auf den Schreibtisch von Dr. Benz. Ich schaue mir die ermittelten Blutwerte auf dem Ausdruck an, und wenn nichts Auffälliges erkennbar ist, sage ich sogleich an der Rezeption: „Auf Wiedersehen."

Meiner heutigen körperlichen Verfassung kann ich, nicht ohne Stolz, die Schulnote eins bis zwei geben. Ich kann zum Beispiel wieder Radtouren unternehmen, die im Winter 2001/2002 noch unvorstellbar schienen. Wobei ich dabei akzeptiere, dass Berge nicht mehr extra gesucht werden, so wie früher. Weniger kann auch mal mehr sein.

Krankheiten sind Lehrjahre der Lebenskunst und des Gemütes.
Dies mit dem heutigen Erfahrungswissen, wo U n t e n ist.

Willy Lebsanft, 70,
Unterensingen

Ja, ich bin geboren, um zu leben …

von Joachim Lenz

Ich hatte selbst an mir ein paar dicke Lymphknoten entdeckt und ließ mich auf Anraten meiner Heilpraktikerin vom Hausarzt untersuchen. Im Grunde hieß es „alles in Ordnung“, aber es bestände aufgrund stark überhöhter Virenwerten (u. a. Epstein-Barr) und etwas niedriger Blutwerte bei Leukozyten und Thrombozyten, ein Krebsrestrisiko von 5 %. Man überwies mich zu einem Onkologen.

Ungewissheit kann so zermürbend sein.

Ein ständiges Gefühl von Aufgewühltheit.

Das Gefühl, nicht mehr zur Ruhe kommen zu können.

Zeitweise bestand die Gefahr, von den vielen, vielen Gedanken aufgefressen zu werden. Ich lief nur mit einem Tunnelblick herum, versuchte aber, den normalen Alltag in Familie und Beruf weiterzuleben. Redete mir selbst ein, dass ich alles im Griff hätte, und versuchte, mich gegenüber anderen nicht auffällig zu verhalten. Gedanklich war ich aber in vielen Situationen völlig abwesend. Nebensächlichkeiten, die normalerweise wirklich keine Bedeutung haben, erinnerten mich ständig daran. An das, was vielleicht kommen konnte.

Vielleicht mein Lebensende?

Heute, im Nachhinein, muss ich sagen, dass ich wohl doch nicht ganz normal weitergelebt habe. Meiner Frau zumindest konnte ich da nichts vormachen. Sie wusste ja, was los war. Und da gab es eben nichts zu verbergen. Und bei meiner Frau schon gar nicht. Sie ist einfach ein Mensch, der seinen Lieben sofort ansieht, wenn etwas nicht stimmt. Wenn sich jemand mit irgendetwas auseinandersetzt und nicht richtig zum Ziel kommt. Sie versuchte natürlich zu helfen.

Aber ich wollte mir nicht helfen lassen.

Denn es gab ja nichts zu helfen. So dachte ich jedenfalls. Die Untersuchungen hierzu standen ja erst an. Noch war nichts bewiesen.

Ich hatte doch noch gar keine Krebsdiagnose. Jetzt schon so viel seelische Anspannung.

Wie sollte denn das erst werden, wenn die Untersuchungen mir ein positives Ergebnis bescheren würden? Also versuchte ich, in diesen Tagen weiterhin so zu tun, als gäbe es keinen Krebs. Das redete ich mir ein.

Ich versuchte, so gut es ging, keinen Gedanken daran zu verschwenden, dass ich Krebs haben könnte. Irgendwie musste das ganz weit weg.

Ich, Krebs?

Wie das denn?

Viel Wind um Nichts.

Aber es ging kaum mehr aus dem Kopf.

Dieses Nichts.

Den richtigen Schalter dafür konnte ich nicht finden.

Im Büro informierte ich ziemlich schnell meine drei engsten Kollegen, meinen Fachbereichsleiter sowie dessen Stellvertreterin. Alle waren natürlich sehr betroffen. Ich redete immer nur von einer ganz geringen Wahrscheinlichkeit (5 % Restrisiko) und von notwendigen Untersuchungen, um den Krebs auszuschließen.

Ich glaubte wirklich daran. An mein Gerede, dass ich keinen Krebs hätte.

In diese aufgewühlten Wochen fiel eine größere Familienfeier. Es gab Zeiten, da hatte ich an solchen Familienfeiern kein großes Interesse. Sie waren mir manchmal fast lästig. Und bei drei eigenen Geschwistern, vier Geschwistern seitens meiner Frau plus Eltern, Nichten und Neffen, kommen da übers Jahr einige Termine zusammen.

Oft dachte ich in den Jahren zuvor: „Verdammt, in der Zeit könnte man auch Sinnvolleres erledigen."

Aber was ist sinnvoller als die Pflege der eigenen Familienbande und der Zusammenhalt innerhalb der Familie? Wenn es mal wirklich eng wird im Leben! Wer hilft einem dann? Meistens ist es die Familie. Mit zunehmendem Alter bekam ich aber langsam wieder ein Gespür dafür. Und heute kann ich nur sagen: „Gott sei Dank."

Bei herrlichem Wetter feierten wir ein schönes Fest. Die Stimmung war gut, nur ein Gast war irgendwie nicht so recht anwesend an diesem Tag: Ich!

Jedoch gab ich mir auch hier allergrößte Mühe, mir nichts anmerken zu lassen. Sobald ich aber nicht in Gespräche verwickelt war, dachte ich zwangsläufig an das, was mir vom Onkologen schon alles mitgeteilt worden war.

In meinen Kopf war ein einziges Durcheinander. Hatte ich Krebs oder nicht? Das war die für mich die derzeit einzig wichtige Frage, die es zu beantworten galt.

Es war ein Gefühl, als ob in meinem Kopf ein Fußballstadion voller Menschen, aufgeteilt in zwei Fangemeinden, sei. Ohrenbetäubender Lärm.

Alle rufen und schreien durcheinander. Alle wollen sich mitteilen und ihren Favoriten nach vorne brüllen.

„Du hast Krebs!“

„Du hast keinen Krebs!“

Wer würde gewinnen?

Natürlich fand ich keine Antwort. Es dauerte nicht die berühmten 90 Minuten. Das Spiel endete auch an diesem Sonntag nicht. Nein, dieses besondere Spiel sollte erst ungefähr drei Wochen später enden. Ein paar Tage nach meinem 42. Geburtstag.

Echt Hammer. Zum ersten Mal in meinem Leben machte ich bewusst eine solche Erfahrung.

Weil ich so bitterböse erfahren musste, wie schlimm schon allein Gedanken daran sein können, wollte ich niemanden aus der Familie darüber informieren, erst dann, wenn es feststand.

Für meine Familie hätte doch allein das Wort Krebs, nun in Verbindung mit meiner Person und mit all den schon gehörten miesen Geschichten, im Vordergrund gestanden. Diese Verzweiflung wollte ich unbedingt vermeiden.

Auch unsere beiden Jungs ließen wir in diesen Tagen bewusst außen vor. Sie waren damals dreizehn und fünfzehn Jahre alt. Also am Anfang und in der Mitte der Pubertät. Ich wollte die zwei nicht zu früh oder gar umsonst in ein Gefühlschaos stürzen. Das hätte für nie wiedergutzumachende Folgen haben können ... Dass ich zu der Zeit überaus viele Arzttermine hatte, bekamen meine Kinder ohnehin nicht mit.

Außerdem war ich ja sicher, keinen Krebs zu haben.

Meine Frau war hier zum Glück mit mir auf einer Linie. Überhaupt hatte sie ständig alles unter Kontrolle, einschließlich meiner Person. Ich war eben während der Phase der Ungewissheit einfach nicht Herr meiner Gedanken.

Frei nach dem Motto: „Was ich nicht weiß, macht mich nicht heiß", habe ich mir bis heute diese sehr zurückhaltende Informationspolitik erhalten und bin überzeugt, auch gut damit zu fahren. Niemand regt sich bei zwischenzeitlichen Kontrollen, Untersuchungen und Operationen sowie dem anschließenden Warten auf das Ergebnis unnötig auf. Das passt längst nicht allen in der Familie, aber da bleibe ich standhaft.

Mein 42. Geburtstag stand an. Etwas komisch war mir zumute. Ob es mein letzter sein sollte? Aber gleich nach dem Aufstehen gab sich meine Frau, wie jeden Tag in den letzten Wochen, allergrößte Mühe, mich abzulenken. Ein Ass in der Beziehung. Einfach gut drauf diese Frau. Ein Schatz, wie ihn sich jeder wünscht. Mit ihr an meiner Seite war alles nur halb so schlimm. Wer weiß, wie es mir ergangen wäre, wenn ich nicht eine solche Stütze an meiner Seite gehabt hätte.

Was mag diese Zeit anstrengend für sie gewesen sein! Wenn man sie darauf anspricht, dann schiebt sie das natürlich zur Seite. Ihre ganze Energie legte sie in die Sorge um mich, die Ablenkung hin zu anderen Gedanken und meine Aufmunterung. Dabei ging sie ja im Grunde realistischer an die Sache ran als ich.

Niemals versuchte sie, mich aus meiner starren Denkweise und Haltung des *Mir-selbst-etwas-Vormachens* herauszubekommen. Das war damals wichtig für mich. Das war eben meine gewählte Art des Umgangs mit der Situation. Und in Vorgehens- und Verhaltensweisen, die ich für mich selbst als richtig erachte, kann ich stur sein. Verdammt stur.

Dann kam endlich der 3. Mai 2007.

Sechs Wochen nach meinem ersten Hausarztbesuch wegen der vergrößerten Lymphknoten, acht Tage nach einem für die Diagnose notwendigen operativen Eingriff, drei Tage nach meinem Geburtstag war der Tag der Wahrheit gekommen.

Nach der Arbeit fuhr ich in die Praxis des Onkologen. Relativ schnell wurde ich ins Sprechzimmer gebeten. So konnte ich gar nicht lange in weiteres, finales Grübeln verfallen.

Der Onkologe machte nicht viele Worte. Er kam zügig zur Sache.

„Es tut mir leid, Herr Lenz, die letzten beiden Untersuchungsergebnisse haben den Verdacht bestätigt. Sie sind an einem NHL (Non Hodgkin Lymphom, Follikuläres Lymphom Grad I, Stadium IV A, Knochenmarksbefall 5 %) erkrankt.“

Schock?

Nein.

Niedergeschmettert?

Auch nicht.

Im Gegenteil.

Erleichterung.

Total komisch war das.

Wahrscheinlich, weil es jetzt endlich feststand. Die ganze seelische Anspannung war plötzlich wie weg gewischt. Das Spiel in meinem Kopf war beendet. Zwar mit einer Niederlage für die Heimmannschaft, aber es war irgendwie befreiend.

In den Tagen nach meinem Geburtstag ging ein Wandel in mir vor. Die ganze Zeit hatte ich die Diagnose Krebs zwar nicht wahr haben wollen. Es ging mir doch gut … Aber durch das lange Warten auf die endgültige Diagnose und durch die quälenden Gedanken war ich irgendwie doch auf das Schlimmste vorbereitet.

Sofort zogen andere Gedanken in meinen Kopf ein.

Hier zeigte sich, wie fähig der Mensch ist, sich auf plötzlich auftretende Schicksalsschläge und andere Lebensumstände einzustellen. Das gelingt natürlich nicht jedem. Aber ich hatte es drauf. Und wie!

Während der ganzen Zeit saß ich dem Arzt ruhig und gelassen gegenüber. Seine Ausführungen saugte ich förmlich auf und versuchte, hier schon alles für mich Wichtige zu speichern.

Was ich nicht verstand, erfragte ich sofort oder legte es im Kopf auf einem Merkzettel ab, um es später mit meiner Frau und der Heilpraktikerin zu ergründen.

Der Schalter war von jetzt auf gleich umgelegt. Sofort nahm ich diesen „Kackumstand" als gegeben an. Kein Jammern und Fragen nach dem Wie und Warum. Was sollte mir das auch helfen?

Es folgten fast vier Jahre mit Höhen und Tiefen.

Ich werde mich immer mit der Gewissheit herumplagen müssen, dass ich an einem unheilbaren Krebs erkrankt bin. Wenn ich nicht höllisch aufpasse und die Zeichen meines Körpers beachte, wird es schneller enden, als mir lieb ist. Mein Leben.

Also werde ich mir vor Augen halten, dass ich doch genau dafür geboren wurde. Um zu leben. Und genau diese Sichtweise und meine Familie werden mir immer dabei helfen, motiviert genug zu sein, um alle Tiefs in den kommenden Jahren bestens zu überstehen und nach einem erneuten Nackenschlag immer wieder aufzustehen. Wie bisher auch. Denn auch ein Leben mit Krebs hat seine Hochphasen. Und die gilt es, in vollen Zügen zu genießen. Mehr als vorher. Denn selbst das kann, bei allem anderen, was man für die Gesundheit so unternimmt, ein ebenso wichtiger Baustein für viel Gesundheit sein.

Joachim Lenz, 46,
Vermessungstechniker, Boppard

Mein Brief an die Krebszellen

von Uie-Liang Liou

Liebe Krebszellen,

erst vor Kurzem habe ich mit euch Bekanntschaft geschlossen. Seitdem bin ich ziemlich unglücklich. Als Krankenschwester sind mir Krankheiten nicht fremd. Aber ich habe nie damit gerechnet, dass ich diese schwere Krankheit selbst bekomme. In meinen Beruf habe ich gelernt, mit Abstand und Vernunft an Krankheiten heranzugehen. Nun erlebe ich selbst nicht nur die Theorie, sondern die Praxis. Seit Monaten lese ich viel über euch. Ihr seid ein Teil von mir, ich sollte eigentlich von „uns", nicht von „euch", reden.

Jetzt weiß ich, dass wir in meinem Körper schon immer zusammengelebt haben. Auch gesunde Menschen haben möglicherweise Krebszellen. Wenn man sie jedoch nicht im Griff hat, wird es lebensgefährlich. Warum aber geraten Krebszellen irgendwann außer Kontrolle? Darauf gibt es keine eindeutige Antwort. Ich bin etwas beruhigt, weil ihr nicht etwas Ungewöhnliches und Fremdes im mir seid. Meine beste Freundin, eine Medizinerin aus Taiwan, sagte mir, dass ich großes Glück mit euch hätte. Weil ihr nämlich in meiner Brust schon mit einem Zentimeter Durchmesser gefunden worden seid und dennoch nicht die Lymphknoten befallen habt. Ja, es stimmt, man muss auch die positiven Seiten sehen. Ihr seid doch nett zu mir! Viele sagen deshalb, dass ich oder meine Vorfahren Gutes getan haben müssten. Wer weiß, Glück muss man manchmal haben …

Trotzdem will ich jetzt noch weiterleben. Als Mutter will ich meinen fünfjährigen Sohn aufwachsen sehen. Das ist inzwischen mein Lebensziel geworden. Aber ich bin sehr traurig, dass ich ständig mit dem Ende meines Lebens konfrontiert bin. Früher konnte ich mit dem Tod leicht umgehen, weil er mich nicht direkt betraf. Jetzt sehe ich ihn ganz anders. Sterben ist nicht mehr unrealistisch. Es ist so real, dass ich meine, den Tod berühren zu können. Mindestens drei Jahre lang muss ich mich jetzt mit euch beschäftigen. Operation, Strahlen- und Hormontherapie kommen auf mich zu. Ich habe echt Angst und fühle mich hilflos. Viele Fragen tauchen auf. Was habe in meinem Leben falsch gemacht? Warum ich? Die Fragen gleichen einem Stein, der ins Wasser geworfen wird und immer weitere Kreise auf der Wasseroberfläche zieht …

Seit ich euch kenne, esse ich viel Gemüse und Obst, sogar mit Kernen und Schalen. Wegen euch kaufte ich mir ein richtiges großes Mixgerät. Damit können die Kerne und Obstschalen zu Pulver zerkleinert werden. Das soll für Menschen sehr gesund sein. Ein japanischer Arzt, Dr. Shinya Hiromi, nennt sie wunderbare Enzyme. Er empfiehlt sie zum Frühstück. Frischer Salat und Gemüse als Mittagsmahlzeit. Dazu viel gefiltertes Leitungswasser trinken. Beim Essen sollte man viel kauen, mindestens 30–40-mal. Fleisch sollte es wenig geben, dafür mehr Fisch. Seiner Ansicht nach sollte man dreimal am Tag Stuhlgang haben. In den ersten Monaten meiner Krankheit habe ich mich streng an diese Vorgaben gehalten. Jetzt esse ich, was mir schmeckt, vor allem aber täglich Gemüse und Obstsaft zum Ausgleichen. Man muss auch das Leben genießen und Freude haben. Nicht wahr?

Wegen euch bekomme ich nun insgesamt sechsunddreißig Mal Bestrahlungen. Den Flug nach Hause, nach Taiwan, musste ich verschieben. Am Telefon traute ich mich nicht, meiner Mutter den wahren Grund dafür zu sagen. Was hilft es, wenn ich ihr es erzähle? Sie würde sich nur Sorgen machen. Meine Freundinnen in Taiwan habe ich per E-Mail informiert und fragte sie um Rat. In einem Blog im Internet drückte ich alle meine Gefühle aus. Auch meinem Bruder und meiner Schwester habe ich alles ehrlich erzählt. Mein Bruder konnte es nicht fassen und hat nur ganz kurz mit mir gesprochen. Er schrieb mir, dass ich bei der Ernährung aufpassen solle, und sandte mir viele Links zur Information. Er war auch der Ansicht, dass ich unserer Mutter nichts sagen sollte. Sie sollte sich keine Sorgen machen. Von meiner Schwester und von Freundinnen aus Japan und Taiwan bekam ich gleich am ersten Tag nach der Operation Päckchen geschickt: Japanischer Tee, Jasmin Tee und Grüner Tee – gemischt getrunken werden sie euch aushungern!!! Als ich aus der Narkose erwachte, saßen mein Mann und mein Sohn an meinem Bett. Bei all der Liebe fühlte ich mich geborgen und überhaupt nicht einsam …

Am dritten Tag meines Krankenhausaufenthaltes bekam ich einen Anruf von meiner Mutter aus Taiwan. Sie wusste Bescheid. Sie klang sehr stark und sagte mir, ich solle gut auf mich aufpassen. Dann fragte sie mich nach den Therapiemöglichkeiten. Ihre Stimme war so ruhig, dass ich das Gefühl hatte, meine Sorgen und meine Unruhe würden wie von einem Bügeleisen glatt gebügelt. Danach fühlte ich mich plötzlich herrlich.

Wegen euch, ihr Krebszellen, übe ich jetzt das Meditieren, Tai Chi und Qi Gong. Obwohl das eigentlich zu meiner Kultur gehört, habe ich so etwas früher nicht gemacht. Ich dachte, es sei nur etwas für Kranke und Alte. Nun brauche i c h es auch. Da ihr nicht so gerne Sauerstoff mögt, mache ich viele Atemübungen. Vor allem vor und während der Bestrahlung. Dadurch kann das Chi besser fließen, und mein Arm fühlt sich nicht mehr so taub und kalt an. Ich atme nicht allzu tief ein, halte aber die Luft lange im Körper und atme langsam aus.

Auch das Geld hat nun ein anderes Gewicht. Früher war ich sehr geizig. Jetzt bin ich etwas großzügiger geworden. Schließlich ist es nicht mehr sicher, ob ich alt werden kann. Bei uns in Taiwan sagt man: Im Sarg liegen tote Menschen, nicht alte. Das stimmt. Ich bin zwar die Jüngste in unserer Familie, aber das bedeutet nicht zwangsläufig, dass ich auch das längste Leben haben werde. Im Leben gibt es keine Garantien. Es ist befristet. Geld hat keine Bedeutung mehr, wenn man tot ist. Für mein Kind spare ich noch Geld. Ich gebe aber für mich und meine Familie lockerer Geld aus. Langfristige Pläne haben keinen großen Sinn mehr. Was soll der Plan, in dreißig Jahren ein Haus zu kaufen? Da ist es doch besser, Flugticket und Fahrkarte zu kaufen, um Familie und Freundinnen öfter in Taiwan treffen zu können.

Wegen euch, ihr Krebszellen, kann ich auch keine mehr Kinder bekommen. Ich bin jetzt dreiundvierzig Jahre alt und darf drei Jahre lang nicht schwanger werden. Sonst wird durch die Hormonveränderung in der Schwangerschaft mein Leben gefährdet. Mein Sohn wird also ein Einzelkind bleiben. Das ist nicht ganz so schlimm. Ich bin schon sehr froh, dass ich euch jetzt erst kennen gelernt habe und nicht schon vor fünf Jahren. Sonst wäre es für mich überhaupt nicht möglich gewesen, ein Kind zu bekommen. Unser Kind ist ein besonderes Geschenk Gottes. Manchmal wird das Leben nicht gefragt, bevor man sich entscheidet. Freiwillig oder unfreiwillig, das ist dann nicht mehr wichtig.

Nun ist die Strahlentherapie bald beendet. Die betroffene Seite ist brauner und empfindlicher, zwickt mich ab und zu und juckt. Unter der Brustwarze ist eine Stelle ähnlich wie nach einem Sonnenbrand. Der Arzt meinte, alle Symptome seien bei mir normal. Das muss man eben erleiden. Ich hoffe nur nicht lebenslang. Ich freue mich sehr darauf, dass ich bald alles überstanden habe und gleich danach nach Taiwan fliegen kann.

Ihr gehört nun schließlich zu meinem Körper. Ich sollte euch lieb haben. Durch euch habe ich gelernt, dass die Krankheit zum Leben gehört. Man wird nicht gefragt, ob man sie haben will. Durch die eigene Krankheit lernte ich mein eigenes Leben tiefer und besser kennen. Das habt i h r mich gelehrt. Ich muss mich bei euch dafür bedanken. Trotzdem will ich mich jetzt endgültig von euch verabschieden. Am besten sehen wir uns nie wieder.

Viele Grüße

Uie-Liang

Uie-Liang Liou, 43,
Krankenschwester, Ingolstadt

Mein Krebs und Ich

von Malou

Die Zeit von der Diagnose „Krebs“ über die Operation bis hin zu all den körperlichen und seelischen Folgen, die sich daraus ergaben, zog mich in einen Strudel von Geschehnissen und Gefühlen. Er brachte alles, was ich mir bis dahin zur Orientierung im Leben aufgebaut hatte, ins Wanken und Stürzen. Das betraf meine Sicht auf das, was mich umgab, sowie die Sicht auf mich selbst.

Mit dem Schreiben wollte ich zunächst diesen unfassbaren, diffusen Zustand klarer werden lassen, ihm Form und Gesicht geben. Die vielen Facetten begreifbarer machen, indem ich sie in Namen und Bilder kleidete, um so dem Gefühl der Ohnmacht, des Ausgeliefertseins begegnen zu können. Dabei merkte ich, wie zunehmend auch mein Interesse wuchs, all diese vielfältigen, auf mich einstürzenden, äußeren und inneren Welten festzuhalten, damit sie nicht verloren gingen. Denn trotz aller Erschütterung und absoluter Verunsicherung, die sie verursachten, war ich auch immer wieder beeindruckt, ihre Kraft und Tiefe mit jeder Faser meines Seins zu erleben.

Neben dem Schreiben helfen mir besonders Übungen zur Achtsamkeit nach Jon Kabat Zinn und die Stimmarbeit mit einer Gesangslehrerin, die derzeit am Centre Artistique International Roy Hart ausgebildet wird. Diese drei Zugänge zu mir und meinen Ressourcen sind neben meiner Familie die wichtigsten Stützen in meinem neuen Leben. Denn der Krebs hat mir gezeigt, dass Leben bedeutet, *mich zu finden und bei mir zu sein.*

Die folgenden Gedichte halfen mir, mich in neue Lebensenergie hineinzuschreiben:

Ich DOCH nicht

Habe die Seite gewechselt, ohne dabei gewesen zu sein.
Das *doch* steht jetzt allein da.
Bin seitdem „die andern“.
Die, denen ich oft meine hilfreiche Hand hilflos ausstreckte.
Die, die immer genauso waren wie ich, nur anders.
Denn auf der anderen Seite fühlt man fremd.
Nicht nur ein bisschen,
nicht nach und nach,
sondern ganz
und sofort
und immer.

Un-ordnung

Als
sie die Andern waren
da war ich noch ich.

Jetzt
seid ihr die Andern
und ich frag: Wer bin ich?

Malou, 51,
Lehrerin, Bremen

Am liebsten geht es mir gut

von Friedel Marie

Freitag, 29. Februar 2008: Schalttag. An diesem Tag hatte ich einen Vorsorgetermin bei meinem Frauenarzt. Ich war zuvor sieben Wochen krankgeschrieben wegen – ja weswegen eigentlich? Ich konnte es nicht genau sagen – nur, dass ich unendlich erschöpft war, schlapp, müde, ausgebrannt, und das schon seit Monaten.

Ich hatte bereits im September 2007 einen Knoten in der linken Brust getastet, direkt über dem Herzen. Jedoch hatte ich nicht an Krebs gedacht, obwohl diese Krankheit bereits alle Frauen in meiner Familie befallen hat: Meine Mutter und meine Großmutter sind daran gestorben, meine Schwester bekam Brustkrebs zwei Jahre nach dem Tod unserer Mutter – und trotzdem dachte ich nicht daran!

Ich war einfach zu sehr beschäftigt, eingespannt, fremdbestimmt, gestresst, kurz – außerhalb meiner Mitte, ja sogar außerhalb meines Selbst.

Die Trennung von meinem Mann hatte mich so sehr mitgenommen, dass ich gar nicht mehr ich selbst war, und in der Firma war ich derart unter Druck, dass ich keinen Ausgleich in meiner Freizeit finden konnte. Ich war wie in einer Klammer gefangen, die immer weiter zuging, nur dass ich es nicht bemerkte oder nicht wusste, wie ich mich daraus befreien konnte.

Ich rettete mich mit letzter Kraft in den Weihnachtsurlaub, sagte alle Einladungen ab und verbrachte die Feiertage und sogar Silvester ganz alleine mit mir. Das tat mir gut, ich hatte Ruhe und konnte mal durchatmen. Ich feierte Silvester mit mir alleine, machte mir einen schönen Abend und begann, mich mit einem Ritual von meinem Mann zu lösen.

Dann ging ich Anfang Januar 2008 wieder zur Arbeit, aber bereits nach einigen Tagen war ich schon wieder so erschöpft, dass nichts mehr ging. Also wurde ich krankgeschrieben, die Schilddrüse dafür verantwortlich gemacht – schließlich fand man ja einen kalten Knoten. Das sollte also der Auslöser für all das sein?

Die Schauer, die in letzter Zeit immer öfter wie Silberregen über mein Herz rieselten, nahm ich immer noch nicht bewusst war, denn ich konnte mir das nicht erklären. Ich dachte, es sei der Stress, der meinem Herzen zu schaffen machte.

Nun war ich bereits einige Wochen zu Hause, verstand die Welt nicht mehr und noch weniger mich selbst. Schließlich war ich doch immer die pflichtbewusste Mitarbeiterin, die alle Arbeiten erledigte, nie Nein sagte und nie krank wurde. Ich konnte einfach nicht verstehen, was mit mir los war. Da ich nun Zeit hatte, so dachte ich mir, könnte ich ja mal wieder einen Vorsorgetermin beim Gynäkologen machen, denn ich war bereits drei Jahre nicht mehr dort gewesen. Am Freitag, dem 29. Februar, war also der Termin. Gleichzeitig war dies der letzte Tag meines Krankseins, denn ich hatte beschlossen, montags wieder zur Arbeit zu gehen. Es ging mir zwar nicht gut, aber so konnte es ja auch nicht weiter gehen; mein Chef und meine Kollegin zeigten auch immer weniger Verständnis.

Ich ging also zum Frauenarzt. Ich weiß noch genau, dass es schönes Wetter war, die Sonne lachte von einem strahlend blauen Himmel herunter. Es war ein wunderschöner Wintertag, und die Turmuhr der Christuskirche schlug 10 Uhr.

Als ich eineinhalb Stunden später wieder auf die Turmuhr schaute, war es immer noch schönes Wetter, die Sonne strahlte sogar noch etwas wärmer, und der Himmel schien noch blauer zu sein. Alles war wie vorher – und irgendwie doch nicht. Meine Wahrnehmung hatte sich plötzlich verändert: Alles um mich herum war mir irgendwie fremd, ich spürte mich nicht mehr, ich war – zumindest für einen Moment – einfach aus dem Leben gefallen. KREBS! Ich dachte, dass jeder auf der Straße mir die Diagnose ansehen müsste, denn ich hatte plötzlich einen Sonderstatus: lebensbedrohende Krankheit! Aber das Leben auf der Straße ging einfach weiter und kümmerte sich nicht um mich.

Und dann war mir plötzlich ganz klar, dass ich mich ab sofort sehr bewusst um mich kümmern musste und wollte – und zwar konsequent und mit 100 % Aufmerksamkeit. Mir war klar, wenn ich jetzt nichts ändern würde, dann würde diese Krankheit mich gnadenlos zerstören. Ich erkannte die Botschaft.

Plötzlich war ich nicht mehr fremdbestimmt, irgendein Rädchen in einem großen, unbekannten Uhrwerk. Jetzt ging es um mich, um mein Leben, und das wollte ich retten. Dazu war ich fest entschlossen. Die Klammer war aufgegangen.

Die Diagnose Brustkrebs hat mich kurioserweise nicht „vom Hocker gehauen", nicht in ein tiefes Loch gestürzt, nicht nach dem Warum fragen lassen – nein, all das traf bei mir nicht zu. Im Gegenteil, ich hatte endlich die Erklärung dafür, warum es mir so schlecht ging. Und ich wusste auch sofort, was ich zu tun hatte, denn mir war mit einem Schlag klar, dass ich diese Situation mitverursacht hatte. Jahrelang hatte ich Raubbau mit meinem Körper und meiner Energie getrieben, hatte mich ständig überlastet, nicht mehr auf Ausgleich geachtet, nur noch Beziehungsstress, Trennungsschmerz und Arbeitsüberlastung ertragen – das war jahrelang mein Leben gewesen. Mir war plötzlich klar, dass ich kaum noch Lebensfreude hatte, dass meine Energiereserven längst aufgebraucht waren, dass ich nur noch funktionierte, aber nicht mehr lebte.

Um heil aus dieser Sache herauszukommen, das wusste ich, musste ich mein Leben selbst in die Hand nehmen, nach vorne schauen, allen Groll, alles Leiden, alles Selbstmitleid loslassen, die Opferrolle verlassen und mein Leben selbstbestimmt und aktiv gestalten. Also: raus aus der passiven Opferrolle und hinein ins pralle Leben – mein Leben!

Ich spürte, wie gut sich das anfühlte, mein Leben selbstbestimmt zu leben, selbst zu entscheiden, was ich mit mir anfangen wollte. Ich witterte Morgenluft, ich spürte, dass sich mir ein Weg in die Freiheit aufzeigte. Ich hatte ein noch sehr unbestimmtes Gefühl von meinem neuen Leben, aber ich wusste genau, da öffnete sich eine Tür, eine Tür, die mich auf den Weg zu mir bringen würde! Und ich gelobte mir selbst, von nun an gut und liebevoll für mich zu sorgen, ohne schlechtes Gewissen. Aufgrund meiner Erziehung dachte ich früher, dass es mir gar nicht so gut gehen darf, wenn ich es nicht verdient habe. Nun war mir klar, ICH hatte nicht genug für mich gesorgt, denn wenn es mir gut gehen soll, dann kann das nicht von außen kommen, nur von mir selbst!

Hurra, endlich hatte ich den Mut, alles hinter mir zu lassen, den Mann, der sich nicht wirklich für mich und eine Beziehung entscheiden konnte, den Job, der schon lange nichts mehr mit mir zu tun hatte, die Menschen, mit denen ich mich schon lange nicht mehr wohl fühlte und eine Lebenseinstellung, mit der ich mir großen Schaden zugefügt hatte. Plötzlich war es gar nicht mehr schwer, alles vermeintlich Sichere loszulassen; in meiner Situation war das sogar genau das einzig Richtige.

Da saß ich nun allein zu Hause an diesem denkwürdigen Freitag und überlegte mir, wie ich das am Montag meinem Chef beibringen sollte und meiner Kollegin, die mich ja vertreten musste. Ich würde auf alle Fälle versuchen, nicht so lange auszufallen. Meine Güte, was hatte ich ein schlechtes Gewissen! Da war es wieder, das übersteigertes Pflichtgefühl.

Am nächsten Morgen hatte ich beim Aufwachen eine seltsame Wahrnehmung: Ich spürte, wie sich Groll in mir breitmachte und ertappte mich dabei, dass ich meinem Mann und meinem Chef die Schuld für meine Erkrankung zuschieben wollte. Aber nach einer Weile merkte ich, dass sich hinter diesem Gefühl noch ein anderes, tieferes, älteres Gefühl verbarg. Ich richtete meine Aufmerksamkeit auf dieses andere Gefühl hinter dem Groll – und mir wurde bewusst, dass es mit meiner Mutter zu tun hatte. Ich ließ das Gefühl stärker werden und spürte, wie sich mein Mund öffnete und der Satz herauskam: „Nein, Mama, ich werde deinen Weg nicht gehen, ich will dein Schicksal nicht übernehmen!“ Ich hatte nicht nachgedacht und nichts rational entschieden. Es war plötzlich einfach so – und ich war mir sicher, dass dies die Wahrheit war. Ich war entschlossen, einen anderen, besseren, meinen Weg zu gehen.

Ich war immer noch nicht ganz wach und sah vor mir, wie auf

einer riesigen Plakatwand, die Worte: ABSTAND VON MEINEM MANN und RAUS AUS DEM BÜROJOB. Das war's! Vorbei war der Groll und die Schuldzuweisung, vorbei das Selbstmitleid und die Opferrolle.

Diese Bewegung der Seele vollzog sich ganz ohne mein willentliches oder rationales Zutun. Sie geschah einfach, weil ich sie zugelassen und nicht weggedrängt habe, Zeit gelassen habe, damit sie sich überhaupt zeigen konnte.

Das ist das Wichtigste, um an die ureigene, innere Wahrheit zu gelangen.

Die folgenden Monate waren eine absolute Ausnahmezeit: Operation, Chemotherapie (die ich nach der vierten Runde abbrach, weil sie mich energetisch stark schwächte), Bestrahlung und eine grandiose haarlose Sommerzeit, die mich ermutigte, auch mal die Normen zu verlassen und aufzufallen. In dieser Zeit habe ich erfahren, wie viel ich meinen Freunden wert bin, und habe gemerkt, dass ich für viele in meiner Umgebung ein Vorbild bin, durch die Art, wie ich mit meiner Situation umgehe.

Ich hatte die Opferrolle aufgegeben und nahm mein Schicksal in die Hand, indem ich aktiv wurde, mich informierte über alternative Therapien, mit den Ärzten auf Augenhöhe sprach und von ihnen ernst genommen wurde. Es war eine Zeit, geprägt von existentiellen Faktoren, die mir viel Positives bescherte. Es war eine Zeit, die mich meiner eigenen spirituellen Seite näherbrachte. Ich machte einige faszinierende Erfahrungen mit Energiestrahlen, die in meinen Solarplexus einflossen, während ich im Krankenhaus lag. Sie empfand ich als Heilenergie. Nach der ersten Operation spürte ich noch diese Schauer wie Silberregen über meinem Herzen. Man sagte mir, dass eine zweite nötig wäre. Nach dieser lag ich im Aufwachraum und war glücklich, denn ich wusste, dass erst jetzt alles in Ordnung war.

Ich habe viel mit Visualisierung nach Carl Simonton (s. Literarturliste im Anhang) gearbeitet und erfahren, dass wir enorme Selbstheilungskräfte in uns haben, die es zuzulassen gilt, damit wir heilen können. Voraussetzung dafür ist aber, dass wir wirklich **wollen**, dass es uns gut geht. Das WOLLEN ist ein zentraler Begriff in meinem Leben geworden.

Dieses echte Wollen, dass es mir so richtig gut gehen soll, und zwar ohne schlechtes Gewissen, hat dazu geführt, dass ich endlich neue Wege gehe. Ich bin aus dem ungeliebten Job ausgestiegen, habe angefangen mit dem, was mein Herz höherschlagen lässt: Ich bringe meine Ausbildungen in Psychologischer Beratung, Hypnose, Tai Chi und Qi Gong in meine Selbstständigkeit ein – und ich singe wieder (meine große Leidenschaft). Außerdem habe ich angefangen zu malen, eine Beschäftigung, die mir sehr schöne Winterabende beschert.

Ich gehe also Wege, die meine Kreativität fördern und meinem innersten Wesen entsprechen.

Heute achte ich sehr darauf, was mir nicht guttut und lasse es los. Ich habe den Mann und den Job losgelassen, weil mir beide nicht gut getan haben. Heute entscheide ich mich für die Dinge und die Menschen, mit denen es mir gut geht. Wohin das alles führt, weiß ich heute noch nicht, alles ist unsicher – aber mein Leben heute entspricht meinem Wesen und meiner Persönlichkeit!

Mein Leben und vor allem meine Wahrnehmung haben sich seitdem grundlegend verändert. Ich habe begonnen, alles mit mehr Liebe, Aufmerksamkeit und Demut zu tun, zu betrachten und wahrzunehmen. Wo früher mein Glas halb leer war, ist es heute mehr als halb voll. Ich bin für jeden Tag dankbar, an dem ich bewusst lebe und gut für mich sorgen kann. Und wenn mich jemand fragt, wie es mir geht, sage ich selbstbewusst: *Am liebsten geht es mir gut!*

Friedel Marie

Kaburaski

von Britta Martin

1. August 2008. Die Diagnose haut mich um, trifft mich wie ein Keulenschlag, nimmt mir den Atem. Ich wollte doch nur meine Spirale wechseln lassen, und dann soll ich Krebs haben?! Mein Frauenarzt versucht, mich zu beruhigen. Die Operation hätte keine Eile. Heute weiß ich das auch. Ich hatte es allerdings sehr eilig. Wäre ich mit meinen beiden Lieben in den Urlaub gefahren, wäre vielleicht alles ganz anders gekommen. Ich habe irrsinnige Angst, die mir die Luft abschnürt. Meine Gedanken kreisen um Emma, meine Tochter. Sie ist erst dreieinhalb Jahre alt. Das ist nicht gerecht, sie ist noch so klein. Ich kann doch jetzt nicht sterben! Und ihr Vater, der Mann, mit dem ich lebe, den ich über alles liebe, dessen Heiratsantrag ich angenommen hatte, kommt nicht. Ich habe ihn angerufen. Der einzige Mensch, der jetzt helfen könnte, kommt einfach nicht. Ich begreife nicht, warum. Irgendetwas sagt mir, dass er mich nie wieder im Arm halten, mich stützen, trösten, mich retten wird.

Morgen ist es so weit, morgen werden wir, mein kleiner Krebs und ich, gemeinsam nach Dachau fahren. Zurückkehren werde nur ich. Ich habe Angst, große Angst, aber Kaburaski muss noch mehr Angst haben. Ich nenne ihn Kaburaski, dadurch wird er kleiner, berechenbarer, wirkt nicht mehr ganz so bedrohlich. Kaburaski, Kaburina, ein kleiner Krebs und eine Krabbe aus einem osteuropäischen Kinderlied meiner Tochter. Still summe ich es vor mich hin.

08. 08. 2008 – andere heiraten an diesem Tag. Ich nicht! Von diesem Tag an werde ich fast alles verlieren und doch so viel gewinnen. Heiraten werden andere. Einen 1,5 cm großen Tumor, vier befallene, elf weitere Lymphknoten und ein bisschen Mikrokalk gebe ich her. Meinen Busen wollte ich, wenn möglich, gern behalten. Beinahe verwundert sehe ich meine fast unversehrten Brüste, als ich aus der Narkose aufwache. Sie sind jetzt zwar nicht mehr ganz gleichmäßig, aber

damit kann ich leben. Störend sind erstmal nur die lästigen Drainagebeutel, die mich zwingen, auf dem Rücken zu schlafen. Mein Zimmer in der Frauenklinik ist wunderschön, Lilien duften, die Sonne scheint, und plötzlich durchströmt mich eine unaussprechliche Gewissheit zu überleben.

Zehn Tage später sitze ich bereits wieder am Schreibtisch und bereite Workshops vor. Ich bin freiberufliche Dozentin und unterrichte bei einem Bildungsträger. Es ist ziemlich verrückt, aber für mich gibt es keine Alternative. Zudem gibt mir der Job das Gefühl, etwas aus dem alten Leben festhalten zu können. Ich will mir nicht vorstellen, was alles auf mich zukommen wird. Zu Hause würde ich nur grübeln.

Ich bitte die Geschäftsleitung der Firma, für die ich hauptsächlich arbeite, um eine Festanstellung. Eine Woche später bekomme ich einen unbefristeten Arbeitsvertrag mit den Worten: „Wenn es jemand verdient hat, dann Sie!" Dankbarkeit und ein kleines bisschen Sicherheit durchströmen mich.

Vier Wochen nach der Operation soll die Chemotherapie beginnen, freitags alle 21 Tage. Sechs Zyklen, fünf Monate lang. Das volle Programm: FEC und Docetaxal. Ich habe alles gelesen, was man zu dem Thema bekommen kann. Ich will ja schließlich nichts falsch machen. Natürlich wackeln mir die Knie, so mutig bin ich dann doch nicht. Werde ich weiterarbeiten können? Verliere ich wirklich meine Haare? Muss ich mir die Seele aus dem Leib kotzen? Wie Kolibris flitzen die Gedanken durch meinen Kopf. Ich bekomme einen Port. Eine kleine Operation, um einen Venenzugang zu legen. Als ich nach gut einer Stunde aufwache, fragt mich der Operateur immer wieder, ob ich wirklich von der Arbeit komme. „Ja klar", versichere ich und vermute, dass er mir nicht glaubt. Mein linker Arm ist fest an meinem Oberkörper geklebt, und alles tut höllisch weh. Ich werde von einer Bekannten nach Hause gefahren, wirklich viel bekomme ich nicht mit. An das Märchen „kleiner Eingriff unter Lokalanästhesie" glaube ich jetzt auch nicht mehr. Morgen werde ich wohl daheim bleiben müssen, einarmig Autofahren kann ich nicht.

In der onkologischen Praxis, eine Woche später, fühle ich mich gleich wohl und bin froh, mich gegen eine große Klinik entschieden zu haben. Ich werde über alle möglichen Nebenwirkungen in einem zweistündigen Gespräch informiert, beruhigt und angenommen. Mein Onkologe empfiehlt mir, mich viel an frischer Luft zu bewegen. Frischluftfanatiker war ich nie. Es wird Winter und unter 25 Grad setze ich ungern einen Fuß vor die Tür, und dann auch nur, um einen Liegestuhl ins Freie zu zerren. Nach einem kleinen Vortrag über Krebs, Immunsystem und Bewegung gebe ich meinen Widerstand auf. Den Horrorgeschichten über die Chemotherapie und deren Begleiterscheinungen macht erstmalig Zuversicht Platz. Nur vor den psychischen Auswirkungen der Behandlungen warnt mich niemand.

Freitagmittag, nur noch wenige Patienten sind in der Chemopraxis. Zwei Stunden später bin ich völlig allein. Die Schwestern kümmern sich rührend um mich, und ich lese in fünf Stunden alles, was die Praxis hergibt, das heißt, hauptsächlich schaue ich die Bilder an, auf die Texte kann ich mich dann doch nicht so gut konzentrieren.

Knallrote „Himbeerbrause“ läuft im Wechsel mit Kochsalzlösung in mich hinein und verteilt sich in meinem Körper. Genauso schnell muss sie auch wieder raus. So renne ich mit meinem „Emil“ ständig zwischen Toilette und meinem Sessel hin und her. Körperlich geht es mir fantastisch, ich bin total euphorisch – Cortisonjunkie. Danach gehe ich zum Chinesen. Nach Hause will ich nicht. Ich mag nicht wieder allein essen müssen. Ich hatte in irgendeinem von den – gefühlten – 100 Büchern gelesen, dass Frau es sich gut gehen lassen soll. Na, dann probiere ich es doch und futtere mich einmal durchs Büfett, bis mein Magen rebelliert und ich mich fast nicht mehr rühren kann. In den nächsten Monaten bringe ich dann allerdings kaum noch etwas runter und verliere ungefähr 10 kg.

Ich bereite Emma, meine Tochter, darauf vor, dass ich bald keine Haare mehr haben werde. Sie weint bitterlich, aber als ich ihr dann erzähle, dass das richtig super aussehen werde, ihr meine Perücken zeige und verspreche, dass sie auch eine bekommt, kuschelt sie sich zufrieden in meine Arme. Tränen kann ich jetzt nicht mehr zurückhalten.

Irgendwie hofft Frau bis zum Schluss, dass sie bleiben, die schönen langen Haare. Selbstredend passiert das nicht. Einzelne Strähnen kann ich jetzt zehn Tage nach der ersten Chemotherapie einfach so vom Kopf nehmen. Also beschließe ich den sofortigen kategorischen Kahlschlag. Zuerst fällt Strähne für Strähne der Schere zum Opfer, den Rest besorgt der Bartschneider. Glatze! Ich finde es cool. Alex, meine Freundin heult.

Die zweite Chemotherapie steht an, und ich hoffe immer noch, dass er kommt, meine Hand hält und sagt: „ Ich habe doch nur Angst, und wir drei schaffen es“, oder etwas Ähnliches. Ich starre auf mein Telefon, aber es schweigt. Danach hoffe ich nicht mehr. In mir zerbricht alles, alles wird taub. Ich bin zu schwach, um zu kämpfen, kann auch nichts fragen, zu große Angst habe ich vor den Antworten.

Dann muss ich nicht mehr fragen. Heute ist er gegangen. Ich habe ihn rausgeschmissen, nachdem er wieder erst gegen Morgen versucht hat, sich ins Haus zu schleichen. Ich ertrage es nicht mehr, dass er mich nicht anschaut, mich nicht anrührt, nicht mit mir spricht, nicht mit mir isst. Ich sehe kein Mitleid in seinen Augen, nur Ekel und Abscheu. Übermächtige Angst lähmt mich, ich bin so einsam, so allein. Was soll ich dem Kind sagen? Bereits eine Woche später hat er unsere Wohnung, Strom und Telefon gekündigt. Ich weiß nicht mehr, was ich tun soll. Ich habe Krebs, keine Beziehung, keine Wohnung, kein Geld. Ich stelle mich einem verzweifelten Zweifrontenkrieg, den ich allerdings gewillt bin zu gewinnen.

Und … ich habe eine wunderbare Tochter, Freunde und Nachbarn, einen Psychologen, fantastische Vermieter, die ihn nicht aus dem Mietvertrag entlassen, einen verständnisvollen Arbeitgeber und Kollegen, die vollends hinter mir stehen und – einen Anwalt. Somit ist die Soll- und Haben-Liste wohl ausgeglichen.

An dem Wochenende, an dem er die Wohnung ausräumt, gehen Emma und ich auf Reisen. Wir fahren an den Chiemsee und versuchen, etwas abzuschalten. Da sitze ich im Bikini, mit meinem pinkfarbenen Turban auf dem haarlosen Kopf, und darf nicht ins Wasser, da sich in der operierten Achsel eine riesige Zyste gebildet hat, die sich immer wieder mit Gewebswasser füllt. Emma, mein kleines Fischlein Emma, ist glücklich. Aus dem Whirlpool bekomme ich sie kaum raus. Die Damen im Schwimmbad starren uns an, ich ahne es eher, als dass ich es bemerke. Was geht in deren Köpfen vor? Als wir Montagabend nach Hause kommen, ist die Wohnung leer geräumt. Ich kann es kaum fassen, habe es verdrängt, nicht damit gerechnet. Mit fotografischem Gedächtnis hat er alles ausgeräumt, was sich vor unserem gemeinsamen Leben in der Wohnung befand. Kein Vorhang, kein Spiegel, kein Bild hängt mehr. Ich habe nicht einmal mehr eine Teetasse. Emma dagegen freut sich und läuft jauchzend durch die Wohnung und ruft: „Schau Mama, meine Spielsachen sind noch da, und Möbel sind auch noch da." Eigentlich hat sie Recht, also kuscheln wir uns in eine Decke und schalten den winzigen uralten Fernseher ein, der jahrelang im Keller stand.

Ich mache mehr Sport als je zuvor in meinem Leben und klammere mich an den Gedanken, aktiv etwas tun zu können. Jeden Montagabend tanze und springe ich in der Aerobic-Stunde gegen „Hochrisiko" und Depressionen an. Keine Stunde versäume ich. Auch wenn ich zunehmend schwächer werde, sitze ich zwei bis dreimal in der Woche auf dem Rad und sause durch die westlichen Wälder. Jetzt, nachdem ich „Bewegung an frischer Luft" für mich entdeckt habe, kann ich nicht mehr darauf verzichten. Mit jedem gefahrenem Kilometer strample ich mir Wut, Angst und Verzweiflung aus dem Leib. Ich vermute, dass ich immer wieder versuche, an meine Grenzen zu gehen, um mich zu spüren.

Bergfest! Noch drei Einheiten Chemotherapie, dann habe ich es geschafft. Mein Onkologe deutet vorsichtig an, dass die nächsten drei Zyklen nicht ganz so gut verträglich wären. Er sollte Recht behalten. Die Therapie wird immer anstrengender. Ich unterrichte drei Tage, achtzehn Stunden die Woche. Ich kann mich schwer konzentrieren, meine, dass mir die Chemotherapie und die psychische Belastung das Hirn erweichen. Sobald ich das Schulungsgebäude verlasse, breche ich erschöpft zusammen und heule, bis ich zu Hause ankomme.

Jeden dritten Freitag gehe ich nach der Arbeit zur Behandlung und habe dann vier Tage, um mich auszuruhen. Leider hält sich das neue Zytostatikum nicht an meinen Zeitplan. Erst ab Tag fünf spüre ich für circa eine Woche mit aller Gewalt die Nebenwirkungen. Diesmal muss ich mich für den Rest der Woche krankschreiben lassen. Durchfälle und total zerfetzte Schleimhäute im Mundbereich quälen mich. Ich habe kaum noch etwas zuzusetzen, bringe nur noch 47 kg auf die Waage. Ich schlafe wenig und komme morgens kaum aus dem Bett. Ich kann nicht einfach liegen bleiben, ich muss Emma in den Kindergarten bringen. Also male ich mir ein Gesicht, denn Wimpern und Augenbrauen habe ich nicht mehr, setze meine „Paula" auf den kahlen Schädel und wanke los. Die fünfte Chemotherapie liegt hinter mir und fordert ordentlich Tribut. Meine weißen Blutkörperchen sind kaum noch messbar, mein Mund brennt, mein Körper ist dehydriert und mit Pusteln bedeckt. Ich muss also ein Medikament spritzen, dass meine „Leukos" wieder auf Trab bringt. Und das tut es! Mein Onkologe hat mich auf mögliche Knochenschmerzen hingewiesen, aber was ich ertragen muss, sind plötzliche „Wehen". Jetzt mag ich nicht mehr. Am liebsten würde ich alles hinschmeißen. Meine Freundin Alex hält Händchen und nimmt Emma mit. Ich genehmige mir eine Dosis Valium und schlafe Minuten später traumlos.

Meine Tochter wird immer stiller und empfindlicher. Die Kinder in ihrer Kita stellen Fragen. Fragen, die Emma Angst machen und sie noch stärker verunsichern. Ich kann nur die Flucht nach vorn antreten und zeige den Kindern meine Glatze und lasse sie anfassen.

Emma und ich sind jetzt viel unterwegs und versuchen, so normal zu sein wie alle anderen um uns herum auch. Kaum jemand in meinem privaten Umfeld bemerkt etwas. Vielleicht traut sich aber auch niemand zu fragen, was mit mir los ist.

Emmas vierten Geburtstag können wir nicht feiern. Ich bin zu schwach, um acht Kinder in Schach halten zu können. Meine kleine tapfere Tochter lässt sich ihre Enttäuschung nicht anmerken und erklärt mir, dass wir nächstes Jahr zwei Geburtstage feiern und dazu alle ihre Freundinnen einladen könnten. Ich verspreche es, und wir basteln Einladungskarten für 2009. An ihrem Geburtstag überrasche ich sie dann doch und lade spontan ihre Freundin, unsere Nachbarn sowie Oma und Opa zu unserem Lieblingsitaliener ein. Endlich sehe ich wieder in ein strahlendes Gesichtchen.

Nikolaus 2008, vier Wochen nach seinem Auszug, vier Monate nach meiner Diagnose, heiratet Emmas Vater. Wen wissen wir nicht. Gott sei Dank versteht meine Tochter es noch nicht.

Kurz vor Weihnachten habe ich meine letzte Chemotherapie und werde anschließend mit Emma zu den Großeltern nach Berlin fliegen. Wie immer geht es mir die ersten drei Tage relativ gut. Als wir am 22. Dezember am frühen Nachmittag in Tegel landen, will ich dann nur noch ins Bett. Ich lege mich sofort hin und schlafe 48 Stunden durch. Jegliche Verantwortung, Mut und Stärke habe ich an der Garderobe abgegeben. Wenn ich im Januar zurückkomme, beginnt die Strahlentherapie, dazu muss ich noch ein kleines bisschen Kraft aufsparen. Emma kann zwei Wochen bei den Großeltern bleiben. Ich bin jetzt so erschöpft, dass ich mich kaum noch vor die Tür bringe. Zurück zu Hause zwinge ich mich, trotz der Kälte wenigstens 2–3-mal die Woche spazieren zu gehen. 50 Minuten, doppelt solange wie früher, brauche ich für den Weg zu meinem Kastanienbaum. Hier finde ich ein paar Minuten Stille und fühle mich einer starken Kraftquelle nahe. 2008 neigt sich dem Ende zu, ich werde heute Nacht feiern, tanzen und toben. Also setze ich meine schönste „Paula“ auf, male und klebe mir ein Gesicht und gehe auf das größte Sylvester-Event, das Augsburg zu bieten hat. „The show must go on.“

Über mein „Mammakarzinom“ kann ich heute leichter sprechen. Mit dem Wort „Brustkrebs“ habe ich nach wie vor Probleme. Es klingt so gewaltig, so sehr nach Verstümmelung, Zerstörung und Tod. Ich kann nicht sagen, dass die Krankheit mich grundsätzlich verändert hat. Ich denke, *ich* bin zurück, authentischer und lebensnaher vielleicht – anders, nein. Allerdings haben sich mein Bewusstsein und meine Wahrnehmung verändert. Ich sehe und fühle viel intensiver. Mein Schutzschild hat sich während der Erkrankung aufgelöst, heute verschwende ich keine Energie mehr, eine Fassade aufrechtzuerhalten. Ich trug von klein auf immer schon Verantwortung für andere und verlor mich streckenweise dabei aus dem Fokus. Heute nehme ich die Dinge intensiver wahr und bin dadurch allerdings auch viel verletzbarer. Ich habe viele Dinge ausprobiert und bin bei der Bewegung, dem Sport und dem Malen geblieben. Hierbei klinke ich mich aus der Welt aus und bin in mir und mit mir. Heute laufe und walke ich regelmäßig, fahre Rad und Inliner, mache Aerobik und genieße das Gefühl, wenn die Endorphine meinen Körper durchströmen.

Ich bin während meiner Krankheit über mich hinausgewachsen, auch wenn Verzweiflung manchmal drohte, mich zu verschlingen. Heute macht es mich wahnsinnig stolz, zu hören, wenn mir Kollegen, Freunde und Bekannte sagen, dass ich ihnen ein Vorbild sei. Ich würde lügen, wenn ich behaupten würde, dass ich keine Angst mehr hätte. Sie ist auch zwei Jahre danach noch ein ständiger Begleiter. Aber wer will schon ständig begleitet werden? ICH NICHT!

Britta Martin,
Aystetten

Meine Rückschau

von Hildegard Mayerhofer

Der Hausarzt stellte es fest, als er meinen Stuhl untersuchte: Blut im Dickdarm. Nach einiger Zeit kam dann die Diagnose: bösartiger Tumor in der oberen rechten Beuge des Dickdarms. Es folgten Operation und Chemotherapie. Eine darauf folgende Reha brachte mich wieder einigermaßen auf die Beine. Nach sieben Monaten Krankenstand war ich wieder voll arbeitsfähig. Hier halte ich Rückschau über diese Zeit und beschreibe meine persönlichen Erfahrungen.

Was ich bewältigen musste:

Schwer war es für mich zu begreifen, dass ich aus dem Aktivsein heraus nun plötzlich über ein halbes Jahr nicht mehr meiner beruflichen Aufgaben nachkommen konnte. Allein von Januar bis Ostern standen 27 Termine an! Mein Arbeitgeber war jedoch der Ansicht, dass meine Gesundung wichtiger sei als jeder vereinbarte Termin. – Das hat mir sehr geholfen!

Ich bemühte mich, nur den jeweiligen Tag und die vor mir liegende Woche zu sehen. So konnte ich diese lange Zeit Tag für Tag und Woche für Woche bestehen. Vom Tag der Operation an machte ich mir stets klar, was ich gerade bewältigt hatte. Jeden noch so kleinen Fortschritt lernte ich, bewusster zu sehen und dankbar anzunehmen.

Nach dem Klinikaufenthalt hatte ich vor den ersten drei Wochen, die ich ganz allein in meiner Wohnung verbrachte, schon etwas Angst. Meine Verwandten hatten zwar angeboten, dass ich jederzeit wochenweise kommen und mich versorgen lassen könnte. Trotzdem wollte ich es zunächst allein in meiner Wohnung im zweiten Stock versuchen. Ich war überrascht, dass ich so gut mit Hilfe von Nachbarn in der Wohnung zurechtkam und begann mein dreiwöchiges Daheimsein immer positiver zu sehen. Dank der lieben Nachbarn, vieler Freundinnen und Freunde wurde es mir nie langweilig. Ich bekam Besuche und Anrufe sowie besonders viel aufbauende Post. Damit war trotz mancher Erschwernisse die für mich wichtige Abwechslung gesichert. Mit der Zeit freute ich mich darüber, dass ich ausreichend beschäftigt war und die Realität gut annehmen konnte.

Jede neue Chemotherapie-Woche in der Klinik warf mich allerdings in meinem Befinden etwas zurück, doch auch diese Zeit ging vorbei. Allerdings litt ich jedes Mal beim Setzen der Infusionsnadel, da ich sehr „schlechte" Venen hatte. Einmal waren fünf Versuche notwendig!

Meinen Essensplan musste ich umstellen. Er sieht jetzt mehr warme Gerichte und kleinere Mahlzeiten vor.

Ich empfand es als Geschenk, dass

– ich die Nachricht von dem bösartigen Tumor relativ gelassen annehmen konnte und die schnelle Operation ganz in meinem Sinne war. „Was notwendig ist, sollte nicht verzögert werden!"

– ich mich nach einer Blutübertragung spürbar wohler fühlte.

– ich den Ärzten und Schwestern voll vertrauen konnte.

– sich meine Mutter (92 Jahre) und meine Geschwister mit ihren Familien sehr um mich sorgten.

– mir viele Freundinnen/Freunde im Gebet und durch Besuche verbunden waren – es tat mir gut und ich fühlte mich getragen.

– dass ich sehr liebe Nachbarinnen habe.

Was mich bereicherte und sehr dankbar machte:

Ich hatte viel Zeit zum Nachdenken, zum Lesen und Beten.

Ich konnte dankbar meine Situation betrachten (keine Komplikationen!) und ohne Angst vor der Zukunft leben.

Ich bekam durch die Krankheit Kontakte zu fremden Menschen und konnte viele wertvolle Erfahrungen machen.

Bestehende Kontakte bekamen eine ganz neue Qualität.

Fast vergessene Beziehungen lebten wieder auf.

Ich durfte viel persönliche Begleitung, Gebet und Hilfe erfahren, sodass ich diese sieben Monate staunend und dankbar erlebte.

Mir wurde insgesamt wieder mehr bewusst,

dass menschliche Zuwendung und Aufmerksamkeit heilend sind.

dass die Zeit des Krankseins eine tiefere Bedeutung hat.

dass echte Freundschaft sich in schwierigen Situationen bewährt.

dass ich viele liebe Menschen kenne, deren Wertschätzung in der Zeit wuchs.

dass im Leben Einsatz und Aufrichtigkeit wichtig sind.

das mir die Gnade zuteilwurde, dankbar im Glauben zu leben.

dass mein Leben und jeder neue Tag ein Geschenk Gottes sind.

Was ich aus tiefstem Herzen vor der Operation gebetet habe:

Gebet vor einer Operation[23]

Jetzt wird es ernst.
Gott, ich bitte dich: Lass mich nicht allein.
Bleibe bei mir, wenn Ängste aufkommen!
Bleibe bei mir, wenn Schweres zu ertragen ist!
Bleibe bei mir, wenn die Schmerzen zunehmen!
Bleibe bei mir, wenn ich das Bewusstsein verliere!
Bleibe bei mir, wenn ich wieder zu mir komme!
Bleibe bei mir und bei allen,
die sich nun um mich mühen werden!
Gott, ich bitte dich:
Lass mich nicht allein!
Alles, was mich bewegt, lege ich in deine guten Hände. Amen.

---

23 Aus: Christ in der Gegenwart vom 10. 08. 1997 – www.christ-in-der-gegenwart.de

Präsent. Präsent werden. Präsent sein.

von Annette Moritz

Rückblicke. Anblicke. Augenblicke.
Hinsehen. Hingehen. Hinnehmen.
Einheit. Freiheit. Wahrheit.
Wie viel Spaß kannst du aushalten?
Wie viel Freude kannst du haben?
Wie viel Schönes kannst du wahrnehmen?
Wie viel Glück kannst du ertragen?

Das Präsent: ein Geschenk.
Das Präsent: einfach nur anwesend sein.
Im Hier und im Jetzt.
Ich bin präsent.
Ich bin mein Geschenk.

Langsam packe ich es aus.
Mein Präsent.
Sorgsam.
Behutsam fasse ich es an.
Es raschelt. Es knistert.
Es ist bunt. Es riecht so gut.
Einfach nur gut. Einfach nur gut.
Es füllt mich mit Leben.
Es verwandelt die Sinne.
Bringt mich ganz hoch.

Ich bin ein Geschenk.
Ich bin mein Geschenk.

Auch nachts, wenn ich wache,
bin ich präsent.
Auch Träume können dir
ein Gefühl der Glückseligkeit geben.
Auch Träume sind ein Geschenk.

Du bist präsent.
Du bist ein Präsent.
Du bist mein Präsent.
Für einen Moment.
In diesem Leben.

Wenn ich anders denke,
werde ich anders fühlen.
Und bin dann präsent.

Du bist präsent.
In meinen Gedanken, in meinem Bildern.
In meinem Tag. Und in meiner Nacht.
In meinen Körper.
So silbern. So zart und zerbrechlich. So fein.

– Ach, könnten Momente von Dauer sein –
So bin ich dankbar für mein nächtliches Wachen:
Es ist mein Geschenk.
– Du bist ein Geschenk –
Für den einen Moment.

Annette Moritz, 47,
Business-Coach/Kommunikations-Designerin,
Zellingen

Begegnung

von Dorothea Müller

Sie war sich nicht sicher, ob sie im richtigen Stockwerk ausgestiegen war. Im halbdunklen Flur kam ihr eine Frau entgegen. Unsicherer Schritt, gebeugte Schultern. Gerade, als sie ihr eine Frage stellen wollte, bemerkte sie, dass sie auf einen Spiegel zugelaufen war. Vielleicht würde sie später darüber lachen können.

Ihr Gegenüber hatte gelacht, als sie seinem Tisch zugewiesen worden war. Gelacht vor Erleichterung, wie er sagte. Dass sie, und nicht die andere Dame, die mit ihr eingetroffen war, seine Tischnachbarin geworden war. Die hätte ihm Angst gemacht, weil sie unangenehme Erinnerungen in ihm weckte.

Vor ihr hatten sich Männer noch nie gefürchtet, aber sie zweifelte daran, ob das ein gutes Zeichen war und sie darauf stolz sein sollte. Über mangelnde Aufmerksamkeit hatte sie sich noch nie beklagen können. Häufig war sie das Ziel männlicher Wünsche. Es war sie, die gefragt wurde, wenn jemand im Supermarkt den Magerquark nicht fand, den er für seine Frau besorgen sollte. Sie war es auch, die um Rat gefragt wurde, welches Geschenk eine Frau begeistern könnte, nachdem der erworbene Tischstaubsauger sich als ungeeignet erwiesen hatte. Guter Rat musste nicht zwangsläufig teuer sein. Sie wusste um die Wirksamkeit kleiner Gesten, mit denen Männer punkten konnten, und gab sie gerne und bereitwillig Auskunft. Nur sie selbst wurde nie mit Magerquark oder Tischstaubsaugern bedacht.

Hier aber, in der Gesellschaft von Gezeichneten und Auserwählten, ging es um andere Belange. Bei der gemeinsamen Beckenboden-Gymnastik kam man den verschiedenen Krankengeschichten näher und erreichte im Austausch der individuellen Inkontinenz eine Intimität, die für Außenstehende undenkbar war. Sie waren alle aus der Bahn geworfen, obwohl sie das nur zögernd und widerstrebend zugeben konnten. Einer erzählte ihr, wie gelassen, ja geradezu souverän er mit seiner Diagnose umgegangen war. Aufrecht gehend und festen Schrittes war er, aus dem Arztzimmer kommend, quer durch das Krankenhaus gegangen. Erst auf seinem Bettrand sitzend, bemerkte er, dass er seine Hose zurückgelassen hatte.

Eine Geschichte, von der seine Frau nichts wusste.

Zwischen ihr und ihrem Tisch-Gegenüber bahnte sich schnell eine besondere Allianz an. Gleich am ersten Abend waren sie zufällig auf dem Deich zusammengetroffen und wie selbstverständlich gemeinsam weitergegangen. Möwen kreisten über den Salzwiesen, die sich bis zum Horizont erstreckten und das Meer ahnen ließen.

Sofort fanden sie zum gemeinsamen Tempo und zu gleicher Schrittlänge. Später dann zu Worten und Sätzen, die auszusprechen ihnen bisher nicht gelungen war. Gleichzeitig wahrten sie Distanz, vermieden sogar, sich mit dem Namen anzusprechen, nannten einander nur „mein Gegenüber", wenn sie allein waren.

Siebzehn Tage, in denen sie sich näher waren als jemals einem anderen Menschen zuvor. Als der Abschied kam, tauschten sie keine Adressen aus. Keiner wusste, wohin den andere ging. Sie konnten alles dabei belassen.

Das war gut so.

Mein Lebensmotto: Entfalten statt liften

Wir sind mehr als unsere Krankheiten.
Wir sind nicht der Krebs.
Er macht nicht unsere Persönlichkeit aus.
Wir sind zwar erkrankt,
aber auch heil in anderen Bereichen.

Dorothea Müller,
Wuppertal

Geschenktes Leben

von Roswitha Müller

„Haben Sie schon gehört? Frau XY hat Krebs!"
„Mein Gott, wie schrecklich!"

Was sollte ich bloß zu ihr sagen, wenn ich sie mal auf der Straße traf, falls ich sie überhaupt nochmal treffen sollte ...

Und dann ging ich zur Tagesordnung über. Mich betraf es Gott sei Dank nicht. Ich würde nicht an Krebs erkranken, das war ganz sicher. Woher ich diese Gewissheit nahm, weiß ich nicht. Es gibt ja diesen schönen Spruch: „Man bekommt nur das, wovor man Angst hat."

Ich hatte keine Krebsangst. Umso größer war der Schock, als ich ganz zufällig an jenem Freitagabend im Januar in den Spiegel schaute und meine deformierte Brust sah. Das Entsetzen lähmte mich. In dieser Nacht schien mein ganzes Leben zu zerbrechen. Ich hatte mir in den letzten Jahren vieles aufgebaut. Das Letzte war eine Tätigkeit als Nachhilfelehrerin in einem heilpädagogischen Heim, die ich im September begonnen hatte und die mir viel Freude machte.

Das war also das Ende! Aus und vorbei! Dabei würde ich so gern noch ein paar Jahre leben. Vielleicht irre ich mich ja. Vielleicht ist die Panik ganz umsonst. Aber tief innen wusste ich: Kein Irrtum, keine Chance, es ist Krebs. Wie sollte ich das bloß meinem Mann beibringen, der erst vor einer Woche nach einer schweren Lungenentzündung und dem dritten Herzinfarkt aus dem Krankenhaus gekommen war?

Bis zum Morgen hatte ich mich so weit gefasst. dass ich das Thema „Krebs" erst mal verbannt hatte: Hinterste Kammer – Tür zu – Ruhe da drin! Es kostete mich meine ganze Energie, meine Ängste so weit zu verdrängen, dass ich meinen Alltag normal bewältigen konnte. Andererseits hätte ich sie um keinen Preis der Welt irgendjemanden mitteilen können. Ich musste erst einmal selber damit fertig werden. Fünf Tage lang gestattete ich der Angst und Panik jeweils nur kleine

Ausbrüche und Überfälle. Das gähnende schwarze Loch – ich deckte es immer wieder zu.

Dann ging ich zum Röntgen. Ganz locker sagte ich zu meinem Mann vorher: „Ich war lange nicht mehr zur Mammografie. Es kann nicht schaden, wenn ich mal wieder hingehe.“ Er fand das richtig. Aber als ich vom Röntgeninstitut zurückkam, sah er mir an, dass etwas nicht stimmte. „Tja, da ist ein Knoten in der Brust. Aber, ob er gut- oder bösartig ist, wird man wohl nur im Krankenhaus feststellen können.“

Er war natürlich sehr schockiert, er tröstete mich, als ich nun endlich in Tränen ausbrach: „Mach dich doch nicht verrückt. Es ist bestimmt gutartig.“ Ich wusste es besser.

Dann kamen schlimme Tage. Das schwarze Loch wurde immer tiefer und schwärzer. Ich informierte meinen Arbeitgeber, dass ich „einige Tage“ ins Krankenhaus müsse. Ich rief meine Freundin an, die ein Jahr zuvor das gleiche Schicksal erlitten hatte. Dann teilte ich die Hiobsbotschaft meinen Kindern und noch drei weiteren Freundinnen mit. Damit war meine Kraft dann aber völlig erschöpft. Ich hatte nur noch das Gefühl, an den Tränen, die ich zu unterdrücken versuchte, zu ersticken.

Und dann kam der Morgen, an dem mich mein Mann in die Klinik brachte. Und plötzlich ging es mir besser. Die Schwestern kümmerten sich so nett um mich, die Ärzte redeten freundlich mit mir und bezogen mich ein in ihre Fachgespräche, ich bekam ein Bett am Fenster in einem 2-Bett-Zimmer: Blick in den Wald, Telefon am Bett. Ich fühlte mich gut aufgehoben und damit schwand die Angst.

Am nächsten Morgen wurde ich als Erste zur Operation hinuntergefahren. Als ich wieder aufwachte, fühlte ich den dicken Verband auf meiner linken Seite und ich wusste: Die Brust ist weg! Komischerweise erschreckte mich das kein bisschen. Ich dachte nur: „Der Krebs ist fort, weggeschnitten, und ich lebe!“

Ich wurde von Tag zu Tag ein bisschen munterer und fröhlicher. Nach 14 Tagen war ich wieder bei meinen Nachhilfekindern. Auf dem Weg zur Arbeit sang ich im Auto laut – falsch, aber voller Lebenslust.

Nach sechs Wochen Bestrahlung durfte ich dann zur Rehamaßnahme, der ersten meines Lebens. Wie habe ich das genossen: umsorgt zu werden, alleiniger Mittelpunkt meines Lebens zu sein!

Das ist nun schon 14 Jahre her. Und irgendwann hatte ich dann den Mut, eine Reise nach Namibia zu machen, eine Gesundheitsreise auf eine Farm mitten in der Savanne. Es war ein Traum. Wie schön kann das Leben sein! Und dafür bin ich unendlich dankbar.

Roswitha Müller, 74,
Berlin

ICH STECKTE NUR IM SCHLAMM …

von Anja Oehlckers

Nach einer langen Reihe von Fehldiagnosen begreife ich endlich, dass ich die ganze Zeit geglaubt habe: die Ärzte wissen schon, was sie tun. Ich habe ihnen die komplette Verantwortung für mich überlassen.

Nach der letzten Entlassung aus dem Krankenhaus bestehe ich darauf, dass sie das Gewebe aus meinem Darm in ein anderes Institut schicken und mir nicht immer von einer Darmentzündung erzählen sollen. Schon einen Tag später bekomme ich den Anruf: „Wir haben das Gewebe nach Lübeck geschickt, leider müssen wir Ihnen mitteilen, dass es sich um ein maliges Lymphom handelt.“ Ich frage nach, was das bedeutet, aber ich verstehe die Antwort nicht genau. Der Anrufer informiert mich, dass mich ein Professor von der Onkologie anrufen wird, der mir alles genau erklären kann. Ich forsche im Internet herum, stelle aber fest, dass mich diese ganzen verschiedenen Arten und Beschreibungen verwirren und ich zu wenig weiß, worum es sich bei meiner Krankheit genau handelt. Am nächsten Tag kommt der Anruf vom Professor der Onkologie. Als ich alle meine Fragen stellen will, merkt er, dass ich noch keine Ahnung habe, worum es geht. Er bittet mich, am nächsten Tag ins Krankenhaus zu kommen und meine Fragen mitzubringen, da würde er mir dann alles genau erklären. Er hätte jetzt keine Zeit, mir alles zu beantworten.

Meine Freundin kommt mit in die Ambulante Onkologie. Die Schwester in der Anmeldung will mich gleich zu irgendwelchen Tests schicken. Ich möchte aber erst einmal einen Arzt sprechen, bevor die Untersuchungen beginnen, da ich überhaupt noch nicht Bescheid weiß. Sie ist überrascht, bittet mich zwei Tests zu machen, da es zeitlich schon so eingeplant sei und bietet mir anschließend einen Termin bei der Oberärztin an. Ich bin erst einmal eine Zeit lang unterwegs, dann kann ich mit der Ärztin sprechen. „Malignes Lymphom, Lymphdrüsenkrebs. Der Tumor drückt bereits ihre rechte Niere ab, wir sollten sofort mit der Chemotherapie beginnen. Wir würden gerne übermorgen damit beginnen…“

Mein Gehirn beamt sich weg. Es kommt nicht richtig bei mir an. Sie redet nicht von mir. Ich bin überfordert. „Erst einmal muss ich mir alternative Meinungen anhören, dann möchte ich das mit meinen zukünftigen Kinderwünschen klären und sehen, was es hier noch für Möglichkeiten gibt, bevor Sie mir die Chemotherapie verabreichen und mich verseuchen, und dann weiß ich noch gar nicht, ob ich in diesem Krankenhaus behandelt werden möchte.“ So sprudelt es aus mir heraus.

„Wir würden uns immer erst einmal für Sie und nicht für das ungeborene Kind entscheiden…“ Ich breche zusammen. Ich bin zwar nicht schwanger, aber ich habe für die Zukunft Kinderwünsche. Meine Tränen finden kein Halten mehr. Meine Freundin bringt mich erst einmal in einen Nebenraum. DAS KANN EINFACH NICHT SEIN!

Ich lebe gesund, kaum Alkohol, ich rauche nicht, ernähre mich ganz gut… Wie gut, dass meine Freundin bei mir ist und mich in den Arm nimmt.

Zu Hause stehe ich neben mir. Ich rufe in verschiedenen Krankenhäusern an und bitte um Termine. „In zwei Wochen kann ich Ihnen einen Termin anbieten“, höre ich immer wieder. „Das ist zu spät!“ Vollkommen verzweifelt rufe ich in einem gynäkologischen Institut an und will Eizellen von mir einfrieren lassen. Gott sei Dank hat der Arzt am anderen Ende der Leitung eine Engelsgeduld. Immer wieder versucht er mir zu erklären, dass das in diesem kurzen Zeitraum alles nicht möglich ist. Und eine Operation wäre mit meiner Diagnose keine gute Idee.

Ich habe das Gefühl durchzudrehen. Alle Gedanken gehen durcheinander. Ich fühle mich allein, ohne Hilfe, ohne Auswege. Ich strample mit meinen Gefühlen, bis mir nur noch die Tränen der Verzweiflung laufen. Erschöpft schlafe ich auf meinem Bett ein. Dann weckt mich ein Anruf von der Oberärztin aus der Onkologie. „Bitte kommen Sie zu uns und lassen Sie uns in Ruhe die Möglichkeiten durchsprechen, damit wir Ihre Niere retten können, nur das ist erst einmal wichtig, Frau Oehlckers." Ich sage zu allem Ja und Amen und gehe wieder ins Bett. Ich hoffe, wieder aufzuwachen aus diesem bösen Traum. Aber leider scheint es nicht so.

Dann sitze ich zwei Ärzten gegenüber, die mir zwei Wege aufzeigen. Eine kleine Operation, die ein Röhrchen hin zur Niere vorsieht, damit sie wieder versorgt wird. Oder der Start mit der Chemotherapie, wodurch sich der Tumor verkleinert und die Niere wieder freikommt. Ich treffe eine pragmatische Entscheidung: *„Starten Sie die Chemotherapie."* Ich fahre nach Hause, packe ein paar Sachen ein, eine Stunde später geht es los. Ich nehme die Herausforderung an. Es wird schon gut gehen, rede ich mir ein. Im Moment wird mir keine andere Lösung angeboten. Ich bete, kurz bevor ich wieder losfahre.

Das Cortison macht mich zum Hampelmann. Ich bin die ganze Nacht wach. Zum Glück bin ich in meiner ersten Nacht im Krankenhaus allein in meinem Zimmer. Ich schalte den Fernseher ein: MTV. Ich will ein bisschen Musik hören und tanzen, um mich abzulenken. Es startet ein Rapp-Lied *(... ich stehe eigentlich nicht auf Rapp!)* SIDO heißt der Sänger: *„... der Himmel muss warten, ich hab noch was vor!"* Das gibt es doch nicht, denke ich, sogar für den bevorstehenden Tod gibt es Musik und passende Texte, die einen motivieren können, nicht aufzugeben! Das ist meine Botschaft von oben. Ich bin begeistert, muss lachen und weinen gleichzeitig. Ich tanze zwei Stunden, dann kann ich endlich ein bisschen schlafen.

Es tut mir weh, als ich meine Mutter einweihen muss. Ich fühle ihren Schmerz, ihren Schock, ihre Hilflosigkeit. Ich kann sie nicht vor dieser Nachricht bewahren. Ihr immerwährender Satz: *„Warum passiert das gerade Dir, meiner Tochter...?!"* Ich bin ganz klar und nehme ihre Schultern in die Hände und schüttel sie liebevoll: *„Mama, das ist die falsche Frage, darauf bekommen wir jetzt keine Antwort! Du musst nur fragen, was können wir jetzt alles dagegen tun! Es ruft sonst nur Schmerz auf den Plan. Ich schaffe das schon. Du wirst schon sehen, mache dir nicht so große Sorgen!"*

Nach dem ersten Tag Chemotherapie bin ich schwach und müde. Es ist schön, dass Besuch kommt, aber sobald Zwei auf einmal kommen, kann ich mich nicht mehr konzentrieren, fühle mich überfordert den Geschichten von „draußen“ zu folgen. Ich will einfach nur schlafen.

Drei meiner Freundinnen kümmern sich rührend um mich. Jede geht anders mit der Nachricht um, aber keine von ihnen läuft vor der Situation weg. Das gibt mir Mut. Sie besuchen mich regelmäßig und bringen mir Sachen, die ich brauchen kann, eine kümmert sich um meine Hündin Lea. Bei einigen Gesprächen spüre ich ihre Angst vor dem Tod. Ich versuche immer wieder klar zu machen, dass ich kein Mitleid gebrauchen kann. Ich möchte, dass jeder so normal wie möglich mit mir umgeht. Ich betone immer wieder, dass man mich alles fragen kann. Je mehr wir alle miteinander reden, desto besser können alle damit umgehen. Manchmal tröste ich die anderen. Aber es kommt aus mir heraus. Ich kann nicht anders, als daran zu glauben, dass mich das jetzt nicht umbringt! Dass es nur vorübergehend ist und ich das alles super meistern werde. Und dass die Antworten auf das „Warum ich“ und „Was soll mir das sagen“ schon kommen werden.

Ab dem zweiten Tag schreibe ich mir meine Gedanken von der Seele und treffe eine klare Entscheidung: Ja, ich habe Krebs. Ich kenne jetzt den Feind, der mir Schmerzen bereitet. Ja, ich will leben. Diese Krankheit gehört nicht in meine positive Lebensplanung. Welche Aufgabe stellt sie mir? Wie löse ich die? Wer oder was kann mir dabei helfen? Am Abend bete ich für die Kraft, alles annehmen zu können, was jetzt auf mich zukommt. Den Kampf anzutreten, nicht aufzugeben, egal wie kotzübel mir tagelang ist. Immer wieder lese ich das Buch *„Zen, die Kunst sich zu verlieben.“* Hier geht es um die Liebe zueinander und die Liebe zum Leben. Immer wieder lese ich einzelne Textpassagen. Was mich immer wieder zum Lächeln bringt, ist die Passage: „Es ist nur Schlamm, in dem wir stecken, nur Schlamm. Das vergeht wieder.“

Ich visualisiere den Schlamm und stelle mir dazu noch Dauerregen und Sturm vor. Ich weine und lache jeden Abend, wenn ich einschlafe und stelle mir vor, wie ich einfach nur im Schlamm stecke. Dann fällt mir ein, dass aus dem tiefsten Schlamm die Lotusblüte erblüht! Eine der schönsten Blumen, wie ich finde. In einem späteren Gespräch mit einem meiner Brüder kommen wir darauf, dass heutige technische Entwicklungen immer wieder versuchen, die Schutzwachsschicht der Lotusblüte zu erforschen, an der das Wasser abperlt und sie unverwundbar macht, um sie beispielsweise für die Autoindustrie zu nutzen. Dieses Sinnbild verfolgt mich während meiner Krankheit, und ich stelle mir vor, wie mich diese Krankheit schöner und stärker werden lässt, mit einer Schutzschicht, die mir nichts mehr anhaben kann.

Mein Mund wird von Tag zu Tag wunder im Gaumenbereich. Alles schmeckt gleich bis gar nicht mehr. Beim Lesen werde ich schneller müde, und an manchen Tagen ist alles verschwommen. Also nicht mal mehr lesen! An manchen Tagen kann ich auch nicht mehr so gut hören. Es wird alles wieder kommen, sagt man mir. Ich will es glauben und nehme die Situation an. Ich möchte meinen Körper parallel mit Energie reicher Nahrung unterstützen und ich gebe allen Menschen, die mich besuchen wollen Aufträge für Früchte, Joghurts, Wassermelone, Rote Beete ...Hier im Krankenhaus schmeckt das Essen nicht.

Ich dusche mich jeden Morgen, schminke mich und ziehe mich frisch und farbenfroh an. Gerade, wenn es mir schwerfällt, rede ich innerlich mit mir wie mit einem Kind – Komm das wird Dir gut tun... Hinterher fühlst Du Dich viel besser und stärker...

Dann die tolle Nachricht: Meine Niere ist nicht mehr in Gefahr! Auf dem Ultraschall ist zu sehen, das der Tumor (immerhin 10 x 10 cm) um 70% zurückgegangen ist! Die Niere kann wieder frei arbeiten. Der erste Schritt ist gemacht, ich bin heilfroh!

Zu meiner großen Überraschung kommt schon nach elf Tagen die Meldung, ich könnte die Chemotherapie auch ambulant bekommen und nach Hause gehen.

Ich fühle Angst und Unsicherheit bei dem Gedanken, im Supermarkt so viele fremde Menschen zu treffen, mich mit einem Schnupfen oder so was anzustecken. Immerhin soll mein Immunsystem ja so empfindlich sein, dass ich eine Maske tragen muss.

Von einem Freund höre ich etwas von einer Heilpraktikerin, die sich auf Onkologie spezialisiert hat. Sie ist mir von Anfang an sehr sympathisch und stärkt während meiner gesamten Krankheit meine Seele. Sie ist ein Engel an meiner Seite. Sie hilft meinem Körper mit homöopathischen Medikamenten und klärt mich über eine unterstützende Ernährung auf. Besonders während und direkt nach den Chemotherapie-Tagen hatte ich immer großen Appetit auf Fleisch, und ich habe „Berge" von Fleisch gegessen. Genau dadurch wird der Tumor angeregt. Das ist das, was meinem Körper jetzt gar nicht gut tut. Schon gar nicht, weil der Tumor am Darmbereich sitzt. Ich entscheide mich für eine vegetarische Ernährung und esse von jetzt an jeden Tag viel Obst zum Frühstück.

Das zweite Ultraschall-Bild wird gemacht. Es sind nur noch 30 % vom Tumor zu sehen!

Seit Mittwoch habe ich büschelweise Haare in der Hand und in der Dusche. Es gruselt mich. Ich habe das Gefühl, jeder sieht jetzt, dass ich krank bin, und auf meinem Kopf sind schon ganz viel kahle Stellen zu sehen. Ich mag nicht mehr die Haare waschen, geschweige denn sie anfassen. Vor Wochen hatte ich die Idee, mit einem befreundeten Fotografen ein paar Fotos zu machen, wenn ich sie mir abrasieren muss. Dann ist es soweit. Was habe ich mir nur dabei gedacht?! Ich bekomme Angst vor meiner eigenen Courage. Meine beiden Freunde machen das zauberhaft. Die Fotos werden super und ich bin froh, dass die Haare endlich ab sind und ich mich nicht jeden Morgen ängstlich in den Spiegel anschauen muss. Ich habe mich gegen eine Perücke entschieden. Es ist Sommer, eine Perücke ist ein Fremdkörper, wie eine Mütze, da schwitze ich nur drunter. Zuerst trage ich Tücher und muss mich erst einmal an die Situation gewöhnen. Später bin ich ohne Kopfbedeckung raus gegangen. Ich wurde gesehen, aber ich konnte es nach und nach ertragen, dass man mich direkt wahrgenommen und angesehen hat.

Mit meiner Heilpraktikerin visualisiere ich viel. Ich stelle mir vor, wie ich und meine Zellen, die so lebendig sind wie ich, wieder gesund werden. Ich lese und schreibe viel. Es hilft mir meine Ängste aufzuschreiben. Meistens lese ich es nur noch einmal, dann lasse ich diese Gedanken los und mache weiter. Die Zettel habe ich nach und nach weg geworfen, losgelassen.

Immer wieder stelle ich die Chemotherapie in Frage. Habe bei der letzten sogar das Gefühl, die Chemie arbeitet gegen meinen Körper, nicht mit mir. Dann lehne ich meine Chemotherapie ganz ab und verabschiede mich aus dem Krankenhaus.

Ich halte weiter Kontakt mit meiner Heilpraktikerin. Meine innere Arbeit hat mir gezeigt, dass ich mir die Krankheit vor langer Zeit gewünscht habe. Ich wollte von meiner Mutter gesehen und wahrgenommen werden. Ich habe meinem Vater nachgetrauert, den ich leider nicht kennenlernen konnte. Ich wollte der Sinnlosigkeit in meiner Kindheit entfliehen und einfach nur geliebt und umsorgt werden.

Heute liebe ich mich selbst, gebe mir selbst einen neuen Sinn. Ich habe durch die Krankheit gelernt, für mich Verantwortung zu übernehmen, mich für mich einzusetzen und zu kämpfen. Das erste Mal in meinem Leben weiß ich bewusst, dass ich leben will, dass ich noch viele Wünsche habe und mich auf neue Abenteuer und Überraschungen in meinem Leben freue.

Erst muss die Aufgabe angenommen werden. Die Antwort auf das WARUM kommt später zu einem, wenn man den gesamten Zusammenhang betrachten kann, wenn die Entwicklung abgeschlossen ist, die Krankheit überstanden ist. Heute entscheide ich bewusst, was gut ist für mich, und was nicht, und wann ich auch einmal NEIN sagen muss. Ich bin während meiner Krankheit ein Patient mit einem Gesicht geworden und keine Fleischware mit einer Nummer. Heute werde ich wahrgenommen.

Ich bin selbstständig tätig. Nach der Einweisung ins Krankenhaus hat mich kein sozialer Dienst aufgesucht, um mich darüber zu informieren, wie und wo ich mir finanzielle Unterstützung holen kann. Ich habe mich selbst darum kümmern müssen. Ohne die Mithilfe meiner Eltern hätte ich meine Heilpraktiker-Kosten und mein Leben nicht finanzieren können. Ich habe mir eine Menge Geld leihen müssen. Hier wünsche ich mir für zukünftige Patienten bessere Aufklärung und Unterstützung. Es ist zu viel, was man in kurzer Zeit verarbeiten muss. Man ist auf Hilfe von außen angewiesen. Die deutsche Krebshilfe e.V. hat mir hier unter anderem sehr gute Ratschläge bezüglich Qi Gong-Kursen und Selbsthilfe-Gruppen geben können. Leider sind diese Infos etwas zu spät zu mir gekommen.

ICH BLEIBE (HIER) FÜR MICH. ICH KANN ALLES ERREICHEN. ICH LIEBE UND LEBE BEWUSST MEIN LEBEN.

Wir sind Energie, und wir senden Energie aus. Jede unserer neuen Erkenntnisse verwandelt Energie in der Welt, und nichts davon geht verloren. Nicht einmal dann, wenn wir nicht mehr in unserem Körper wohnen.

Anja Oehlckers, 44,
Dipl. Kommunikationsdesignerin, Hamburg

Hören Sie auf Ihr Herz!

von Daniela Palik

Ich fühlte mich schon lange wie ein Hamster im Laufrad, der läuft und läuft und läuft, ohne irgendwo anzukommen. Ich wollte raus, ich wusste nur nicht, wie.

Ich wurde immer schneller und schneller. Ich rannte von einem Termin zum anderen. Arbeit und Privatleben waren eins. Es blieb kaum Zeit zum Durchatmen. Ich befand mich permanent auf der Überholspur. Alles drehte sich darum, zu funktionieren und Geld zu verdienen. Zum einen war ich getrieben von der Angst, nicht genügend Geld zum Leben zu haben, wenn ich weniger arbeitete. Ich steckte nämlich immer in Jobs, die ich zwar sehr liebte, die aber wenig Geld einbrachten. Zum anderen fühlte ich mich immer allen und jedem gegenüber verpflichtet, nur nicht mir selbst. Außerdem rannte ich auch vor meinen Problemen davon. Ich war gleichzeitig glücklich und todunglücklich.

Mit der Diagnose „Brustkrebs“ wurde ich im hohen Bogen aus dem Rad geschleudert und eine spannende Reise, die nun schon gut dreieinhalb Jahre dauert, begann.

Da ich immer schon gerne und viel gereist bin, sehnte ich mich danach, wieder mehr unterwegs zu sein. In den letzten Jahren war diese Leidenschaft allerdings auf der Strecke geblieben, wie auch so einige andere. Ich jedenfalls wollte unbedingt wieder mehr reisen. Fremde, mir noch unbekannte Länder sehen und erkunden. Freunde in der ganzen Welt besuchen. Ich war noch nie in Asien, Afrika, Südamerika, Australien. Dies alles wollte ich mir unbedingt anschauen. Das hatte ich mir gewünscht und fest vorgenommen.

So hatte ich mir das jedenfalls gedacht. Doch es sollte alles anders kommen, denn der Mensch denkt und Gott lenkt.

Reisen sollte ich, doch was da auf mich zukam, damit hatte ich nun überhaupt nicht gerechnet. Nun hab ich den Salat. Man sollte wirklich aufpassen, was man sich so wünscht.

Zuerst landete ich sehr hart in einer anderen Welt von Angst und Ungewissheit. Ich hatte keine Ahnung, was auf mich zukommen würde. Ich wusste nur, das mich auffressende Monster musste raus, und zwar so schnell wie möglich. Mit Krebsliteratur, Entspannungs-, Meditations-, speziellen Visualisierungs- und Heilungs-CDs und diversen homöopathischen Mitteln bewaffnet, zog ich in die Schlacht. Die Operation verlief gut, doch die Prognose war miserabel.

Nach dem Krankenhausaufenthalt brauchte ich erst mal Zeit zum Überlegen, wie es für mich weitergehen sollte. Die Ärzte wollten, dass ich alles ausprobiere, was der schulmedizinische Markt so hergibt. Die Auswahl war groß, aber für mich wenig ansprechend. Für mich klang alles beängstigend und auch nach „viel bringt viel" oder eigentlich noch mehr nach „wir sind ratlos, alles hauen wir drauf, irgendwas wird schon treffen".

Während ich noch überlegte, welche der mir angebotenen Therapien ich machen sollte, kam der Krebs zurück. Alles war wie vorher. Der Tumor saß wieder an der gleichen Stelle, war genauso groß und die Lymphknoten waren auch wieder betroffen.

Mein Vertrauen in die Medizin war erschüttert.

Meine Gynäkologin riet mir: „Hören Sie auf Ihr Herz!!!" Und ich folgte ihrem Rat. Ich entschloss mich, einen anderen Weg einzuschlagen.

So begann meine Reise in die alternative Krebstherapiewelt.

Sie führte mich durch ganz Deutschland zu vielen verschiedenen Ärzten, Homöopathen, Heilpraktikern, Heilern aller Couleur und aus allen Ländern dieser Erde. Ich war viel unterwegs, sah und hörte viel, was mir richtig Spaß machte. Ich fand meinen Weg durch den Dschungel der Alternativen: Hyperthermien, Fiebertherapien, Homöopathie, Naturheilkunde, Vitamine, Spurenelemente, Mineralien, Zusatzstoffe, Handauflegen, Schröpfen, Antikrebs-Diäten, Tumorimpfung …

Ich fing an und bin immer noch dabei, in meinem Leben radikal aufzuräumen und sauber zu machen, in jeder nur erdenklichen Richtung.

Ich entgiftete, reinigte, stärkte meinen Körper. Ich fing an zu meditieren und kehrte zu meiner täglichen Yogapraxis zurück. Es machte mich klarer, ruhiger, glücklicher, zuversichtlicher.

Ich entrümpelte meine Wohnung, verschenkte und verkaufte, was schon seit Jahren einfach nur Staub auffing, mir im Weg war und das Chi an seinem freien Fluss hinderte.

Ich überprüfte meine Beziehungen: Wer tut mir gut? Wer unterstützt mich auf meinem Weg?

Klärte Unaufgelöstes mit meiner Familie. Entwickelte sogar eine freundschaftliche Beziehung zu meiner Schwester, mit der ich bis dato eigentlich keine Beziehung hatte.

Seither habe ich mehr Platz für die wirklich wichtigen Dinge im Leben. Kann freier atmen und habe mehr Energie.

Nach knapp zwei Jahren entschied ich mich schließlich zu einer zweiten Operation. Mittlerweile wusste ich, was mir hilft und gut tut. Der Krebs war dabei immer mein Barometer. Ich hatte mich sogar mit dem Krebs angefreundet, sah ihn als Unterstützung und Hilfe. Ich hatte es zwar geschafft den Tumor zu verkleinern, doch die Tumorlast war zu groß.

Nun gehöre ich in den Kreis der „Amazonen“, und ich muss sagen, es ist für mich halb so wild. Ich hatte große Angst vor dem Verlust meiner Brust. Meine Brüste waren immer mein ganzer Stolz. Doch nun finde ich das überhaupt nicht schlimm. Klar, ich spüre jeden Tag die Narbe. Der Umgang mit den Epithesen nervt manchmal. Auch spüre ich im ganzen Körper das Ungleichgewicht, das entstanden ist. Die Optik hat sich sehr verändert, aber es hat auch eine eigene Ästhetik. Und schließlich und endlich bin ich nicht nur meine Brust.

Kurz nach dem Krankenhausaufenthalt, der für mich so etwas wie Urlaub von der Krankheit war, zeigten sich Metastasen in der Pleura. Es folgten Punktion und anschließend Chemotherapie.

Dank meiner tollen Ärztin und der Zusatztherapien und bestimmt auch dank meiner guten Grundvoraussetzungen – ich war immer sehr sportlich, habe mich viel an der frischen Luft bewegt und Yoga gemacht – durchwanderte ich dieses Tal recht problemlos.

Wenn ich zurückblicke, bereue ich keinen einzigen Schritt. Ich bin mit jeder Entscheidung, die ich getroffen habe, im Reinen. Hätte ich die Möglichkeit, die Uhr zurückzudrehen und mit meinem heutigen

Wissen alles noch mal zu entscheiden, so gibt es nur eine Sache, die ich anders machen würde. Ich würde mich nicht sofort operieren lassen. Ich würde erst schauen, was ich selbst tun kann, damit es mir besser und den Krebszellen damit an den Kragen geht. Die allgemein vorherrschende Panik und die vielen immer noch Angst schürenden Ärzte treiben einen sehr leicht in überstürzte Handlungen. „Wissen" vertreibt diese Geister und lässt mich besonnener und angstfreier zurück. Alles, was mich stärkt, schwächt den Krebs. Und der Kompass, der mir den Weg weist, ist mein Herz. Wann immer ich etwas zu tun und zu entscheiden habe, höre ich auf mein Herz.

Nun liegt die Chemotherapie knapp ein Jahr hinter mir. Ich bin tumorfrei, und mir geht es sehr gut. Ich bin sehr gespannt auf die vielen Abenteuer, die ich noch auf meiner Reise erleben darf.

Ich hatte und habe viele tolle Wegbegleiter, angefangen unter den Ärzten, Heilpraktikern, Heilern und Therapeuten bis hin zu meiner Familie und meinen Freunden.

Die Beziehungen zu den Menschen, die mich umgeben, sind intensiver geworden.

Mein Leben wird klarer mit jedem Tag.

Wann, wie, wodurch ich sterben werde, ist ungewiss. Gewiss ist nur, dass es irgendwann so kommen wird. Ich trage die Verantwortung für mein Leben und für mein Glück, doch die Macht darüber habe ich nicht, die obliegt jemand anderem.

Ich liebe mein Leben und möchte es mit niemandem tauschen.

Ich liebe, wo ich bin.

Ich liebe, mit wem ich bin.

Ich liebe, was ich tue.

Ich genieße jeden Tag, manchmal etwas mehr,
manchmal etwas weniger.

Ich habe mehr Freiheiten denn je.

Ich habe mein Lachen wiedergefunden.

Ich mache viele tolle, spannende Dinge.

Ich schiebe nichts mehr auf.

Ich bin so glücklich, wie schon lange nicht mehr.

Ich mache alles, was ich immer schon mal machen wollte,
und noch einiges mehr.
Ich bin unternehmenslustig und neugierig auf alles,
was ich nicht kenne und noch nie gemacht habe.
Ich liebe.
Ich glaube.
Ich bin dankbar und mutig.
Und ich höre auf mein Herz.

Daniela Palik, 49,
Krankengymnastin/Yogalehrerin,
Berlin

Drei Menschen – drei Schreib-Wege

von Helmut Peters, Anne Frischkorn-Vorwald
und Helga Schäferlin

Schreiben verbindet Menschen

Im Januar 2000 erhielt ich die Diagnose „Zungenkrebs". Damit verbunden: Krankenhausaufenthalt, Nach-OP, allerdings ohne Bestrahlung und ohne Chemotherapie! Direkt Anschlussheilbehandlung. Zeit zum Nachdenken. Nach dem ersten Schock, den Schmerzen, der Todesangst, langsame Erholung, Gespräche, Schreiben. Die Krankheit hat mir nicht den Mut genommen, sondern ihn gestärkt!

Mut zu machen, ist für mich zum Leitmotiv beim Schreiben geworden: andere Menschen erMUTigen, das auszudrücken, was sie bewegt, was sie betrifft, was sie betroffen macht, und sich selbst auch das Schreiben zuzutrauen. Ich möchte mit meinem Schreiben und Veröffentlichen andere Menschen erreichen.

Von Anfang an war es mir wichtig, das, was ich schrieb, auch vorzutragen und so mit anderen zu teilen. Und ich erlebte bei vielen Lesungen, wie das, was mich bewegte, auch andere Menschen in Bewegung brachte: zum Mitfühlen, zum Erheitern, zum Nachdenken. So ein kurzer Text wie: „Das Ziel klar vor Augen, rannte sie gegen eine unsichtbare Mauer des Schweigens" brachte eine Frau zum Weinen, weil sie genau das erlebt und erlitten hatte – die Mauer.

„Einfache Rechenformel: Ermutigung multipliziert Mut."

Helmut Peters[24]*, 60,*
Herten

24 www.helmutpeters.kulturserver-nrw.de

Schreiben als Heilweg

Als Keramikgestalterin und Lyrikerin weiß ich, wie sehr Worte uns beflügeln können, in Gedichtform, in Briefen ... erweitert unseren Horizont ... auch Heilung können geschriebene Worte sein. Schreiben öffnet Herzen, bringt uns näher.

Schreiben ist wie eine Reise, du kannst überall hin, auch wenn du krank bist. Schreiben hat einen therapeutischen Effekt, bringt das innere Licht zum Leuchten. Von jeher hat die Poesie immer die Menschen in ihrer Tiefe erreicht. „Das Licht in uns ist Energie. – Es bringt uns Kraft und Harmonie."

Ja, Schreiben heilt.

So erging es mir immer dann, wenn sich ein Tief in meinem Leben angemeldet hat, wie auch 2002 die Diagnose Brustkrebs – meine erste OP stand für das O = Ohnmacht, für das P = Panik.

Ich schreibe mir alles von der Seele, ja auch einen Brief an meine Krankheit selbst. Das hat etwas in mir bewegt, nämlich Seelenheil. Vielen habe ich meine kreativen Heilbriefe zukommen lassen und bekomme immer wieder Rückmeldungen, dass sie das gleiche Erleben haben. Sich kreativ einlassen für ein neues Bewusstsein, was Heilung betrifft ... SCHREIBEN. Wenn du dir so einen Austausch wünschst, kannst du mir gern schreiben, ich antworte bestimmt. Schaue dir meinen Bericht an, unter „Biologische Krebsabwehr" = Patientenberichte.

Anne Frischkorn-Vorwald[25]*, 63,*
Keramikgestalterin,
Bremen

25 AFV – Atelier – Heilbriefe – anne_vorwald@yahoo.de

Schreiben öffnet (mir) Tore

Gedanken können nicht einfach durchpreschen, sondern müssen ein Tor passieren, sich ordnen. In Form eines Aphorismus erfahren sie eine Fokussierung vom Zerstreutsein in einen kurzen treffenden Satz.

Schreiben öffnet Tore – das Tor nach innen zur eigenen Seelen – und Gedankenwelt und auch nach außen. Beim Schreiben klärt sich manches, es kann befreiend wirken. Es schafft Raum für Neues, das einfließen und Gestalt annehmen kann – das die Chance hat, verinnerlicht zu werden.

Schreiben öffnet Tore auch im zwischenmenschlichen Bereich, ermöglicht auf seine Weise Begegnungen von Mensch zu Mensch. Persönliche Kontakte sind wichtig im Leben, doch auch „nur" Schreibfreundschaften tragen wundervolle Schätze in sich. Es ist eine andere Form, Gemeinsamkeiten zu entdecken und sich durch das, was unterscheidet, gegenseitig zu bereichern. Auch dadurch öffnen sich im einzelnen Menschen Tore und Türen. Es werden Persönlichkeitsanteile geweckt, die oft lange geschlummert haben – von denen man vielleicht nicht mal wusste. So darf ich es zumindest immer wieder erfahren und dafür bin ich sehr dankbar.

Schreiben öffnet Tore, so wie viele andere Aktivitäten dies auch vermögen. Je nachdem, wo die eigenen Interessen, Freuden und Fähigkeiten liegen. Für mich und auch für andere Menschen kann sich jedoch nur etwas öffnen, wenn wir bereit dafür sind, dass Neues ins Leben treten kann – wir uns für unsere Sehnsüchte und deren Erfüllung öffnen. Was für mich das Faszinierende war und ist: In dem Moment, wo ich mich aufgemacht habe, hat sich eines zum anderen gefügt. „Es" kam in Bewegung sozusagen. Weitere Tore öffne(te)n sich.

Sich aufmachen, auf den Weg machen. Dazu möchte ich ermutigen, neue, für einen selbst vielleicht (noch) unbekannte Wege gehen. Es gibt nichts zu verlieren. Spätestens dann, wenn die Bedrohung für das eigene Leben hautnah spürbar ist, spätestens dann sollte uns die eigene Ent-Wicklung, das Ent-Decken von uns selbst mehr wert sein als das, was vielleicht andere Menschen denken und sagen. Ich habe die Krankheit genutzt, um für mein Leben zu lernen.

„Lebenskunst ist, Tränen in glitzernde Perlen zu verwandeln."

Helga Schäferling[26]*, 54*

Unsere Verbindung

Kennen gelernt habe ich Helmut und Anne nach einem Artikel über meinen Umgang mit meiner Erkrankung in der Mitgliederzeitschrift „Signal" der Gesellschaft für Biologische Krebsabwehr (GfBK) (2002). Wir haben das Schreiben als Bindeglied entdeckt, Freundschaften – auf ganz unterschiedliche Art sind entstanden. Durch das Buchprojekt „Alles ist möglich – auch das Unmögliche" sind auch Anne und Helmut in Kontakt miteinander gekommen – der (Schreib)Kreis schließt sich.

26 www.helgas-gedankenwelt.de.vu

Eine Kerze für Marlene

von Sabine Prinz

Ich liebe Spaziergänge im Wald zusammen mit meinem kleinen Bododemdackel. Das war auch schon vor meiner Erkrankung so.

Ja, ich habe Krebs. Oder hatte ich Krebs? Wie sage ich es am besten, wie ist es richtig? Ich bin operiert, es sind keine Lymphknoten befallen, es ist keine Nachbehandlung nötig, ich bin geheilt. Ich hatte den „Joker unter den Frauenkrebsen“, wie einer meiner behandelnden Ärzte sagte, Gebärmutterkrebs, früh genug erkannt, gute Prognose! „Aber einen Joker hat man doch nur in einem Spiel, und ich habe gar nicht mitgespielt“, so meine Antwort, und der Doc war gar nicht so dumm, er zog sozusagen die Antwort aus dem Ärmel: „Doch, indem Sie als Frau auf die Welt kamen!“

Ich meine, das muss Frau erst mal verdauen. Ich war jedenfalls sprachlos, und das ist gar nicht so oft der Fall. Aber ich spreche nicht mehr so gerne, ich schweige oft, nicht, weil ich nichts zu sagen hätte, ich bin einfach müde. Und so gehe ich sehr gerne mit meinem Hund stundenlang im Wald spazieren, er erwartet nämlich nicht, dass ich mit ihm rede.

In meinem Kollegenkreis – ich arbeite in einer kleinen anthroposophischen Einrichtung als Hausbetreuerin für geistig behinderte und psychisch kranke Menschen – wurde kurz nach mir eine Kollegin krank. Sie hatte einen Tumor im Kopf und wurde nach mir operiert. Sie ging vor mir wieder zur Arbeit, ich konnte es nicht glauben! Ich hatte zwar die größtmögliche gynäkologische Operation (eine so genannte Wertheim-Meigs-OP) hinter mich gebracht, aber ich dachte, so eine Kopfoperation ist doch noch schlimmer. Zumal ich einfach kein gutes Gefühl hatte, was die Prognose meiner Kollegin anging. Ja, sie kam wieder zur Arbeit, und ich musste noch eine Operation hinter mich bringen, ich hatte mir einen üblen Bauchwandbruch durch die erste Operation eingehandelt.

Marlene und ich trafen uns, kurz bevor ich in die Rehamaßnahme fuhr, sie war guter Dinge, war jedoch der Meinung, dass sie so etwas Schlimmes nicht verdient habe. Ich vielleicht???

Als ich aus meiner Kur gestärkt zurückkam, erwarteten mich neue Nachrichten. Meine Kollegin war wieder im Krankenhaus, es hatte sich ein Ödem gebildet. Wir zwei hatten nicht so furchtbar viel miteinander zu tun, sie arbeitete im Werkstattbereich, ich im Hausbereich, aber wir hatten zusammen Eurythmie gemacht (eine expressive Tanzkunst, die Anfang des 20. Jahrhunderts in Deutschland und der Schweiz auf Anregung von Rudolf Steiner, dem Begründer der Anthroposophie, entstand) und nun verband uns die Krankheit, das heißt, wenn wir uns trafen, hatten wir uns viel zu sagen. Ich ging sie Anfang Dezember im Krankenhaus besuchen und wusste nach diesem Besuch, dass es das letzte Mal war, dass wir uns sahen.

Heute ging ich also mit meinem Dackel im Wald spazieren. Mein Handy klingelte, und ich kramte es aus der Hosentasche. Eine Kollegin war dran, die mir mitteilte, dass Marlene gestern gestorben war.

Ich hatte es ja geahnt, aber es riss mir irgendwie den Boden unter den Füßen weg. „Wieso sie, wieso nicht ich, bin ich wirklich gesund, oder gibt es noch einen Brandherd, einen unentdeckten, ich könnte es genauso sein, und ich stehe hier im Wald an einem wunderbaren Wintertag, wieso habe ich überhaupt Krebs bekommen, ich war doch „rund und gesund"? Mir war ganz schummrig, und es war ein wirkliches Glück, dass ich mit dem kleinen Hund unterwegs war, ich ging einfach weiter und fand die Welt schön. Aber ich fühlte mich verloren, elend. Ist das nicht ein Widerspruch?

Mitten im Wald gibt es die sogenannte „Büschkapelle", dort werden im Krankheits- oder Todesfall Kerzen von den Angehörigen angezündet, dort gingen wir beide hin, mein Bododemdackel und ich, und zündeten eine Kerze für Marlene an.

Eine Nacht und einen Tag später

Heute Morgen wache ich auf, und es geht mir gut! Ich lebe, gut und gerne! Mein Leben besteht aus Höhen und Tiefen, so wie jedes andere Leben auch. Es passieren Dinge um mich herum, die auch passieren würden, wenn ich keinen Krebs gehabt hätte Der Unterschied ist, ich erlebe alles intensiver. Es gibt Tage, an denen geht es mir nicht so gut, aber die sind selten. Ich habe euch an einige teilnehmen lassen, es waren ganz besondere Tage!

Sabine Prinz, 54,
Krankenschwester, Gerolstein

… UND AUF EINMAL HAST DU KREBS

von Raingard Raschenberger

März 2009. Der Röntgenologe entdeckt bei meiner jährlichen Routineuntersuchung einen verdächtigen Knoten. Es ist Montag, und bereits am Dienstagmorgen habe ich eine Stanzbiopsie in unserer Uniklinik, die den Verdacht bestätigt. Auch verdächtige Lymphknoten werden diagnostiziert.

Was sind meine ersten Gedanken? Leiden, kotzen, Glatze und Tod. Mein Mann und ich sind betroffen, wortlos. Ich weine, kann nicht schlafen. Die Angst ist allgegenwärtig. Ich rufe einen befreundeten Arzt und Komplementärmediziner an und berichte von meinem zweimal drei Zentimeter großen Tumor. Er gibt mir den ersten Gedanken in die richtige Richtung, indem er sagt: „Die drei Zentimeter werden doch nicht über dein Leben entscheiden." Am dritten Tag nach der Diagnose habe ich ein erstes Gespräch mit einem guten Freund von uns. Er ist Psychologe und kann mir bereits viel Angst nehmen. Das tut gut. Am Ende unseres Gesprächs legt er mir ein paar Zettel hin über eine alternative Heilmethode. Ich entscheide mich spontan dazu, ohne wirklich zu wissen, was es ist. Er bestellt mir eine Reihe von Nahrungsergänzungsmitteln, und so starte ich, ohne es benennen zu können, mit der Mitochondrien-Therapie. Mitochondrien, bis zu 1500 pro Zelle, sind die „Energiekraftwerke" im Inneren der Zelle. Sie machen das Leben und die gesunde Zellfunktion überhaupt erst möglich. Die Mitochondrien-Medizin wird heute noch zu selten eingesetzt oder ist bei schulmedizinisch orientierten Ärzten gänzlich unbekannt.

Eine Reihe von Voruntersuchungen wird gemacht, es werden keine Metastasen entdeckt. Ich arbeite daran, alles positiv zu sehen. Die nun wöchentlich stattfindenden Gespräche mit dem Psychologen tun mir sehr gut. Der Operationstermin wird festgelegt und ein sofortiger Brustaufbau geplant. Irgendwie bin ich in Trance. Ich informiere mich viel im Internet über alternative Heilmethoden, sehe Videos – doch irgendwann wurde mir das zu viel. Ich verlasse mich einfach immer mehr auf meine Intuition. Voller Vertrauen folge ich diesem Bauchgefühl.

Am 25. 3. 2009 findet die Operation statt. Ich überstehe sie ganz gut. Am dritten postoperativen Tag darf ich mit der Redon-Wunddrainage nach Hause, da mein Mann Mediziner ist und sie kontrollieren kann. Es gibt körperliche Höhen und Tiefen, das Redon hört nicht auf, Flüssigkeit zu produzieren. Ich genieße es, daheim auf der Terrasse in der Sonne zu sitzen.

Dann kommen der histologische Befund und der Therapievorschlag. Neun von achtzehn Lymphknoten waren befallen. Chemotherapie, Bestrahlung und dann vier Jahre Hormontherapie. Schon zuvor haben mein Mann und ich beschlossen, diese schulmedizinischen Therapien niemals zu beginnen. Wir verlassen die gynäkologische Abteilung, um nie mehr dorthin zurückzugehen. Weiter geht es aber auf der plastischen Chirurgie. Nach drei Wochen beschließt der behandelnde Arzt, die Redon-Wunddrainage zu ziehen. Leider entwickelt sich in der darauf folgenden Woche eine schwere Entzündung, und das Implantat wird am Ostersonntag wieder entfernt. Danach fühle ich mich wie befreit und erhole mich körperlich sehr gut. Ich mache regelmäßige Spaziergänge, lerne von einer guten Freundin Qi Gong, führe aufbauende Gespräche und gönne mir ganz viel Ruhe. Nur einen genauen Therapieplan habe ich noch nicht.

Ich spreche jetzt auch immer wieder von „allen guten Geistern, die ich rief“. Und da meldet sich wirklich in dieser Zeit ein Mediziner aus Deutschland, der eine neue Therapieform in Österreich aufbauen will, und ja, genau dieser arbeitet seit Jahren mit der Mitochondrien-Medizin. War das Zufall? Es bestätigt mich irgendwie, und wir vereinbaren einen Termin in seiner Praxis. Drei Tage verbringen wir bei ihm in Speyer. Blutabnahme, Therapiegespräch. Ich fühle mich sicher. Ich verändere meine Ernährung: kohlenhydratarm, kein Zucker, viele gute Öle, regelmäßig Rohkost und Müsli zum Frühstück.

Fast jeden Abend lese ich bei uns im Wohnzimmer im Anti-Krebsbuch[27], während ich die Füße in einem Basenbad habe. Und was ich lese, bestätigt mich immer mehr, meinen Weg weiterzugehen. In Speyer bekomme ich auch ein kleines Heft, das Kalendarium „Bewusste Gesundung"[28] von Dr. Ebo Rau und Dr. György Irmey. Darüber kam ich zur Gesellschaft für Biologische Krebsabwehr (GfBK), bei der ich nun auch Mitglied bin. Ihre Internetseite hat mir geholfen, und ich habe sie auch schon oft weiterempfohlen. Noch heute lese ich jeden Tag im Kalendarium den passenden Spruch, und jeden Tag erhalte ich so neue Kraft. Ich visualisiere regelmäßig mit der CD vom Kalendarium – ich habe 50 Billionen very happy cells – und male Bilder.

Ja, die guten Geister sind immer bei mir. Als weiteren Therapeuten finde ich einen Mediziner ganz in unserer Nähe, der bereits in der Ausbildung für die Mitochondrien-Medizin ist und zudem noch einen Laser besitzt. Genau das passt in mein Therapieschema. Ich lasse natürlich auch jetzt regelmäßige Blutkontrollen in einem deutschen Speziallabor machen. Im Sommer begann ich dann noch Rad zu fahren – Bewegung wurde mir immer wichtiger. Ich hatte mir viele Jahre dafür keine Zeit genommen, war immer unter Existenzdruck. Partnerschaftliche Auseinandersetzungen zerrten an meinen Kräften. Sicher hatte ich damals ein „burnout", funktionierte nur noch, „lebte" aber nicht mehr. Meine Krankheit lehrt mich aber umzukehren, mein Leben zu ändern, und das nehme ich sehr ernst.

Vor einem Monat begann ich mit meinem Brustaufbau – mein Wunsch nach einem Dekolleté wurde einfach immer größer. Jetzt habe ich ein neues Implantat und fühle mich viel wohler damit. Ich sehe das Endergebnis schon vor mir. In kleinen Körperreisen visualisiere ich mir diese Bilder.

Liebe, Dankbarkeit, Demut sind wichtige Werte für mich. Ich erfreue mich an jedem Tag, wache schon mit Freude am Morgen auf,

---

27 Joy, Johannes F./Franz, Maren: Das Anti-Krebs-Kochbuch – s. Literaturliste/ Benefizbücher der GfBK.

28 Rau, Ebo/Irmey, György: „Bewusste Gesundung"

bedanke mich für das Gestern und für das Heute. Das Leben wird intensiver. Unsere Partnerschaft ist wieder viel liebevoller geworden. Wir gönnen uns regelmäßige, kleine Auszeiten.

Meine Krankheit hat mir ein neues Leben geschenkt. Bis jetzt muss ich meine komplementäre Therapie ganz allein finanzieren. Sie steht nicht im Katalog meiner Krankenkasse, ist nicht durch Studien bewiesen. Das erscheint mir eigentlich unglaublich. Es geht offensichtlich nicht darum, dass ich als Patientin Lebensqualität habe, sondern nur um den Profit der Pharmaindustrie.

Ich bin zuversichtlich, dass auch das sich noch ändern wird. Ich sage *danke* an mein Leben, *danke* an all meine guten Geister, die ich hier in der Kürze nicht alle aufzählen kann. *Danke* an meinen Ehemann, der immer an meiner Seite steht und mich in den Momenten, in denen es mir psychisch nicht so gut ging, aufgefangen hat. Ich freue mich auf viele weitere Jahre in meinem neuen Leben und möchte jedem Mut machen, auf sich zu vertrauen und den gewählten Weg zu gehen. Die innere Überzeugung, der tiefe Glaube, das Urvertrauen dazu ist aus meiner Sicht ein wesentlicher Bestandteil für die Gesundung. Das alles habe ich erkennen dürfen.

Raingard Raschenberger, 55,
Diplom-Krankenschwester, selbstständig,
Volders/Österreich

Brief an mein früheres Ich

von Angelika Reimer

Liebe Angelika,

du fragst dich, ob dies schon alles gewesen ist, ob du jetzt abtreten musst von der Bühne des Lebens. Ich kann dir sagen, dass du das, was du jetzt erlebst, durchlebst und durchleidest, überleben wirst. Es wird dir Schmerz bereiten, du wirst Verluste erleiden, aber im Rückblick wirst du erfahren, dass du an dieser Grenzsituation gewachsen bist.

Du wirst dir Fragen stellen, mit denen du bisher keinerlei Kontakt hattest. Und selbst, wenn du die Antworten noch nicht gefunden hast, wirst du lernen, die Fragen als Freunde an deiner Seite zu haben. Das Erreichen der Antwort wird sich irgendwann dann von allein einstellen. Und falls nicht, ist dies auch in Ordnung, weil die Antwort dann vielleicht gar nicht mehr so wichtig ist.

Du wirst Narben davontragen an Körper und Seele, die dich zeichnen. Deine Unversehrtheit wird dir genommen und du wist nicht mehr dieselbe sein, die du vorher warst.

Aber diese Narben werden dich an deine Tapferkeit und deinen Mut erinnern. Vielleicht wirst du lernen, sie zu tragen, wie früher die Kriegsveteranen ihre Medaillen, und sie nicht verstecken müssen.

Du wirst lernen, deinen Weg zu gehen, dir dort Erlaubnis zu geben, wo du sie dir früher versagt hättest.

Und im Rückblick wirst du erkennen, dass diese Lebenskrise dir die Chance geben wird, deinem Leben eine völlig neue Richtung zu geben. Und du wirst glücklich sein.

Angelika
Deine weise Freundin aus der Zukunft

Angelika Reimer, Berlin

Tumor-Tango

von Gerhard Riedl

Seit dem ersten Schülerkurs damals am Gymnasium ist das Tanzen zwar nicht meine einzige Passion, aber sie begleitet mich – mal mehr, mal weniger intensiv und mit unterschiedlichen Partnerinnen – seit nunmehr über 40 Jahren. Zunächst lange Zeit Standard- und lateinamerikanische Tänze in diversen Tanzschulen, dann Ehepaartanzkreise, Medaillen in allen Edelmetallen, schließlich auch die sportlichere Variante in Form von Turnieren. Freilich nicht mehr im Leistungssport, sondern auf Hobbyniveau. Schließlich bin ich Ende Vierzig. Vor über zehn Jahren dann der Umschwung zum argentinischen Tango. Das war eine völlig neue Welt – meditativer, kreativer und sinnlicher als jegliches „Figuren-Abspulen" in der Zeit davor.

Schon immer gehörte es zu den glücklicheren Momenten meines Lebens, wenn ich mich auf dem Parkett bewegte, die völlig wortlose, intuitive Verständigung und Harmonie mit einem anderen Menschen suchte und oft genug fand. Natürlich war Tanzen manchmal auch Stress, wenn das Gefühl aufkam, es anderen recht machen zu müssen: der Tanzpartnerin, dem Publikum bei Showauftritten oder den Wertungsrichtern bei Turnieren. So gesehen erzieht diese Aktion auf den „Bretter, die die Welt bedeuten", auch zur Disziplin. Von jetzt auf gleich, unabhängig von aktueller Stimmungslage und Kondition, muss man Höchstleistungen abrufen. „Ein Tänzer wird nicht krank", so mein häufiger Kommentar zu irgendwelchen befindlichkeitsbedingten Absagen von Tanzsportkollegen.

So ignorierte ich auch lange Zeit den stark vergrößerten Lymphknoten in meiner Leiste – getreu dem Motto „Was von selbst kommt, geht auch von selbst". Die mir von meinen Eltern anerzogene Hypochondrie hatte ich nur mit dem Gegenteil kompensieren können, nämlich dem konsequenten Meiden von allem, was nur von Weitem nach Krankheit roch: Ärzte, Krankenhäuser und Altersgenossen, die

Richtung Sechzig offenbar kaum ein anderes Lieblingsthema kannten. Vielleicht war es aber doch die unbewusste Gewissheit, dass ich bei Offenbarung dieses Symptoms für lange Zeit in dieser aseptisch riechenden Welt würde untertauchen müssen? Ich sollte Recht behalten.

Mein Hausarzt jedenfalls reagierte ungewöhnlich hektisch, als ich ihn auf diese „komische Verdickung" endlich einmal aufmerksam machte. „Das ist mit hoher Wahrscheinlichkeit nicht gutartig", so sein Kommentar, mit dem er mich umgehend in der onkologischen Ambulanz einer Klinik anmeldete. Dort mutierte ich zu einer wandelnden Krankenakte und durchlief alle (Vorsorge-)Untersuchungen, welche ich die letzten Jahrzehnte geschwänzt hatte.

Nachdem man mir alsbald die verdächtige Geschwulst entfernt hatte, stand die Diagnose fest: ein in der Laiensprache „Lymphdrüsenkrebs" genanntes NHL (Non Hodgkin Lymphom), das sich schon auf etliche weitere Lymphknoten (glücklicherweise nur im Bauchraum) ausgedehnt hatte. Daher als Therapie das (bis auf Bestrahlungen) volle Programm. Sechs Zyklen Chemotherapie, zwölf Sitzungen Antikörperbehandlung, insgesamt ein ganzes Jahr lang „Schulmedizin Hardcore". Mit zwei Lichtblicken. Die Ärzte versicherten mir, dass es gerade bei dieser Tumorart Erfolg versprechende neue Therapien gäbe. Außerdem sei ich – bis auf die entarteten B-Lymphozyten – für mein Alter in einem überraschend guten Erhaltungszustand.

Wieso bei mir die „K-Diagnose" nicht den seelischen Absturz erzeugte, den ich inzwischen von vielen Leidensgenossen kenne, lag wohl an verschiedenen Faktoren. Erstens hatte ich nie besonders gesund gelebt und mir daher nicht eingebildet, einen „Rechtsanspruch" auf ein überdurchschnittliches Lebensalter erworben zu haben. Zweitens stützte mich ein tolles privates Umfeld mit Ehefrau und wenigen, aber echten Freunden. Und drittens machte der Beruf, da inzwischen in Teilzeit beschäftigt, sogar wieder Freude – verbunden mit der Aussicht auf eine nicht mehr ferne Pensionierung. Die Krankheit hatte mich in der glücklichsten Phase meines Lebens getroffen. Ich sah dies nicht als besonders grausame Variante des Schicksals, sondern im Gegenteil als beste Voraussetzung dafür, meine persönliche Überlebenszeit noch etwas auszudehnen.

Ich sage bewusst nicht „den Krebs bekämpfen“ oder „mit ihm fertig werden“. Man muss jede Diagnose zunächst einmal als Botschaft des Körpers verstehen. Hier als die Rückmeldung über einen besonders fiesen Angriff auf das Immunsystem, das eigentlich mutierte Zellen abfangen soll. Dies taten nun vertretungsweise diverse Zytostatika und Antikörper, was aber auf Dauer nicht so bleiben durfte. Irgendwann musste mir dies wieder mit „Bordmitteln“ möglich sein. Daher war ich sofort überzeugt, dass es die Schulmedizin allein nicht richten konnte – ich brauchte eine ganzheitliche, naturheilkundliche Begleitung.

Glücklicherweise hatte eine Freundin gerade ihre Ausbildung zur Heilpraktikerin mit dem Schwerpunkt „Traditionelle Chinesische Medizin“ (TCM) abgeschlossen und mich schon vorher, trotz meiner naturwissenschaftlichen Skepsis, per Akupunktur von Kopfschmerzen und Nebenhöhlenbeschwerden befreit. Zusammen mit einem ihrer Ausbilder, einem Arzt für Naturheilverfahren, sorgte sie nun konsequent für die Steigerung meiner körperlichen und seelischen Kräfte.

Welche Therapie hilft oder auch nicht, muss man selbst herausfinden. Erstaunlich, was der Körper erzählt, wenn man ihm aufmerksam zuhört! Ich entwickelte in kurzer Zeit ein intuitives Gespür dafür, was mein Immunsystem stärkte oder hinunterfuhr. Ich musste nicht mehr „funktionieren“ und alles „bewältigen“, sondern durfte mich bei Schwächen ohne schlechtes Gewissen auf die Couch zurückziehen sowie, mit dem Schwerbehindertenausweis wedelnd, auch beruflichen Zumutungen ausweichen – ganz neue persönliche Freiheiten. So kam ich über die teilweise belastenden Untersuchungen und Behandlungen erstaunlich gut hinweg. Apropos Chemotherapie. Wie formuliert die Brustkrebspatientin Kora Decker[29] in ihrem fantastischen Buch „Jetzt ist heute“ so schnoddrig-schön? Man muss nicht den ganzen Beipackzettel abarbeiten! Und in meinem Alter hatte ich

29 Decker, Kora: Jetzt ist heute – s. Literaturliste im Anhang.

als Mann, so fand ich jedenfalls, durchaus das Recht auf eine Glatze – noch dazu auf eine, die nicht blieb.

Eine weitere Behandlung, die ich mir verordnete: nicht zu oft krankschreiben lassen. Ein Schlüsselerlebnis hierzu hatte ich schon sehr bald, als ich mich einer Knochenmarksbiopsie unterziehen durfte (für Außenstehende: nicht vergnügungssteuerpflichtig!). Als ich anderthalb Stunden später wieder an meinem Arbeitsplatz stand, machte ich die erstaunliche Erfahrung, dass man nicht gleichzeitig Schmerzen im Beckenkamm haben und sich auf den Beruf konzentrieren kann. Und auch die abendliche Vorstellung als Zauberkünstler (eine weitere Passion) sagte ich nicht ab. Beim Umziehen vor dem Auftritt streifte meine Hand den Druckverband: Ich hatte ihn komplett vergessen.

Die einzige große Sorge, die mich zu Beginn meiner „K-Phase" erfasste: Wie würde das mit dem Tango weitergehen? Müsste ich auf das Tanzen für längere Zeit oder gar ganz verzichten? Das hätte mich stärker abstürzen lassen als alle Aussichten auf diffuse Überlebensrate. Aber plötzlich, am Tag vor der Operation, wusste ich es. Ich würde, wenn ich schon nicht mehr tanzen könnte, ein Buch schreiben – natürlich über den argentinischen Tango. Ein naheliegender Gedanke, da ich mich schon öfters als Autor betätigt hatte – allerdings bisher nur mit Glossen für diverse Zeitschriften und Texten zu meinen Zauberprogrammen. Und so kam es, dass ich in die Klinik eine Briefmappe mit Konzeptpapier mitnahm und bald nach dem Aufwachen aus der Narkose die ersten Zeilen der Einleitung schrieb.

Offenbar wird Entschlossenheit vom Schicksal belohnt. Fünf Tage nach der Operation stand ich erstmals wieder auf dem Parkett und ließ mich beim Tanz mit meiner Heilpraktikerin und Tangofreundin zu einer Hebefigur hinreißen. Nie werde ich ihre Schreckreaktion ob meiner frisch genähten Leiste vergessen. „Wenn du das noch einmal machst, lasse ich dich auf der Tanzfläche stehen" – die tangomäßige Höchststrafe. Das Buch[30] schrieb ich trotzdem (man kann ja nie wissen), und

30 Riedl, Gerhard: Der große Milonga-Führer – s. Literaturliste im Anhang/ www.der-grosse-milongafuehrer.de

es erschien anderthalb Jahre nach meinem persönlichen „K-Day“, dem Tag der Erstdiagnose. Es hat mich über alle mehr oder weniger belastenden Phasen meiner „Krankheitszeit“ getragen, beispielsweise über die Chemotherapie-Sitzungen, bei denen ich mir die Kanüle lieber links legen ließ, um die Schreibhand frei zu haben. Dabei wurde ich stets begleitet von meiner Frau, die oft Korrektur lesend auf dem Stuhl neben mir saß. Es war toll, einmal zu erleben, was alles nötig ist, bis ein Buch endlich gedruckt und dann auch noch verkauft ist!

Dieser Tanz aus den Elendsquartieren am Rio de la Plata hat mich viel gelehrt, da er wie das Leben ist. Nie nur fröhlich oder ausschließlich traurig. Die Dinge, welche uns wirklich bewegen, definieren sich stets durch ihr Gegenteil – was wäre das Gute ohne das Böse, das Lachen ohne das Weinen, die Hoffnung ohne die Verzweiflung? Man kann einen Tango auch tanzen, wenn man müde oder niedergeschlagen ist – versuchen Sie das mal mit einem Wiener Walzer! So hing ich manchmal bis gegen Abend in der Klinik an der Nadel und stand drei Stunden später trotzdem auf dem Parkett – vielleicht bin ich so dem Krebs davongetanzt …

Was mich heute noch schmunzeln lässt: Welches Gesicht hätten meine Ärzte gemacht, die mich wegen meiner Immunschwäche vor Menschenansammlungen warnten, wenn sie mich des Nachts auf Tuchfühlung mit diversen Tänzerinnen erblickt hätten? Aber man sollte Medizinern nicht alles sagen – manche reagieren beim „K-Thema“ erstaunlich depressiv.

Inzwischen bin ich seit anderthalb Jahren symptomfrei. Ohne die Kontrollbesuche bei den netten Schwestern und Ärzten in „meiner“ Onkologie würde mir direkt etwas fehlen. Ob ein „Leidensgenosse“ von meiner Geschichte etwas für sich mitnehmen kann, muss er selbst entscheiden. Es gibt so viele Krebsschicksale wie Lösungswege. Nur: Begreifen Sie, dass dieser Weg am Tag der Diagnose beginnen muss, organisieren Sie sich alle Hilfe, die Sie brauchen – und lassen Sie die Konjunktive! Ich dachte damals nicht: „Ich würde gerne ein Buch schreiben“, sondern mir war klar: „Ich werde es gedruckt bekommen!“ Aber vielleicht möchten Sie sich ja lieber den lange gehegten

Traum von einer Reise erfüllen oder die bayerische Meisterschaft im Preiskegeln gewinnen? Völlig egal! Sie sind der beste Experte für Ihr eigenes Glück. Haben Sie keine Angst vor dem Tod – im Gegenteil. Beginnen Sie mit dem wirklichen Leben!

Gerhard Riedl, 60,
Gymnasiallehrer,
Pörnbach

Meine Krebserkrankung als Chance!

von Kerstin Rimpl

Es war der 7. September 2005, ein Tag nach der Einschulung meiner Tochter Laura in die erste Klasse. Ich hatte einen Termin zur Mammografie, weil ich einen Knoten unter meiner Achsel getastet hatte. Mein Frauenarzt meinte, es wäre eine Schweißdrüse, aber ich bestand darauf, zur Mammografie gehen zu dürfen. Eigentlich hatte ich mit einer harmlosen Diagnose gerechnet, doch dann kam der Schock: „Brustkrebs!“ Unter der Achsel, Tennisball groß, in der rechten Brust drei weitere, kleinere Knoten. Und das Drama nahm seinen Lauf …!

Für mich ging in diesem Moment die Welt unter. Sofort schoss mir durch den Kopf, was wohl mit meiner geliebten Tochter Laura sein würde, wenn ich nicht mehr lebte. Wie mein Mann Manfred alles finanziell schaffen sollte, wo wir doch gerade gebaut hatten. Wie bringe ich das meiner Tochter und meinen Eltern bei? Sollte das wirklich nun alles gewesen sein – muss ich sterben? Tausende von Fragen überrollten mich, und ich konnte keinen klaren Gedanken mehr fassen. Ich rief sofort meinen Mann an und bat ihn, mich bei der Röntgenpraxis abzuholen.

Die Diagnose war auch für ihn ein großer Schock. Die Röntgenärztin schickte uns sofort ins Brustkrebszentrum zur Biopsie. Dort saßen wir nun und mein Herz schlug bis zum Hals. Was würde der Arzt sagen? Vielleicht ist es ja doch gutartig. Vielleicht haben sie sich alle getäuscht? Die Zeit schien gar nicht zu vergehen. Doch dann wurden wir ins Arztzimmer gerufen. Der Arzt war sehr freundlich und sagte mir gleich, dass es wahrscheinlich ein bösartiges Karzinom sei. Danach führte er die Biopsie durch und nun hieß es warten!

Nach dem Krankenhaus fuhren wir zu meiner geliebten Schwester Angelika, die in meinem Leben einen wirklich sehr hohen Stellenwert hat. Wir lagen uns heulend in den Armen und hofften nun gemeinsam, dass die Biopsie sagen würde: Es ist gutartig.

Nach einer Woche Hoffen und Bangen kam die schrecklichste Diagnose meines kurzen Lebens: Brustkrebs – und das mit 36 Jahren! Ein sehr aggressives Karzinom, nicht hormonabhängig, was die Überlebenschancen noch schlechter macht. Für mich fiel in diesem Moment ein zweites Mal die Welt zusammen. Und nun?

Die Ärzte rieten mir zur sofortigen Operation mit Entfernung der Lymphknoten – wenn möglich würde man diese Brust erhaltend durchführen. Aber für „alle Fälle“ sollte ich meine Einwilligung unterschreiben, dass man mir die Brust entfernen dürfe. Das sollte ich einfach so unterschreiben, wie eine Banküberweisung? Wissen die Ärzte, was sie da von mir verlangen? Ich bin 36 Jahre und keine 80! „Aber sie wollen doch leben ...“, sagte einer der Ärztinnen. Weiß sie überhaupt, wie man sich in diesem Moment fühlt? Kann sie verstehen, was mich da gerade überrollt? Nein, kann sie nicht, denn sie ist ja gesund!

Schließlich unterschrieb ich mit zittrigen Händen mein Todesurteil – oder mein Lebensurteil?

Der Tag der Operation nahte. Ich war sehr aufgeregt und froh, dass mein Mann mich überallhin begleitete. Bringen wir es hinter uns. Doch nun lag ich im Vorbereitungsraum und hatte panische Angst davor, ohne Brust wieder aufzuwachen. Mein Herz raste – hatte ich da wirklich die richtige Entscheidung getroffen? Ich bekam Angst und revidierte beim behandelnden Arzt meine Unterschrift zur Abnahme der Brust. Der Arzt war unheimlich freundlich und verständnisvoll. Er machte mir noch einmal Mut und versprach mir, dass ich mit Brust wieder aufwachen würde. Dann konnte ich beruhigt einschlafen.

Als ich im Aufwachraum wieder aufwachte, bemerkte ich, dass mein Mann neben meinem Bett saß. Sofort fragte ich ihn, ob ich meine Brust noch hätte, und er antwortete mir: „Ja.“ Ich war sehr erleichtert. Es ging mir eigentlich recht gut. Die Operation war sehr gut gelaufen, die Lymphknoten waren entfernt, ebenso das Karzinom. Nun mussten die Wunden heilen – auch die seelischen! Und schon kamen wieder Gedanken: Was ist jetzt? Sind nun alle Krebszellen weg? Hab ich es nun geschafft? Wird man noch Metastasen in anderen Organen finden? Wie geht's nun weiter? Das Kopf-Kino lief und lief ...!

Metastasen hatte man – „Gott sei Dank“ – keine gefunden. Ich war total erleichtert! Trotzdem wollte ich für den Fall der Fälle vorsorgen. Ich schrieb eine Patientenverfügung, eine Bankvollmacht und mein Testament. Ich legte ein Erinnerungsbuch für meine Tochter an – mein Mann war geschockt, aber ich wollte, dass alles geregelt war! Es war meine Art, mit der Erkrankung umzugehen. Ich beschäftigte mich sehr intensiv mit dem Tod und versuchte, die Angst davor zu verlieren.

Dann rieten mir die Ärzte zu einer Chemotherapie mit anschließender Bestrahlung. Drei Chemo-Zyklen mit FEC, drei Zyklen mit Taxotere, jeweils im Abstand von vier Wochen.

Natürlich hatte ich auch hierzu wieder viele Fragen. Das Internet zu Hause glühte. Woher weiß man, ob man das Richtige tut? Man ist ja völlig überfordert in dieser Situation. Aber ich habe Verantwortung gegenüber meiner Tochter und meiner Familie – also muss ich doch ALLES tun, oder?

Also entschied ich mich dazu, dem Rat der Ärzte zu folgen. Nun musste ich noch die Port-OP über mich ergehen lassen, damit ein sicherer Zugang für die Chemotherapie gelegt werden konnte. Am nächsten Tag flossen schon drei Flaschen Chemie in mich rein. Armer Körper – schaffst du das? Was tue ich dir da an? Aber es muss doch sein, leider – oder wäre es vielleicht doch ohne Chemotherapie gegangen? Ständig diese Zweifel und Überlegungen, das brachte mich schier um den Verstand – also Schluss damit! Ich habe mich dafür entschieden und ich werde es schaffen!

Die letzte Infusionsflasche hing am Haken – mir ging es nun verdammt schlecht. Ständig musste ich mich übergeben, und immer noch fragte ich mich, ob das alles so richtig ist und ob ich überleben werde. Ich lag allein im Krankenzimmer. Eigentlich wäre ich um jede Ablenkung froh gewesen, andererseits war ich froh, dass keiner mitbekam, wie oft ich das Klo küsste. Abends ging plötzlich die Tür auf, und meine Schwester kam zu Besuch. Das tat gut, jemanden an der

Seite zu haben, wo es mir so elend ging. Danke, dass du für mich da warst, Schwesterherz!

Sodann beschäftigte ich mich damit, ob mir die Schulmedizin ausreichte. Ich kam zu dem Entschluss, dass ich gerne begleitend zur Schulmedizin die Naturheilkunde anwenden wollte. Die Internetseite der „Gesellschaft für Biologische Krebsabwehr" (GfBK)[31] hat mir hier sehr weitergeholfen. Ich bestellte mir sogleich Infomaterial, um mich umfassend zu informieren. Über eine Empfehlung kam ich zu meiner Heilpraktikerin „Traudel". Sie riet mir dazu, begleitend zur Chemotherapie und Bestrahlung eine Mistel- und Enzymtherapie zu machen sowie Selen und orthomolekulare Präparate zu mir zu nehmen. Auch sie war vor Jahren an Brustkrebs erkrankt und ich fühlte mich dort einfach verstanden und gut betreut. Nun hatte ich auch meine „Seelentrösterin" gefunden, um gewisse Fragen, z. B. „Warum gerade ich?", aufzuarbeiten.

Ja, warum gerade ich – das fragt sich wohl jeder in dieser Situation. Weil ich die Krankheit gebraucht habe, um mein Leben zu ändern – das weiß ich jetzt! Als ich meine Tochter geboren habe, haben wir gerade ein Haus im schönen Lengfeld gebaut. Ich war der Meinung, dass ich nach drei Jahren Kinderbetreuung auch wieder in meinen alten Job als Sekretärin zurückkommen könnte. Doch leider gab es keinen Kindergartenplatz, und deshalb hätten wir eine Tagesmutter gebraucht. Das wollten weder mein Mann noch ich. Also kündigte ich bei meiner Firma und war nun Hausfrau und Mutter. Doch nach einigen Jahren fragte ich mich, ob das nun alles ist. Eine Teilzeitstelle fand ich nicht, und so versank ich zu Hause immer mehr in Einsamkeit und war unglücklich. Der Nährboden für meinen Krebs war geschaffen.

Nach der zweiten Chemotherapie besorgte ich mir eine Perücke. Ich war ja auf alles vorbereitet, doch wie ich dann durchs Dorf lief und mir in die Haare fasste und sie plötzlich büschelweise in der Hand hatte, war das trotzdem ein Schock! Ich rannte wie von Sinnen

31 GfBK – s. Link- und Adressenliste im Anhang.

nach Hause. Zu Hause angekommen, entschied ich mich dazu, mir die Haare abzurasieren. Von nun an lief ich mit Perücke oder Kopftuch rum. Kaum zu glauben, wie kalt es auf dem Kopf wird, ohne Haare. Meine Tochter hatte zunächst Angst, mich ohne Perücke anzuschauen, aber irgendwann traute sie sich doch, und dann haben wir auch mal gemeinsam gelacht, wie komisch man ohne Haare ausschaut. Überhaupt haben wir viel geredet und versucht, ihr irgendwie schonend beizubringen, dass es auch schlimm ausgehen könnte. Aber sie hat das, glaube ich, seelisch sehr gut verkraftet. Ich bin sehr stolz auf sie und ihre Hilfsbereitschaft in der schweren Zeit.

Chemozyklus für Chemozyklus brachte ich hinter mich. Wir lagen immer zu mehreren in einem Krankenzimmer und bekamen alle unseren Cocktail. Fast wie ein Stammtisch – immer die gleichen –, alle machten das Beste daraus, und manchmal war es sogar recht lustig. Um meine Übelkeit zu bekämpfen, rückte ich immer mit vier Flaschen Cola an. Alle lachten schon immer, wenn ich die Flaschen am Nachttisch aufbaute. Aber mir half es wirklich. Auf die Chemoflaschen klebte ich ein indisches Mandala, das die Nebenwirkungen abmildern sollte – ob's geholfen hat? Der Glaube versetzt Berge …!

Beim Taxotere hatte ich unglaubliche Knochenschmerzen. Es war wirklich die Hölle. Aber durch meine naturheilkundlichen Präparate konnte ich die Nebenwirkungen doch deutlich abmildern. Meine Nägel konnten erhalten bleiben, was bei anderen Patienten leider nicht der Fall war. Um mir meinen Krebs zu verdeutlichen, ließ ich mir einen Termin in der Pathologie geben. Ich wollte mir ansehen, was da versuchte, mir Angst und Schrecken einzujagen. Ein interessanter Anblick, das „Übel" nun eingebettet in Scheibchen. Mir half das alles, um mich mit der Erkrankung auseinanderzusetzen, ja sogar fotografiert hab ich ihn und zu Hause mit ihm gesprochen.

Den Alltag konnte ich in dieser Zeit leider nicht alleine meistern. Ich holte mir eine Putzfrau zur Hilfe, und auch die Familie hat mich wirklich gut umsorgt. Man muss die Hilfe einfach annehmen, wenn man sich auch manchmal nutzlos vorkommt, aber in dieser schweren Zeit ist man einfach nicht leistungsfähig, und das darf man sich ruhig eingestehen. Schließlich ist jeder Tag ein Kampf gegen den Krebs und ums Überleben!

Nach der Chemotherapie folgten sechsunddreißig Bestrahlungen. Jeden Tag unter einem Gerät liegen und hoffen, dass auch dies was bringt. An den schweren Verbrennungen am Hals litt ich noch lange. Die Strahlenabteilung war für mich ein Graus – überwiegend unfreundliches Personal und keinerlei „nette Worte" in einer so schweren Zeit ... – sehr traurig, aber wahr.

Nachdem auch die Bestrahlung abgeschlossen war, ging ich zur Reha in die Tumorbiologie nach Freiburg. Dort war ich wieder in den besten Händen. Vor allem die ganzheitliche Sichtweise der Ärzte hat mir imponiert. Und auch der Austausch mit anderen Erkrankten tat einfach gut.

Während der Reha machte ich mir nun Gedanken über die zahlreichen Gespräche mit meiner Heilpraktikerin „Traudel". Sie fragte mich damals: „Was würdest du denn noch gerne mal machen – außer in deinen Beruf zurückkehren?" „Hmmm ..." Ich überlegte kurz und dann antwortete ich: „Ja, Heilpraktikerin, dass würde mir auch Spaß machen – das wollte ich früher schon mal machen!" Nachdem ich gleich hinzufügte, dass ich hierfür ja schon „zu alt" sei, bekam ich eine ordentliche Standpauke zu hören, und sie schubste mich so, mehr oder weniger, in meine Zukunft.

Sollte ich nun wirklich mein ganzes Leben umkrempeln und eine Ausbildung zur Heilpraktikerin machen? Ob mein Mann mich unterstützen würde – auch finanziell? Was würde die Familie sagen? Schaffe ich die Ausbildung überhaupt in dieser schweren Zeit? Bestehe ich die Prüfung? Was dann – eine eigene Praxis? Aber wenn ein Rückfall kommt – was dann? Tausende von Fragen beschäftigten mich mal wieder.

Okay – ich muss mein Leben ändern, sagte mein Körper. Mein Mann stand voll hinter mir und trug meine Entscheidung mit. Meine Tochter fand es „cool". Meine Familie war skeptisch – ist mir aber egal! Ich schaffte die Ausbildung und bestand die Prüfung – weil es mein Herzenswunsch ist! Ich werde eine eigene Praxis eröffnen –

weil ich eine neue Zukunft anstrebe! Ich werde keinen Rückfall bekommen – weil ich positiv denke! Okay – meine Gesundung beginnt!

Seitdem hat sich mein ganzes Leben und auch meine Einstellung geändert. Ich funktioniere nicht mehr nach dem Willen anderer, sondern schaue, dass es mir gut geht! Ich arbeite sehr an mir und meinen Eigenheiten und genieße jeden Tag! Bei jeder Nachuntersuchung steigt zwar die Angst in mir hoch, aber bisher bin ich gesund und werde es auch bleiben – weil ich für mich sorge!

Ich bin stolz auf mich! Im Januar 2009 habe ich meine eigene Naturheilpraxis eröffnet. Mein Leben hat wieder einen neuen Lebenssinn. Ich schöpfe viel Energie aus meiner jetzigen Berufung und bin eine zufriedene, glückliche Ehefrau und Mutter. Ohne meine Erkrankung hätte ich wahrscheinlich nie den Mut gehabt, mein Leben so umzukrempeln.

Ich danke allen, die mich in dieser schweren Zeit so kraftvoll unterstützt haben und diesen schweren Weg mit mir gegangen sind. Insbesondere danke ich meinem Mann, der immer für mich da war und auch jede andere Entscheidung mitgetragen hätte. Meiner Tochter, die mich in dieser Zeit immer unheimlich rücksichtsvoll und hilfsbereit unterstützt hat. Meiner Schwester, die mich immer wieder getröstet und aufgebaut hat – einfach, weil sie da war. Meinen Eltern und Schwiegereltern, die auch jederzeit zu Hilfe kamen, wenn es mal geklemmt hat. Meiner Heilpraktikerin „Traudel" – die mich seelsorgerisch und wegweisend unterstützt und begleitet hat. Sowie natürlich allen Freunden, die auch ohne Haare mit mir ausgegangen sind, was man nicht von jedem behaupten kann! Auch meinem Arzt, Dr. Inakker, möchte ich sehr danken, denn ich hatte dank seiner Operationsfähigkeiten noch nie ein Lymphödem! Vielen Dank an all die lieben Menschen in meiner Umgebung!

Ich wünsche allen Menschen, die an der Krankheit „Krebs" erkrankt sind, viel Kraft und neuen Mut, um sich dem Schicksal zu stellen. Krebs ist heute nicht gleich ein Todesurteil. Manchmal ist es ein Zeichen, dass wir etwas in unserem Leben ändern sollen. Wie lange haben wir nicht auf unseren Körper gehört. Er musste es uns nun so drastisch zeigen, dass es so nicht weitergehen kann! Gebt nicht auf! Sucht euch Hilfe bei Menschen, die euch guttun! Nehmt euer Schicksal selbst in die Hand! Und niemals aufgeben!

Kerstin Rimpl, 41,
Heilpraktikerin,
Otzberg

Erkenntnis

von Günter Scherer

Über die Flure huschen meine Gedanken,
sind noch Nebel da, ich weiß, sie schwanken.
Kriechen über dürres Geäst,
halten da und dort sich fest,
stolpern doch und steh'n wieder auf –
suchen immer noch den freien Lauf –
durch des Lebens Gänge
und unterliegen doch so vielen Zwängen.

Möchten gern sich ganz befreien –
nie mehr sich kasteien,
wissen's eigentlich schon lang,
wo der Weg soll gehn entlang,
doch Kraft braucht's auch – Intuition,
Erkenntnis ist die Munition.
Das Alte aufzusprengen,
neue Wege zu erzwängen
und sie dann auch zu gehen,
gar nicht mehr zurückzusehen.

Nach vorne preschen ist das Ziel,
dafür soll nichts sein zu viel.
Lohnen wird sich diese Kraft,
ist das Ziel erst mal geschafft.
Weg die Nebel und die Furcht –
Sieh, am Horizont –
dort bricht sie durch …

DIE SONNE

Steigt machtvoll und erhaben auf,
zeigt mir den Weg, den ich soll gehen, auch.
Den Weg, der zu mir selber führt,
mich ganz im Innersten berührt.
Ich will ihn geh'n, Erkenntnis finden,
nach meiner Bestimmung mich ans Leben binden.
Will klar und wahr sein, ungestört –
Und weiß doch, wo ich hingehör.

An deine Seit', und Hand in Hand,
sind wir verbunden durch ein Band,
wo wir uns tragen, halten, inspirier'n,
eins werden und uns nie verlier'n.

Und Ehrfurcht haben unterm Firmament
zu allem, was sich Leben nennt.
Und aufschau'n zu der guten Macht,
die spendet uns die große Kraft:
mit Mut und Würde unsern Weg zu geh'n,
zusammensteh'n,
nach vorne seh'n.

Günter Scherer,
Neunkirchen

Lyrik

von Peter Schott

Ich bin verwitwet seit 2006. Meine Frau hatte Krebs und ich schreibe Texte[32] aus der Sicht des Angehörigen.
Mein Lebensspruch ist:
Wir haben den Kampf nicht verloren.
Wir haben nur anders gesiegt, als wir dachten.

Was auch immer

Was auch immer
das Schicksal dir überstülpt:
Du bist mehr,
als es dir zufügen kann.

Was auch immer
Schlimmes mit dir geschieht:
In dir steckt mehr Leben,
als du denkst.

Was auch immer
Schweres auf dir lastet:
In dir steckt
mehr Kraft und Mut,
als du glaubst.

32 Peter Schott: Einfach menschlich – s. Literaturliste im Anhang.

Gib dich nicht auf.
Zähle auf dich.
Glaube an dich.
Halte zu dir – egal, was geschieht.
Und du wirst leben.

Warteschleife

Manchmal warten wir
auf eine zweite Chance
und haben die erste
noch gar nicht genutzt.

Wunsch

Ich wünsche mir
das Vertrauen,
welches das Schicksal in mich hat.
Es traut mir oft mehr zu
als ich mir selbst.

Gemeindereferent,
Münnerstadt

ALLES WIRD GUT – ICH WERDE MEINEN EIGENEN WEG FINDEN

von Christa Schweers

Meinen Bandscheibenvorfall hatte ich, entgegen dem Rat von drei Ärzten, ohne Operation nach zwei Jahren gut überstanden. Ich hatte kaum noch Schmerzen im Rücken und in den Beinen, war wieder gut beweglich.

Da wurde im Mai 2007 in meiner rechten Brust Krebs diagnostiziert. Eigentlich war ich guten Mutes, als ich im Mammografie-Zentrum diese Nachricht erhielt und der Arzt, mit dem ich das Ergebnis besprechen wollte, schon mit einer Biopsie-Nadel auf mich wartete. Ich glaubte einfach nicht, dass der Knoten, der jahrelang durch Ultraschall überwacht worden war und sich nun plötzlich vergrößert hatte, bösartig war. Ich wollte vor einer Gewebeentnahme darüber nachdenken und alles mit meiner Hausärztin besprechen. Mir wurde schnell klar, dass ich diese Wucherung, die ja auf jeden Fall eine Belastung für meinen Körper war, operativ entfernen lassen wollte. Eine Mitarbeiterin und ein Arzt der Beratungsstelle der Gesellschaft für Biologische Krebsabwehr e.V. (GfBK), zu denen ich sofort Kontakt aufnahm, bestärkten mich in meinem Entschluss und gaben mir viele wichtige Informationen.

Meine Mutter war vor drei Jahren im Alter von 86 Jahren sehr elendig an Krebs gestorben. Sie hatte alles getan, was die Ärzte ihr geraten hatten, und es nicht hinterfragt. Ich wusste, dass mein Weg ein anderer sein würde und dass ich, in Zusammenarbeit mit ganzheitlich behandelnden Ärzten, selbst entscheiden wollte, auf welche Art von Behandlung ich mich einlassen konnte.

Auf jeden Fall sollte die Operation nicht in einem „normalen“ Krankenhaus erfolgen, denn ich war seit Jahren naturheilkundlich und homöopathisch orientiert. Leider gibt es bei uns im Norden kein entsprechendes Angebot an Krankenhäusern, daher meldete ich mich in einer anthroposophischen Klinik in Dortmund an. Der Arzt der GfBK hatte mir geraten, mich bei abnehmendem Mond und nicht an Skorpion- und Krebstagen operieren zu lassen, und mir gesagt, welche Mittel ich vorher und nachher nehmen sollte. So gestärkt fuhr mich mein Mann nach Dortmund und blieb zunächst ein paar Tage vor Ort. Die Operation überstand ich gut, aber als mein Mann nach Hause fuhr, fiel ich in ein tiefes Loch und merkte, wie angekratzt meine Psyche war. Die Aussage der Ärztin beim Abschlussgespräch, ich solle so weiterleben wie bisher, hat mich enttäuscht, denn mir war klar, dass mir die Krankheit etwas sagen wollte, und ich war entschlossen, an mir zu arbeiten.

In den letzten Tagen meines Aufenthaltes in der Klinik las ich in den Publikationen über die positiven Wirkungen der Heileurythmie. Da ich dies dort leider nicht ausprobieren konnte, suchte ich mir eine Lehrerin in Wohnortnähe. Diese Stunden, die im Einzelunterricht individuell erarbeitet wurden, unterstützten und unterstützen mich noch immer bei meiner körperlichen und geistigen Heilung.

Nachsorge – aber wie?

Die Nachsorgeempfehlung der Klinik lautete: Bestrahlung und Antihormontherapie (Tamoxifen). Mein Bauch sagte mir, dass ich weder das Eine noch das Andere wollte, aber konnte ich das verantworten? Meine Frauenärztin legte mir beides sehr ans Herz und überredete mich, mir die Strahlenpraxis doch wenigstens anzusehen und mich beraten zu lassen. Ich merkte bald, dass ich auch dazu nicht bereit war, und sagte den vereinbarten Termin ab. Daraufhin rief mich der zuständige Strahlenarzt zu Hause an und versuchte, mich von meinem Entschluss abzubringen. Er sagte mir, dass ich mit meinem Leben spielen würde.

Das warf mich seelisch total aus der Bahn und brachte meine Sicherheit ins Wanken. Ich weiß nicht, ob ich mich nach diesem Telefonat ohne die Unterstützung meines Mannes getraut hätte, bei meiner Entscheidung zu bleiben.

Nachdem ich mich über die Nebenwirkungen von Tamoxifen informiert hatte, folgte ich auch da meinem Bauchgefühl und lehnte die Einnahme ab. Ich fand es sehr angenehm, dass meine Frauenärztin meine Entscheidung akzeptierte.

Eine Psychotherapeutin half mir dabei, meine innere Sicherheit und Kraft immer wieder zu aktivieren, meine eigenen Muster zu erkennen und zu neuen Sichtweisen zu kommen. Sie bearbeitete mit mir Fragen sowohl bezüglich meiner Erkrankung als auch Kommunikations- und Selbstwertprobleme und half mir, aufkommende Ängste und Zweifel zu überwinden.

Ich wusste, dass ich „keinen Krieg gegen meinen Körper" führen, sondern ihn bei der Überwindung der Krebserkrankung unterstützen und meine Selbstheilungskräfte stärken wollte. Genau das wurde in einer komplementär-immunologischen Privatpraxis, von der mir mein Krankengymnast erzählt hatte, angeboten.

Die ärztliche Kompetenz und Menschlichkeit, die angenehme Atmosphäre, das Gefühl, dort abgeholt zu werden, wo ich mich gerade befinde, und die große Erfahrung der in der Praxis ganzheitlich arbeitenden Ärzte sind nach wie vor ein Glücksfall für mich. Aus Kostengründen hatte ich bisher die Möglichkeit, mich in einer privatärztlichen Praxis behandeln zu lassen, nicht erwogen. Leider lehnte meine Krankenkasse die Übernahme der Behandlungskosten ab. Als auch mein Widerspruch keinen Erfolg hatte, reichte ich Klage beim Sozialgericht ein. Mir ist es wichtig, eine Anerkennung der naturheilkundlichen, komplementär-onkologischen Therapien als Ergänzung zu den schulmedizinischen Behandlungen zu erreichen. Bisher gibt es noch keine Entscheidung.

Theomedizin – nie gehört

Durch Zufall (?) stieß ich im Internet auf die Ankündigung eines internationalen Kongresses Theomedizin zum Thema Krebs in Dresden. Diese „Heilkunst für Seele, Geist und Körper" und die Liste der Referenten interessierten mich sehr. Ich meldete mich als Probandin. Nach Versand meiner Krankenunterlagen erhielt ich eine Kongresskarte und wurde mit 80 anderen Menschen in die ärztlich geleitete Probandenstudie aufgenommen. Ich bin sehr dankbar für die vielen positiven Erfahrungen und Behandlungen, die ich dort machen durfte. Biomeditation bedeutet, gesunde Bioenergie aufzunehmen und Blockaden, die zu einer Erkrankung geführt haben, aufzulösen. Ziel ist es, alte Denk- und Lebensmuster zu verändern, das Nervensystem zu stabilisieren und das Immunsystem zu stärken, d. h. die Selbstheilungskräfte zu aktivieren. Ich habe während der Behandlungen viel geweint, hätte nie gedacht, dass ich in der Lage sein würde, mit vielen anderen Menschen in einem Kongresssaal zu sitzen, mich auf geistiges Heilen einzulassen und dies wirklich zu spüren. Die CD, die dort immer gespielt wurde, höre ich noch heute, und das gespeicherte Gefühl der totalen Entspannung stellt sich immer wieder ein.

Alles zur richtigen Zeit

Die Chance, meine Persönlichkeit weiterzuentwickeln, begegnete mir durch die Suche nach einem Qi-Gong-Kurs. Die Kursleiterin, nicht nur Qi-Gong-Lehrerin, sondern auch spirituelle Lebenslehrerin, verhalf mir in Gesprächen und Behandlungen zu mehr Bewusstheit und ließ mich das Vertrauen in meine eigene schöpferische Kraft entdecken. Die Anteilnahme und Unterstützung dieser klugen Frau erlebe ich immer wieder als sehr bereichernd.

Wasserader – Krebs – Zufall?

Der Mensch verbringt etwa 30 % seines Lebens im Schlaf und in dieser Zeit soll sich der Körper regenerieren. Nicht nur Elektrosmog kann dazu führen, dass die Gesundheit auf Dauer geschädigt wird, sondern es wurde schon in früheren Zeiten festgestellt, dass viele krebskranke Menschen auf Wasseradern geschlafen haben. Daher nahm ich Kontakt zu einem geologischen Berater (Rutengänger) auf, der unter unserem Bett, genau in dem Bereich, wo bei mir Krebs gewachsen war, eine Wasserader feststellte. Wir konnten einen anderen Platz für unser Bett finden. Ich wache seitdem morgens viel erholter auf.

Ernährung

Dass sich ein Tumor von Zucker ernährt, wusste ich bisher nicht. Ich hatte vor meiner Erkrankung zwar relativ gesund, aber zu süß und fett gegessen. Wenn man sich im Kopf klarmacht, wie wichtig es für das gute Funktionieren aller Abläufe im Körper ist, ihn mit gesunder Nahrung zu versorgen, fällt es nicht mehr so schwer, auf manche Schlemmerei zu verzichten, es aber nicht als Verzicht zu erleben. Ich habe viel Freude an einem leckeren Essen und achte darauf, dass Geruch, Geschmack und Aussehen stimmen, denn das finde ich ebenso wichtig wie die „richtigen" Inhaltsstoffe. „Die Bilanz am Ende des Tages muss stimmen", sagt mein Arzt, mit dem ich immer mal wieder über Ernährungsfragen spreche.

Je mehr Informationen, desto besser?

Bücher zum Thema Krebs gibt es ja reichlich, aber nicht alle sind nützlich. Mir waren Erfahrungsberichte von anderen Betroffenen wichtig. Ich las Publikationen und hörte CDs von Ärzten und Wissenschaftlern, die der ausschließlich schulmedizinischen Krebsbehandlung kritisch gegenüberstehen. Natürlich diente mir das Internet als Informationsquelle. Ich entdeckte sehr hilfreiche Tipps, ärgerte mich aber oft darüber, dass ich manchmal stundenlang vor dem Computer saß, ohne zu merken, wie viel Zeit das gekostet hatte. Auch wenn ich immer wieder „rückfällig" wurde und noch werde, versuche ich, dieser Informationsquelle nicht zu viel Platz in meinem Leben einzuräumen.

Rezidiv – es ist so, wie es ist …

Das Leben an sich bedeutet Unsicherheit. Man kann nie alles überschauen. Und diese Tatsache muss man bis an sein Lebensende ertragen.
Margarete Mitscherlich

Meine Narbe gab immer wieder Anlass zu kritischer Betrachtung. Im April 2009 wurden bei einer Operation (diesmal in einem ortsnahen

Krankenhaus) Krebszellen entfernt. Für mich waren das Zellen, die bei der ersten Operation vergessen wurden, denn der Resektionsrand betrug damals nur zwei Millimeter. Meine feste innere Überzeugung blieb bestehen, dass der Weg, für den ich mich entschieden hatte, auch weiterhin für mich richtig war. Was sollte/musste ich also verändern? Meine behandelnden Ärzte rieten mir, da der Krebs wieder hormonabhängig war, noch einmal über eine Antihormonbehandlung nachzudenken. Diese gehörte, zusammen mit der Empfehlung einer Strahlenbehandlung, zur Nachsorgeempfehlung des Krankenhauses. Das gute Vertrauensverhältnis zu meinen Ärzten war entscheidend dafür, dass ich mich nun zu einer Einnahme durchringen konnte. Bei jeder Tablette des Aromatasehemmers, die ich seitdem einnehme, sage ich mir: „Du tust mir gut." Ich habe kaum Nebenwirkungen und fühle mich stark und gesund.

Neue Ziele
Wer sich einmal selbst gefunden hat, kann nichts auf dieser Welt mehr verlieren.
Hildegard von Bingen

Dass Bewegung und Sport den Krankheitsverlauf positiv beeinflussen, ist inzwischen ja wissenschaftlich nachgewiesen. Durch einen Zeitungsbericht wurde ich auf ein Konditionstraining, bei dem es um Bewegung, Atmung und Entspannung geht und welches bei jedem Wetter draußen stattfindet, aufmerksam. Seit drei Jahren gehört das „Heigln" (Konditionstraining, gepaart mit gesunder Ernährung nach Heinz Heigl) nun zu meinem Wochenprogramm. Da mir dieser Sport viel Spaß macht und ich diese Freude gern an andere Menschen weitergeben möchte, habe ich eine Ausbildung zur Lehrkraft für Kondition-Therapie nach der Methode Heigl begonnen.

Ansonsten versuche ich, mir jeden Tag etwas Gutes zu tun, um Körper, Seele und Geist zu nähren. Das müssen nicht immer große Dinge sein, manchmal ist es schon beglückend, mit einer Tasse Tee im Garten zu sitzen und die Sonne zu genießen. Seit Jahrzehnten sind Yogastunden ein Highlight in meinem Leben und seit zwei Jahren singe ich im Chor.

Ein Netz von lieben Menschen trägt mich auch durch schwierige Zeiten, und das ist ein Schatz, den ich hüte und pflege und für den ich sehr dankbar bin.

Alles, was geschehen und nicht mehr zu ändern ist,
überlasse ich dem Schicksal,
aber für alles, was noch getan werden muss,
fühle ich mich verantwortlich.
Holzart Innehat Khan

Christa Schweers, 64,
Achim

Die es schaffen, stehen nicht in der Zeitung

von Eva Seidl

Meine erste Begegnung mit der Krankheit Krebs hatte ich mit 13 Jahren. Eine Schulfreundin von mir erkrankte damals an Leukämie. Sie musste nach München in eine Klinik, und als sie wieder einmal nach Hause durfte, besuchte ich sie mit einer Freundin, um ihr ein Geschenk der Schulklasse zu bringen. Durch die Medikamente hatte sie sich verändert, aber ihr liebes Gesicht mit den blauen Augen sehe ich heute noch vor mir. Als wir ein Weile bei ihr waren, sagte sie auf einmal zu mir: „Eva, meinst du, ich muss sterben?" Ich war erschrocken, aber ich sagte: „Nein Ingrid, du wirst sehen, du schaffst es." Doch ich hatte nicht Recht. Als der Lehrer uns nach wenigen Wochen sagte, sie sei gestorben, war ich völlig fertig. Ich hatte so fest daran geglaubt, dass sie wieder gesund werden würde, wie ich es ihr gesagt hatte. Ich bin überzeugt, dass sie heute überleben würde, aber vor 30 Jahren war es einfach anders.

Seitdem, wenn ich in ein Krankenhaus kam und allein das Wort „Onkologie" las, dachte ich immer: Hoffentlich haben wir nie was damit zu tun. Doch es kam alles ganz anders.

Es begann im Oktober 2007. Mein Gesicht begann links und rechts anzuschwellen. Ich dachte, es wäre eine Seitenstrangangina, und ging zu meinem Hausarzt. Dieser war sich nicht sicher und überwies mich zum Hals-Nasen-Ohren-Arzt. Der wiederum stellte fest, dass meine Lymphknoten ein bisschen verändert seien, aber sonst sei alles in Ordnung. Vorsichtshalber schickte er mich zu einer Untersuchung in die Universitätsklinik. Zu dieser Zeit bekam ich schon sehr schlecht Luft und schlief ständig ein. Meine Atemnot schoben die Ärzte auf mein enormes Übergewicht. Wenn ich jedoch sagte, ich sei schon immer so dick, habe aber noch nie so schlecht Luft bekommen, nahmen sie es nicht ernst.

In der Universitätsklinik tippten sie auf eine Lebensmittelallergie und sagten mir, ich solle verschiedene Lebensmittel meiden. Ich ging noch zu einem Nervenarzt, Zahnarzt und einen Heilpraktiker. Inzwischen war mein Gesicht schon so aufgeschwollen, dass ich eine blaue Gesichtsfarbe hatte. Wenn ich ging, konnte ich den Boden nicht mehr sehen. Ich konnte nicht mehr Auto fahren und schlief ein, sobald ich mich hinsetzte. An meinem Brustkorb hatte ich lauter geplatzte blaue Äderchen. Jeder schob es weiterhin auf mein Übergewicht. Dann wurde ich zu einer Computertomografie (CT) überwiesen. Weil man wieder nur meinen Kopf untersuchte, fand man da auch nichts.

Der Arzt vom CT sagte wieder etwas von veränderten Lymphknoten und schickte die Unterlagen zu meinem Hausarzt. Inzwischen war ich so fertig und wusste nicht mehr, was ich noch tun könnte. Als ich zu meinem Hausarzt ging, um mir ein Rezept für eine Lymphdrainage zu holen, sagte mir die Arzthelferin, ich solle warten, der Doktor wolle mich sehen. Mein Arzt war sichtlich erschrocken, als er mich sah, und sagte: „Mein Gott, wie schauen Sie denn aus? Mir lässt das keine Ruhe mit den Lymphknoten, ich mache sofort einen Termin mit dem Internisten im Nachbarort aus. Dort lassen Sie sich die Lunge röntgen." Innerhalb von zehn Minuten hatte ich einen Termin. Ich sollte in einer halben Stunde kommen.

Eine Freundin musste mich fahren, weil ich es selbst nicht mehr konnte. Als man mich geröntgt hatte und in das Zimmer des Internisten führte, sah ich meine Bilder am Leuchtpult hängen, und selbst ich als Laie konnte erkennen, was los war. Ich hatte einen riesigen Tumor von ca. 15 cm Durchmesser zwischen meinen Lungenflügeln, und er war an der Wirbelsäule festgewachsen. Der Internist sagte, es sei etwas Riesiges und nichts Gutes, und ich müsse sofort in eine große Klinik. Er rief meinen Hausarzt an und sagte, ich würde noch einmal zu ihm kommen, und er solle alles für mich in die Wege leiten.

Diese Fahrt dorthin werde ich nie vergessen. Weder meine Freundin Brigitte noch ich sagten viel. Ich dachte immer, das kann nicht sein. Ich habe Krebs. Sofort dachte ich an meinen Mann und meine Kinder. Sollte jetzt alles vorbei sein? Mein Hausarzt hatte schon ein

Bett in der Klinik organisiert und sagte, ich müsse sofort hingehen. „Ich muss noch einkaufen und noch alles organisieren“, sagte ich. „Nein“, sagte er, „Sie gehen sofort ins Krankenhaus.“ Zum Abschied drückte er mich noch ganz kurz. Verunsichert fragte ich: „Komme ich etwa nicht wieder?“ Da sah er mich ganz komisch an und sagte leise: „Nein, Sie kommen schon wieder.“ Da wusste ich, dass es nicht gut aussah.

Zu Hause sagte ich meiner Schwiegermutter, die mit im Haus wohnte, Bescheid. Ich rief meinen Mann an, der sofort von der Arbeit nach Hause kam. Ich bat meine Nachbarin, die eine gute Freundin ist, mir beim Packen zu helfen. Meine Tochter war damals neun Jahre alt und ich sagte ihr, ich muss ins Krankenhaus, aber alles wird gut.

Meine Freundin Rosaline und ich weinten, als wir meine Sachen zusammenpackten. Auch mein Mann konnte die Tränen nicht zurückhalten. Beim Abschied von meiner Tochter – mein Sohn war noch bei der Arbeit – versuchte ich so tapfer wie möglich zu sein, weil ich wusste, dass sie schreckliche Angst hatte.

In der Notaufnahme angekommen kam ich recht schnell auf die Station. Die Schwestern zeigten uns mein Zimmer und wir verstauten meine Sachen. Die beiden Ärzte, die dann zu einem Gespräch kamen, sagten uns, dass ich einen 15 cm großen Tumor hätte, der mir alles zugemacht hätte, so dass ich zum Atmen nur noch einen Durchgang so dünn wie ein Bleistift offen hätte. In ein paar Tagen wäre ich erstickt, und keiner hätte gewusst, warum. „Bei welchen Ärzten waren Sie?“, fragten sie mich. Als ich alle aufzählte, schüttelten sie nur den Kopf und fragten mich: „Niemand hat wegen Ihrer Atemnot Ihre Lunge geröntgt?“ Als ich verneinte, sahen sie sich nur an und schwiegen. Als nächstes nahm mir ein Arzt eine Probe vom Knochenmark. Ich hatte schreckliche Angst, aber er sagte: „Keine Angst, ich kann das gut.“ Er war super, ich habe fast nichts gespürt. Diese Probe wurde erst in Regensburg und in einer anderen großen Klinik untersucht – auf Metastasen. Das war eine schlimme Zeit, denn es dauerte zwei Wochen, bis das Ergebnis kam. Aber Gott sei Dank – keine Metastasen. Die Ärzte sagten mir, dass dieser Tumor, den ich hätte, extrem böse sei und dass sie mich nicht operieren könnten, weil er sich an einer Stelle mit vielen kleinen Gefäßen befand. Außerdem hing er an meiner Wirbelsäule und hatte einen Lungenflügel schon zur Seite geschoben.

Keine Operation – das war ein Schock für mich. Sie beruhigten mich, denn mit einer Chemo- und Bestrahlungstherapie hätten sie gute Erfahrungen gemacht. Am nächsten Morgen wurde mir ein Stück des Tumors herausoperiert, um seine Art bestimmen zu können. Am Abend vorher kam ein Arzt zu mir, und sagte mir, dass es Krebs sei und zwar ein extrem böser Tumor. Ich fragte ihn, woher er das wisse. Ich würde doch erst am nächsten Morgen operiert. Er sagte, er hätte schon viele gesehen und er wisse es. Dann fragte er mich, ob ich Kinder hätte und riet mir ihnen auf alle Fälle die Wahrheit zu sagen und mit ihnen darüber zu sprechen, denn Kinder hätten ein sehr feines Gespür für diese Dinge. Ich sah ihn an und sagte: „Es ist mir egal, was Sie mit mir machen, aber ich darf nicht sterben. Ich habe zwei Kinder, die mich brauchen.“ Er sah mich an und sagte: „Sie werden leben!“ Dann ging er. Am nächsten Morgen nach der Operation sah ich ihn noch einmal. Er kam im Aufwachraum an mein Bett und sagte, die Vermutung hätte sich bestätigt. Der Tumor könne nicht entfernt werden, und Sie würden heute noch mit einer Chemotherapie beginnen.

Ein anderer Arzt kam in mein Zimmer und sagte, sie würden nicht auf das Ergebnis der Untersuchung des Tumors warten, sondern sofort eine Chemotherapie beginnen, um keine Zeit mehr zu verlieren. Sie tippten auf eine bestimmte Tumor-Art, und wie sich nach der Untersuchung später herausstellte, lagen sie richtig. Es war ein malignes Lymphom.

Ich klammerte mich an die Worte des Arztes – „Sie werden leben.“ Ich lag im Bett und schrieb die Worte „im Geiste“ vor mir an die Wand. Wie eine Art „Tunneldenken“ ließ ich sonst nichts an mich heran. Die Ärzte sagten, es werde eine „Hammer-Chemo“ notwendig sein, weil der Tumor so groß und extrem böse sei und schrumpfen müsse. Sie brachten mir einen Ordner, in dem alle Nebenwirkungen aufgeführt waren, und ich musste schriftlich dazu mein Einverständnis geben. Ich unterschrieb, ohne eine Seite zu lesen. Der Arzt fragte mich: „Warum lesen Sie es nicht durch?“ „Wenn ich die Chemo nicht mache, werde ich sterben. Ich brauche diese Chemo, also will ich gar nicht wissen, welche Nebenwirkungen auftreten können.“ „Eine sehr gute Einstellung“, meinte der Arzt.

Durch die Chemos und ein Zellmittel, das mir zusätzlich verabreicht wurde und das nicht jeder verträgt, schrumpfte mein Tumor. Der Rest, der noch da war, wurde so lange bestrahlt, bis es nur noch totes Gewebe war. Ich schreibe nicht über die Chemos und die Bestrahlungen, wie sie waren, denn jeder, der dieses Buch liest und selbst betroffen ist, weiß, wie es einem geht. Nur manche Dinge möchte ich noch ansprechen, wie z. B. die Haare.

Ich wusste, dass ich meine Haare verlieren würde, doch ich dachte, es würde nicht so schnell gehen. Als ich nach der zweiten Chemo nach Hause durfte, wusch ich mir am Sonntagmittag die Haare und dachte, da sind gar nicht viele Haare in der Wanne. Als ich an den Spiegel trat und meine langen Haare bürsten wollte, fielen sie mir büschelweise vom Kopf. Und ich hatte auf einmal fast eine Glatze. Ich habe geweint, obwohl ich wusste, sie wachsen ja wieder.

Als meine Familie aus der Kirche kam, waren sie alle geschockt. Ich war sehr übergewichtig, und durch den Krebs war ich noch dicker geworden. Aber als mir die Haare ausfielen und ich eine Glatze hatte, sah man, dass ich Krebs habe, und ich glaube, von da an wurde es meinen Kindern erst richtig bewusst.

Ich gab mich immer extrem stark. Als mein Sohn abends von der Arbeit kam und von meiner Krebserkrankung erfuhr, rief er mich im Krankenhaus an und schrie nur immer ins Telefon: „Mama, nein, Mama, nein!“ Ich sagte: „Josef beruhige dich, ich schaffe das.“ Darauf rief er mich bis zu drei Mal täglich im Krankenhaus an und sagte: „Mama, du schaffst das, gell?!“, und ich sagte dann: „Ja, ich schaffe es!“ Dann war er beruhigt.

Meine Kleine hatte panische Angst vor dem Krankenhaus, deshalb telefonierte ich nur täglich mit ihr und gab mich auch immer ganz optimistisch, obwohl mir selbst nicht so zumute war.

Zu Hause half sie mir immer sehr. Vor allem band sie mir kunstvoll meine Kopftücher, denn meine Kinder wollten mich nicht gerne mit Glatze sehen; es machte ihnen Angst.

Ich erinnere mich noch an ein Frühstück mit meinem Mann am Sonntagmorgen. Ich saß ihm am Tisch gegenüber, ohne Kopftuch oder Perücke, und mein Mann, der sehr lichtes Haar hat, sagte grinsend zu mir: „Dass ich mal mehr Haare habe als du, hätte ich nicht gedacht." „Haha – meine wachsen wieder", antwortete ich. Gewachsen sind sie schnell wieder, und alle sagten, kurze Haar würden mir sehr gut stehen.

Meine Mama ist vor mir schon an Darmkrebs erkrankt, und ich sehe sie heute noch an meinem Bett sitzen und meinen Vater der sagte: „Du bist stark, du schaffst das, wir lassen uns nicht unterkriegen." Als ich zusammen mit meiner Mama in der ambulanten Chemo lag, fragte ich mich oft: Darf das sein?

Ich war von morgens 8.30 Uhr bis abends in der ambulanten Chemo, weil ich so viele Mittel verabreicht bekam. Patienten kamen und gingen, ich war meistens die letze. Einmal habe ich sehr geweint, das sagte die Schwester zu mir: „Was haben Sie?" Ich sagte: „Das schafft doch keiner. Jetzt stehen wieder so viele Todesanzeigen in der Zeitung, und es sind einige, die ich kannte." Das sagte die Schwester zu mir: „Die es schaffen, stehen nicht in der Zeitung – und viele schaffen es, sonst hätte ich meinen Beruf schon längst aufgegeben."

Diesen Satz sollte sich jeder einprägen. Er stimmt und er hat mir sehr geholfen. Allen, die dieses Buch lesen, will er sagen: Nur nicht aufgeben! Es gibt Menschen, die es geschafft haben – und es sind bestimmt nicht wenige.

Es gäbe noch so viel zu erzählen über das, was mir sehr geholfen hat. Es waren vor allem die Menschen um mich herum. Es wurde mir so viel Liebe und Gutes zuteil. Es kam besonders auf die kleinen Dinge an: Liebe Grüße, die ich mit der Post bekam, oder Telefonate. Leute, die mich nur flüchtig kannten, sagten zu mir: „Wir denken an dich und beten für dich."

Ich merkte, dass meine Familie selbst am Ende war. Ich musste ihr Kraft geben, weil wir Erkrankte uns unsere Kraft bei den anderen holen können. So schenkte mir meine beste Freundin einen kleinen Schutzengel und sagte: „Du musst ihn jeden Tag in die Hand nehmen und um etwas bitten, dann hilft er dir. Und dann kannst du ihm danken." Dass habe ich täglich gemacht, und es hat geholfen. Heute noch bete ich immer mit ihm. Durch diese Krankheit wurde auch so mancher Kontakt zu meinen früheren Freundinnen wieder viel intensiver, und ich bin so dankbar dafür. Jemand hat mich mal gefragt, ob ich an Gott zweifle, weil ich diese Krankheit bekommen habe. Wie konnte er das zulassen? Nein, Gott hilft uns, das alles zu ertragen.

Durch viele Gespräche mit anderen habe ich oft gehört, dass sie im Leben schon viel mitgemacht haben und viele Probleme immer in sich hineingefressen haben. Sie hatten großen Stress und haben zu wenig auf sich selbst geachtet. Dadurch wurde ihre Seele krank, und ich glaube, das macht viele auch körperlich krank. Darum ist es wichtig, auf die kleinen Dinge zu achten, die unser Leben so wertvoll machen: das Lachen unserer Kinder, die Treffen mit Freunden, ein kleiner Spaziergang … Ich musste einfach selbst herausfinden, was meiner Seele gut tut. Positiv denken, auch wenn es oft schwerfällt. Meine Ärzte haben immer gesagt: „Sie schaffen es, weil Sie so positiv denken und immer freundlich lächeln, wenn wir ins Zimmer kommen." Ich weiß, das ist oft schwer, und ich bin, nachdem das Schlimmste vorbei war, in ein Loch gefallen und habe lang gebraucht, um wieder herauszufinden. Aber es hat sich gelohnt. Ich bin so dankbar.

Jedem hilft etwas anderes. Wenn Sie es wollen, gehen Sie in eine Selbsthilfegruppe. Ich habe es nicht gekonnt, weil ich ein sehr mitfühlender Mensch bin. Aber mein Hausarzt, dem ich verdanke, dass ich noch hier bin, sagte zu mir: „Geh unter gesunde Menschen, damit du auf andere Gedanken kommst!" Das habe ich gemacht. Durch meine Krankheit und mein Übergewicht, das durch die Krankheit noch schlimmer wurde, habe ich mich anfangs nicht getraut. Aber ich merkte bald, es wird immer besser. Sie sollten es auch tun.

Danke all jenen, die so fest an mich und meine Genesung geglaubt haben. Ohne euch hätte ich es nicht geschafft.

Ich liebe euch alle.

Eva Seidl, 47
Walderbach

Der Schwan erwacht

von Christina Strauch

Der Schwan erwacht.
Nimm seine Feder und schreib:
Der Schlüssel ist kein Schlüssel,
sondern selbst ein Tor, durch das Du wanderst.
Erst im Schlüssel entdeckst Du seine Kraft.
Er kann sich drehen, ist hart aus Gold,
von unschätzbaren Wert.
Doch auch ein Schlüssel
hat einen Schöpfer.
Dieser Schöpfer bist Du.
Werde zum Schlüssel in deiner Geschichte!

Glück empfindest Du, Glück siehst du nicht.
Licht siehst Du, aber spürst es nicht.
Wärme spürst Du, aber siehst sie nicht.
Glück spürst Du und siehst es schlecht.
Da lernst Du,
Glück heißt Segen.
Der Segen Gottes sei mit Dir.
Geh einen glücklichen Weg.
Er öffnet sich Dir.

Christina Strauch,
Lehrerin, im Schwarzwald

Ein Brief an den Krebs

von Gabriele Volkland

Lieber Krebs,

nie hätte ich mir vorstellen können, dir einen Brief zu schreiben, den ich fast freundschaftlich mit der Anrede „lieber“ beginne.

Vor 20 Jahren bist du mit der Gewalt eines „unerwarteten Orkans“ in mein Leben getreten, hast mir den Boden unter den Füßen weggezogen, hast Schmerz, Verzweiflung und Zerstörung mit dir gebracht. Soweit du mir noch einen Rest Kraft übrig ließest, habe ich dich mit diesem Rest Energie gehasst und wütend verflucht. „Warum, warum, warum?“, klagte ich dich an, „was habe ich falsch gemacht?“, war meine Frage an dich, während mir zunehmend die Kontrolle über mein Leben verloren ging. Doch du bist mir eine Antwort schuldig geblieben, zumindest zunächst.

Körperlich und seelisch zerstört fing ich nach Ende der Therapie an, in langen, einsamen Spaziergängen durch das Novembergrau mich an einen Neuanfang meines Lebens heranzutasten. Einsame Spaziergänge? Ob ich es wollte oder nicht, du warst mein Begleiter – oft stumm und zurückhaltend, sehr oft aber auch kritisch, provozierend, unbequem in der Unerbittlichkeit, mit der du mein bisheriges Leben in Frage stelltest.

Gleichzeitig schenktest du mir jedoch ein Gefühl des Geborgenseins im schützenden Mantel der Natur, das es mir ermöglichte, mein Leben neu aufzubauen. Wie bei einem Hausbau prüfte ich jedes Stück, ob es für den Neubau noch zu verwerten war, ob es für die nötige Stabilität sorgen konnte. Und wenn ich bei der Prüfung nicht genau und kritisch genug vorging, meldetest du dich mit unüberhörbarer innerer Stimme, oft gnadenlos, wie ich empfand.

Du lehrtest mich die konzentrierte Besinnung auf das, was mir guttut – seien dies nun Menschen, Verhaltensweisen oder Werte. Du lehrtest mich Fürsorge für mich selbst und Achtsamkeit dem mir geschenkten, dem mir neu geschenkten Leben gegenüber. Und langsam kehrte auch wieder ein Gefühl von Freude, von dankbarer Freude in mein Leben zurück.

In dem nun folgenden Lebensjahrzehnt tratest du, Krebs, zunehmend mehr in den Hintergrund. Ich wusste, dass es dich gab. In Gestalt der Angst erhobst du – mal öfters, mal seltener – den mahnenden, den warnenden Zeigefinger. Gleichzeitig verlorst du jedoch im Laufe der Jahre an Macht und Einfluss auf mich und mein Leben. Irgendwann ging ich davon aus, dass wir uns nie wieder begegnen würden – ein Irrtum, wie sich erweisen sollte.

Es ging mir nicht gut, eine eigentlich harmlose Beinoperation war nicht geglückt; ich musste meinen Beruf aufgeben und nur mühsam gelang mir die Bewältigung meines Alltags. Und in dieser Situation der Perspektivlosigkeit und körperlichen Einschränkung tratest du, Krebs, nach elf Jahren zum zweiten Mal in mein Leben.

In meiner grenzenlosen Verzweiflung über dein Auftreten wollte ich kapitulieren, mich selbst aufgeben. Du jedoch wecktest trotz meines körperlichen Überlebenskampfes meinen Lebenswillen neu. Im gleichen Maße, wie meine körperliche Kraft abnahm, wuchs meine seelische Energie und mein eiserner Wille, durchzuhalten und zu überleben.

Körperlich bin ich aus meiner zweiten Begegnung mit dir nicht ohne Narben und Blessuren hervorgegangen, aber es ist mir langsam gelungen, mit und trotz dieser körperlichen Einschränkungen (selbst-)bewusst und (sinn-)erfüllt zu leben. Unter anderem leite ich seit einigen Jahren eine Krebsselbsthilfegruppe im Landkreis Fürstenfeldbruck. Nicht mehr die Resignation „was kann ich nicht mehr?“ bestimmt meinen Alltag, sondern die Frage „was kann ich?“, „wie kann ich etwas?“ gibt die Richtung vor.

Ich habe meine körperlichen Handicaps akzeptieren gelernt; sie sind mir heute ein Indikator und Lehrmeister, ausreichend auf meine Bedürfnisse zu achten und gut für mich zu sorgen. Dies gelingt mir an einem Tag besser, am anderen schlechter, aber ich bin gewillt, täglich daran zu arbeiten und dazuzulernen.

Mit deinem zweiten Auftreten hast du, Krebs, mich auf jeden Fall gelehrt, wie wertvoll mir mein Leben ist, trotz körperlicher Einschränkung. Gleichzeitig hast du mir ein größeres Maß an geistiger Freiheit und geistiger Unabhängigkeit vermittelt.

Lieber Krebs, dich als Freund bezeichnen zu wollen, wäre wahrlich vermessen. Aber in Lebenssituationen, in denen mein Leben stagnierte, tratest du in Erscheinung und zwangst mich, die eigene Situation sehr genau zu analysieren und – um weiterleben zu können – zu verändern. Jedes Mal, als du auftratst, dachte ich, du bringst mich um, aber jedes Mal hat mein Leben nach deinem Auftreten an Schönheit, Sinn und Tiefe gewonnen.

Bist du mein Feind, mein Freund? Ich weiß es nicht. Für mich tratest du als Tod-Feind im wahrsten Sinne des Wortes in mein Leben; die Auswirkungen deines Erscheinens waren jedoch letztendlich die eines Freundes, der den anderen kritisch, unerbittlich und fordernd auf Fehlentwicklungen und nötige Lebenskorrekturen hinweist. Für mich erhebt sich heute nicht mehr die Frage, „warum" bist du in mein Leben getreten, sondern die richtungweisende Frage „wozu?".

Lieber Krebs, werden wir uns noch einmal begegnen, begegnen müssen? Ich weiß es nicht, ich hoffe es wahrlich nicht. Gleichwohl werde ich jedoch nicht mit der unerfüllbaren Forderung an mich leben, künftig alles in meinem Leben „richtig machen" zu müssen, damit du nicht wiederkommst.

Aber ich will und werde bewusst, achtsam und intensiv leben, dankbar für all das, was mir mein Leben im jeweiligen Augenblick schenkt, und in der Hoffnung, ganz viele dieser kostbaren Augenblicke wie eine Perlenkette aneinanderreihen zu können und zu dürfen.

Viele Grüße
Gabriele

Gabriele Volkland, 55,
Puchheim bei München

Histamin-Intoleranz und Erschöpfung

von Ute Vollmöller

Bei mir wurde 2001, damals war ich gerade 35 Jahre alt, ein Cystosarcoma Phyloides, ein Bindegewebstumor in der Brust festgestellt, extrem schnell wachsend und in 25 % der Fälle auch bösartig, was leider bei mir der Fall war. Es ging alles sehr schnell.

Im Juni bemerkte ich eine deutliche Veränderung meiner linken Brust. Im Juli ging ich zum Gynäkologen, der mich sofort zur Mammografie schickte. Da war der Tumor schon 9 x 5 cm groß. Nur 1 1/2 Wochen später wurde ich operiert. Dass der Chirurg mich noch am letzten Tag vor seinem Urlaub operieren wollte, machte mir zum ersten Mal den Ernst der Lage so richtig klar. Der Chirurg, dem glücklicherweise klar war, wie extrem schnell wachsend diese Art Tumor ist, ging allerdings davon aus, dass ich das Glück haben würde und der Tumor nicht bösartig sei. Es dauerte einige Wochen und mehrere Untersuchungen an dem großen Tumor, bis der Pathologe auf den bösartigen Bereich stieß. Nun war guter Rat teuer oder besser gesagt äußerst schwer zu bekommen. Der Chirurg, der meine Brust kosmetisch schön – das muss man ihm lassen – operiert hatte, ließ mich nun mit der Frage allein, was weiter zu tun sei.

Hier gilt dem Heidelberger Krebsinformationsdienst (KID, s. Linkliste im Anhang) ein großes Dankeschön. Sie machten eine Internetrecherche für mich und gaben mir Auskünfte bezüglich der wenigen medizinischen Fachartikel, die es zu dieser extrem seltenen Tumorart gibt. Anhand dieser Informationen wurde klar, dass es nur zwei Alternativen gab: die Brust abnehmen oder eine Bestrahlungstherapie. Ich entschied mich für Letzteres.

Im Verlauf der Bestrahlungen, die ich ansonsten gut vertragen habe, entwickelte sich sehr schnell eine starke Erschöpfung. Seitdem leide ich unter einem Chronischen Erschöpfungs-Syndrom (CFS-Chronic fatigue syndrom). Die Erschöpfung, eine normale Nebenwirkung der Bestrahlung, hörte bei mir einfach nicht wieder auf. Mehr als im Durchschnitt drei bis vier Stunden (an manchen Tagen sechs Stunden, viele Tage aber nur zwei bis drei Stunden) konnte ich am Tag einfach nicht aktiv sein. Den Rest des Tages verbrachte ich mit Liegen, Halbliegen auf dem Sofa oder mit Schlafen. Anfangs habe ich fast zwanzig Stunden am Tag geschlafen. Lange Jahre brauchte ich dann etwa zwölf Stunden Schlaf am Tag.

Erst Ende 2007 habe ich in der Selbsthilfegruppe für CFS (Fatigatio e.V.) den Hinweis auf eine mögliche Histamin-Intoleranz bekommen. Was die Histamin-Intoleranz angeht, liegt es mir sehr am Herzen, sie bekannt zu machen, dass die Ursache einer schwerwiegenden und anhaltenden Erschöpfung nach Bestrahlungen sein kann. Es gibt bislang meines Wissens keine Hinweise in der üblichen „Krebsliteratur" darauf. Das Buch von Privatdozent Dr. med. Franz Franzen, „Untersuchungen zur Frage der Entstehung und pathophysiologischen Bedeutung biogener Amine bei subletalen Strahlenschäden"[33], ist mir bei meinen Recherchen zu Histamin, welches eines der biogenen Amine ist, in die Hände gefallen, als ich im Berliner Bibliotheken-Verbund nach Literatur suchte. Das war mein großes Aha-Erlebnis.

Im Juni 2008 hatte ich dann die ärztliche Bestätigung, dass ich unter einer Histamin-Intoleranz leide. Bei einer Histamin-Intoleranz besteht ein Mangel am Enzym Diaminooxidase, das Histamin, einen Immunbotenstoff abbaut. Wahrscheinlich bis zu 5 % der Bevölkerung, überwiegend Frauen, sind von einer Histamin-Intoleranz betroffen. Bei einer Krebsbestrahlung wird im Körper sehr viel Histamin freigesetzt (Franzen 1966), dass ich wegen des Enzymmangels aber nicht abbauen konnte. Seit Mitte 2008 halte ich nun eine Histamin arme Diät ein und die Erschöpfung wird nach und nach besser. Mein Schlafbedarf hat sich schon fast wieder normalisiert. Das geht allerdings

33 Franzen, Franz: Forschungsberichte des Landes Nordrhein-Westfalen – s. Literaturliste im Anhang

alles nur sehr, sehr langsam. Aber es verändert sich endlich etwas zum Besseren.

Wer also auffällig früh – meine Ärzte wunderten sich – und mit anhaltender Erschöpfung auf die Bestrahlung reagiert, sollte sich frühzeitig auf eine Histamin-Intoleranz untersuchen lassen. (Maßstab ist ein niedriger Diaminooxidase-Wert im Blut.) Leider ist die Histamin-Intoleranz hierzulande noch relativ unbekannt, auch den meisten Ärzten. Ein solches Wissen hätte mir Jahre der Erschöpfung ersparen können.

Typisch für die Erschöpfung bei CFS und einer chronische Histaminvergiftung ist unter anderem eine verzögerte und extreme Reaktion auf Überlastung. Sie kommt erst Stunden bis Tage später – bei mir meistens am zweiten Tag danach – und es braucht zum Teil sehr lange, Tage bis Wochen, bis ich mich von so einer Überlastung wieder erholt habe.

Glücklicherweise ist aber der Krebs besiegt. Wäre es zu Metastasen oder einem Rezidiv gekommen, hätte ich nur noch ein halbes bis dreiviertel Jahr zu leben gehabt.

Das Gedicht „… ohne mich?“ habe ich erst drei Jahre nach der Bestrahlungstherapie geschrieben, als ich die Musik-CD, die ich zur OP ins Krankenhaus mitgenommen hatte zum ersten Mal wieder hörte. Die Gefühle waren auf einmal wieder voll da und ich konnte sie nun, nicht mehr unter dem Schock von damals, in Worte fassen.

...ohne mich?

bleibt die Zeit stehn?
meine Zeit,
jetzt
oder morgen?
mitten im Lauf,
als hielte sie die Luft an,
um dann weiterzulaufen –
ohne mich?

Wunder

Allen Unwahrscheinlichkeiten zum Trotz
ist manchmal
das Unwahrscheinliche
wahrscheinlicher
als das Wahrscheinliche.

Ute Vollmöller
Ergotherapeutin, Berlin

Lebensfreude pur

von C. Walz

August 2007 – endlich erreichte ich meine Tochter telefonisch und unterrichtete sie von meinem notwendig gewordenen Krankenhausaufenthalt.

Seit einem halben Jahr bekam ich – besonders in Belastungssituationen – nicht ausreichend Luft zum Atmen. Wenn ich schneller lief oder mir starker Wind ins Gesicht blies, musste ich richtig nach Luft schnappen. Ein Aufenthalt an der Ostsee verstärkte alles. Beim Atmen rasselte und fiepte es nur so in meiner Brust. Irgendwie hatte ich das Gefühl, dass in meinem rechten Lungenflügel etwas zu viel war, etwas, das da nicht hingehörte. Zweierlei Asthma-Sprays, die ich auf ärztliches Anraten hin benutzte, zeigten kaum Wirkung. Nach mehreren Biopsien im Krankenhaus die vernichtende Diagnose: Lungenkrebs im fortgeschrittenen Stadium. Ich war sicher, dieses Mal schlechtere Karten zu haben als 1993. Damals war Gebärmutterhalskrebs im Anfangsstadium diagnostiziert worden. Nach der Operation war ich als „geheilt" entlassen worden.

Meine Tochter in Berlin bot an, mir in der Zeit der Therapie zur Seite zu stehen. In Absprache mit den Ärzten sollte ich in einem Krankenhaus in ihrer Nähe weiter behandelt werden. Von heute auf morgen brach ich alle Zelte in meiner Heimatstadt ab. Nur das Notwendigste wurde mit meinem fahrbaren Untersatz in Richtung Hauptstadt transportiert. Noch hoffte ich, dass der Aufenthalt in der Zweizimmer-Wohnung meiner Tochter von kurzer Dauer sein würde. Es wurden jedoch zwei lange Jahre daraus, und ich sollte danach weder in meinen Beruf noch in meine Wohnung zurückkehren können.

Da der Tumor schon Stadium drei erreicht hatte, stimmte ich den Ärzten zu, diesen erst mittelst kombinierter Chemotherapie und Bestrahlung zu verkleinern und anschließend operativ zu entfernen. Ich schöpfte wieder Hoffnung und freute mich schon darauf, die bösartigen Wucherungen endlich wieder loszuwerden.

Die Therapie begann ich sehr motiviert. Noch glaubte ich den Ärzten vorbehaltlos. Sie würden für mich schon das Richtige veranlassen. Was hätte ich sonst schon ausrichten können? In den auf der Station ausliegenden Flyern las ich nichts, was mir Mut und Zuversicht brachte. Die statistischen Aussagen, nach denen ich nur noch wenig Lebenszeit hätte, bewirkten eher das Gegenteil. Wie sollte ich mich und meine verbliebenen Reste von Hoffnung auf Leben noch retten?

Ich hörte auf, Niederdrückendes zu hören oder zu lesen. Leider konnte ich mich nicht immer ausreichend davor schützen. Das Wort Heilung scheuten die Ärzte wie das Feuer und den alternativen Methoden standen sie mehr oder minder mit Argwohn oder Ablehnung gegenüber. Den Patienten anzuleiten, aktiv etwas für seine Gesundung zu tun, oblag nur den Krankengymnasten. Immer mehr wurde mir bewusst, dass ein Krankenhaus kein Ort ist, um dauerhaft zu genesen. Der Name des Hauses spricht schon für sich: **K r a n k e n-h a u s.** Meinem Oberarzt war ich sehr dankbar. Sein Rat lautete für mich: so schnell wie möglich den stationären Aufenthalt beenden und ambulant die notwendigen Therapien weiterführen. So bekam ich die Order zu leben.

Großes Glück hatte ich mit der Wahl meiner Onkologin. Sie ging in ihrer Arbeit auf und hatte jederzeit ein offenes Ohr für meine Sorgen. Bei ihr fühlte ich mich mit all meinen Ängsten angenommen und gut aufgehoben. Mit dem Beginn der Therapie folgten für mich Zeiten, die ich meinem ärgsten Feind nicht wünsche. Man könnte auch sagen, ich lernte, durch die Hölle zu gehen. Die Chemotherapie sorgte dafür, dass sich mein Magen von innen nach außen stülpte, und die Strahlentherapie führte dazu, dass meine Speiseröhre Verbrennungen erlitt und ich nur noch künstlich ernährt werden konnte. Ein längerer Krankenhausaufenthalt wurde notwendig. Ziel war es, mir wieder die Aufnahme fester Nahrung zu ermöglichen, um den enormen Gewichtsverlust aufzuhalten. Vor Weihnachten wurde ich endlich entlassen. Eine gute Zeit, um mich Schritt für Schritt an das Essen verlockender Speisen zu wagen. Alles roch so gut, und ich wusste, wie gut es schmecken würde.

Meine Seele durchlebte im ersten Jahr meiner Erkrankung viel Verzweiflung, große Angst und Hoffnungslosigkeit. Ich ging durch tiefe Täler. Auf diesem Weg begleitete mich meine Tochter, sie war mein Licht in der Dunkelheit. Ohne ihre Liebe und unbeugsame Zuversicht hätte ich diese schwere Zeit nicht überstanden. Zukunftsweisende Hilfe erhielt ich auch durch die Gespräche mit einer Psychologin, besonders in Bezug auf Sinnfindung, Formulierung meiner Wünsche und Vorstellungen für das weitere Leben mit meiner Erkrankung.

Im Februar 2008 bekam ich aufgrund meines immer noch stark geschwächten Gesundheitszustandes einen Rollstuhl. Dieses Hilfsmittel ermöglichte mir mehr Selbstständigkeit. Ich konnte wieder aktiv am gesellschaftlichen Leben teilnehmen. Meine Tochter wurde nicht müde, mich durch Berlin zu schieben. Ich lebte förmlich auf. Ich konnte mit ihr zum Shoppen gehen, kulturelle Veranstaltungen besuchen. Ich kam sogar nach oben in die Kuppel des Reichstags, und ich konnte im Botanischen Garten am Guo Lin Qi Gong teilnehmen. Das Leben hatte mich wieder!

Ein weiterer Antrieb, meine Lebensqualität zurückzugewinnen, war die Planung einer Mittelmeerkreuzfahrt. Sie war schon immer mein großer Wunsch gewesen. Bis zum Beginn dieser Reise wollte ich unbedingt an Mobilität gewinnen. Ich wollte ohne Rollstuhl reisen.

Was für ein tolles Gefühl, als ich endlich die Schiffsplanken unter meinen Füßen spürte. Herrlich diese Normalität, meinen Körper ohne Hilfsmittel vorwärtsbewegen zu können. Wie schön, ein Passagier wie alle anderen zu sein. Mein noch äußerst kurzer „Haarschnitt" war für manche ein Hingucker. Damit konnte ich gut leben. Ich war stolz auf meine neu gewachsenen Haare.

Das Meer zeigte sich von seiner schönsten Seite. Besonders vor Dubrovnik hatte es die Schönheit eines zarten blauen Seidentuches, das sich im lauen Frühlingswind leicht kräuselte. Den Frühling spürte ich mit allen Sinnen, er roch nach Meer, schmeckte nach Salz, wärmte wunderbar auf meiner Haut, hatte satte Farben und wunderbare

Klänge. Die Ausflüge waren mitunter anstrengend, besonders dann, wenn Steigungen zu überwinden waren. Ich wollte aber immer bis zum höchst gelegenen Aussichtspunkt, um den weiten Blick von dort genießen zu können. Jede Tour stärkte meinen Körper und natürlich meine Seele. Ein Glücksgefühl erfasste mich: unter Gesunden zu sein, sich nicht mit der Erkrankung befassen zu müssen, weit weg von allen Krankenhäusern und dem Schmerz.

Nach der traumhaften Frühlingsreise holte mich die Realität wieder schmerzlich wieder ein. Obwohl ich Kräfte gesammelt und der Tumor sich verkleinert hatte, der Lungenfunktionstest und das PET (Positronen-Emissions-Tomografie) für mich gut verliefen, wurde eine Operation erneut abgelehnt. Aus ärztlicher Sicht gab es mehrere Gründe, die dagegen sprachen, unter anderen die mittige Lage des Tumors und die Gefahr, bei dem Eingriff zu verbluten. Ich hatte das Gefühl, dass mein Todesurteil gesprochen war, dabei hatte ich doch so viel Hoffnung in die Entfernung des Tumors gesetzt. Ich stand wieder am Anfang, und die Hoffnungslosigkeit holte mich erneut ein. Auch die Teilnahme an einer Studie konnte mich nicht versöhnen. Mein Oberarzt sprach von einer Chance und von neuer Lebensqualität. Es sollte noch einige Zeit dauern, bis ich mich mit meiner Situation abfinden konnte.

Einen entscheidenden Beitrag leisteten hierzu die Krankenschwestern der Bronchoskopie. Ihr Umgang mit den Patienten und ihrer Erkrankung suchte seinesgleichen. Sie haben es geschafft, dass ich heute im Rahmen einer Studie, alle sechs Wochen freudig und voller Hoffnung meine Impfung bei ihnen abhole. Obwohl sie wenig Zeit hatten, wurde ich stets verwöhnt mit einem kleinen Schwätzchen, einer Tasse Kaffee und einem Stückchen Schokolade. Sie teilten mein Glück mit mir, weil es mir so gut ging.

Seit Anfang 2008 lieferte ich mich meiner Krankheit nicht mehr passiv aus. Für mich waren die Ärzte nicht mehr die Unfehlbaren, es gab außer der Schulmedizin noch genügend Alternativen. Aus der Fülle der Angebote wählte ich aus und ließ mich darauf ein.

Ich begann wieder mit Guo Lin Qi Gong, um durch die vermehrte Aufnahme von Sauerstoff die Krebszellen abzutöten, führte Gespräche mit Betroffenen, die eigentlich laut ärztlicher Diagnose schon längst tot sein sollten, las wegweisende positive Literatur, nahm an der Atemtherapie und am Gesundheitstraining in der Beratungsstelle der Gesellschaft für Biologische Krebsabwehr (GfBK) in Berlin teil, sang im Chor und visualisierte nach Simonton. Schade, dass ich vor meiner Chemo- und Strahlentherapie noch nichts über Visualisierung wusste. Ich hätte durch diese Methode meine Behandlung sehr positiv beeinflussen können.

Großen Wert legte ich auch auf eine ausgewogene Ernährung, vor allem auf Nahrungsmittel, die dem Krebs nicht schmecken. Täglich trank ich ein bis zwei Liter eines Kräutertees, den eine chinesische Heilpraktikerin für mich aus bis zu 15 Sorten Kräutern zusammengestellt hatte. Ich glaube bis heute fest an die positive Wirkung all meiner Aktivitäten. Und Glaube versetzt bekanntlich Berge. Halbherzigkeiten brachten und bringen mir nichts.

Wieder August, diesmal in Jahr 2010. Mir geht es gesundheitlich gut. Wenn ich nicht wüsste, dass ich Krebs habe, würde ich es anzweifeln. Ich bin in Berlin geblieben. Seit einem Jahr wohne ich in einer eigenen kleinen Wohnung und bin in der Lage, ohne fremde Hilfe zu leben. Mein Wunsch, wieder Anschluss an das alltägliche Leben zu finden, ist in Erfüllung gegangen. Zwei Rehamaßnahmen haben mich gesundheitlich stabilisiert und eine dritte ist beantragt. Neben meiner vollen Erwerbsminderungsrente habe ich noch einen Minijob, aber nur noch bis Ende des Monats. Ich werde mir dann eine neue Beschäftigung suchen. Es tut mir gut, unter Menschen zu sein und einer Aufgabe nachgehen zu können. Das Leben bekommt dadurch Inhalt und Struktur. Der Verdienst durch den Minijob erlaubt mir mehr Vergnügen und Leichtigkeit.

Ab September besuche ich wieder einen Computerkurs, immerhin das dritte Jahr in Folge. Im Berliner Wassersportverein steht für mich noch eine Schnupperstunde im Kanufahren an, danach werde ich dem Verein beitreten. Was für ein toller Sport und dazu noch so viel Sauerstoff! In nächster Zeit möchte ich noch einen Kurs im Linedance besuchen. Das Singen in einem Shanty- oder Gospelchor interessiert mich auch … ebenso das Studium für Ältere an einer Uni … und die vielen interessanten Veranstaltungen in Berlin …

Meine Studie läuft weiter. Ich weiß nicht wirklich, welchen Einfluss sie und/oder die anderen Dinge auf meinen Körper wirklich haben. Mit meinem „Zuviel an Gewebe“ habe ich mich angefreundet. Gekämpft habe ich nie dagegen. Mein Befund ist seit Langem stabil. Keinerlei Behandlung ist notwendig. Ich glaube, hoffe und bin dankbar für jeden Tag.

Apropos Lebensfreude, meine Tochter, zu der ich nach wie vor engen Kontakt habe, erwartet Nachwuchs. Was für ein Glück und ich mittendrin!

C. Walz

Ein Schmetterling aus einer parallelen Dimension

von Regina Wieser

Ich atme tief ein und spüre, wie sich meine Lunge mit Luft füllt, wie sich mein Brustkorb weitet. Beim Ausatmen fühle ich die Luft aus meiner Nase strömen. Beim nächsten Luftzug achte ich darauf, wie sich meine Schultern mit bewegen. Ich lasse es geschehen und gehe in meinen Gedanken weiter. Spüre meinem Körper nach. Wie fühlt sich mein linkes Bein an, wo liegt es auf? Ist es kalt oder warm? Und wie sieht es im rechten Bein aus? Auch den Armen schenke ich diese Aufmerksamkeit. Dann horche ich in mich hinein und bemerke die Zusammenarbeit sämtlicher Organe in mir. Sie arbeiten im Einklang zusammen. Wie ein Orchester, das ein Lied spielt. Mein Körper spielt unterschiedliche Lieder, von „Ode an die Freude" bis „Wunder geschehen". Allerdings gibt es einen leichten Missklang. Ich gehe ihm nach und gehe zu einem fehlgeleiteten Teil in mir. Dort stimmt etwas nicht.

Ich schaue in meine Lunge. In meiner Vorstellung befindet sich dort ein riesiger grüner Dschungel, mit Lianen und Büschen. Ich sehe dort einen Schmetterling. Er verschanzt sich in einer Burg. Darum rufe ich in meinen Gedanken meine Abwehrkräfte zusammen. Sie sehen ganz unterschiedlich aus. Ein Schwarm Schmetterlinge, der wie aus einer Rakete geschossen kommt, gepanzerte Nashörner und Elefanten mit Strohhut. Sie gehen gegen den Schmetterling vor. Jede Abwehrkraft auf ihre Art und mit Erfolg. Dem Falter wird es zu ungemütlich, als die Burg eingerissen wird und er immer mehr in Bedrängnis kommt. Seine Flügel werden immer dünner, am Ende sind sie kaum mehr vorhanden, bis der Schmetterling endgültig aufgibt und an seinen eigentlichen Bestimmungsort zurückkehrt. Ich weiß nicht, wo das ist, jedenfalls nicht bei mir. Ich habe keinen Platz für den unruhigen Geist.

Nachdem dieser Kampf in meinem Kopf vorbei ist, kann ich mich wieder darauf konzentrieren, wie mein Leben aussehen soll, wenn ich wieder gesund bin und zur Normalität zurückkehren kann.

So in etwa läuft die Methode der „auf Achtsamkeit basierten Intervention“ ab, die ich während meiner Erkrankung an Morbus Hodgkin gelernt habe. Sie soll helfen, die Körper eigenen Abwehrkräfte und die Medikamente an die richtige Stelle zu befördern, um den Krebs zu besiegen. Nebenbei hilft sie, ein besseres Gespür für den eigenen Körper und die persönlichen Gefühle zu entwickeln. Eine Freundin hat mich dabei angeleitet und mir so geholfen, eine sehr außergewöhnliche Zeit zu überstehen.

Die Diagnose war nicht nur für mich ein Schock. Keiner hätte damit je gerechnet. Aber ich hatte Glück im Unglück. Es waren die richtigen Menschen zur richtigen Zeit zur Stelle. Als bei mir Morbus Hodgkin festgestellt wurde, war das Lymphom in der Lunge bereits mehr als 10 cm groß. Durch das Gewicht hatten sich zu diesem Zeitpunkt etwa zwei Liter Wasser am Herzen angesammelt. Was das genau zu bedeuten hatte, verstand ich erst viel später.

Am Anfang ging alles sehr schnell. Dienstags eröffnete mir die Internistin, dass ich allem Anschein nach „Morbus Hodgkin“ habe. Mittwochs musste ich ins Krankenhaus. Am Donnerstag wurde ein Lymphknoten am Hals zur Biopsie herausoperiert, und am Samstag bekam ich schon meine erste Chemotherapie. Somit hatte ich erst mal nicht die Möglichkeit, alles zu verarbeiten, was mir widerfuhr. Die Ärzte erklärten viel, aber ich war wie in Trance. Daher beschloss ich, ein Tagebuch zu führen, das mir helfen sollte, meine Gedanken zu sortieren und die Geschehnisse festzuhalten. Von da an schrieb ich täglich auf, was mir widerfuhr und was mich bewegte. Es half mir zu verstehen und zu erkennen, was wichtig für mich ist. Und es soll mir helfen, beim späteren Aufarbeiten Situationen und Gefühle wieder ins Gedächtnis zu rufen und zu verstehen.

Ich habe für mich entdeckt, dass es wichtig ist, zuversichtlich zu bleiben. Natürlich fällt das wesentlich einfacher, wenn die Ärzte eine äußerst gute Prognose stellen. Dennoch darf man nicht vergessen, dass es sich um eine schwerwiegende Krankheit handelt, die einen aus dem gewohnten Alltag reißt und alles verändert. Ich sah mich nicht mehr in der Lage, mein Studium fortzusetzen, und ließ mich für ein Jahr beurlauben. Ich konnte auch meinen Nebenjob nicht weiter ausführen. Die Therapie erforderte meine gesamte Kraft und Aufmerksamkeit. Und eben in dieser Situation soll man positiv bleiben. Dieser Spruch kommt nur allzu leicht aus dem Mund anderer. Ich habe für mich aber festgestellt, dass es mich sehr viel weniger Energie kostet, wenn ich genau das tue. Kleine Kinder wurden zu meinem Vorbild, und ich habe wieder zu meinem inneren Kind gefunden. Zu dem Kind, das ich früher war, neugierig, lebensgierig und unvoreingenommen. Ich gestand mir zu, dass ich auch Angst haben darf, Tränen fließen lassen darf und auch schlechte Tage zulassen darf. Das hat dazu geführt, dass ich die guten Tage richtig auskosten konnte.

Mein soziales Umfeld übernahm während der gesamten Zeit meiner Erkrankung eine sehr wichtige Rolle. Freunde und Familie waren gleichermaßen für mich da. Sie verstanden es, wenn ich eine Auszeit brauchte, und freuten sich mit mir, wenn ich dabei sein konnte. Sie nahmen Rücksicht und hatten Mitgefühl. Dafür bin ich sehr dankbar!

Es war für mich sehr schwer zu akzeptieren, dass ich krank bin und dass die Krankheit weit schwerwiegender als eine Erkältung ist. Es war ein Kampf, den ich ausfechten musste. Es ist eine komplizierte Aufgabe, den richtigen Umgang mit einer Krebsdiagnose zu finden, sowohl für den Patienten als auch für sein Umfeld. Zum einen ist dieses Krankheitsbild nicht mit einem Todesurteil gleichzusetzten, auf der anderen Seite hat es einschneidende Konsequenzen. Um in diesem Kampf bestehen zu können, lehne ich Mitleid ab, da ich der Meinung bin, dass das nichts bringt.

Ich nahm auch von Leuten Abstand, zumindest emotional, die die ganze Situation nicht für sonderlich bedrohlich hielten und gedankenlos zum optimistischen Denken aufforderten. Mir war es am liebsten, wenn mir Menschen aufrichtig begegneten. Das heißt auch, dass sie mir sagen konnten, wenn sie unsicher waren oder Fragen hatten. Fragen konnte ich meistens beantworten, und durch meine Offenheit konnten die Unsicherheiten meistens auch beseitigt werden. Dadurch bemerkten meine Freunde schnell, dass sie mit mir normal umgehen konnten und ich meinen Humor nicht verlor.

In meinem spielerischen Umgang mit der Therapie und der Krankheit gab ich auch meinem Tumor einen Namen und eine Geschichte. Er oder sie hieß „Maudra“ und war ein Schmetterling aus einer parallelen Dimension, der sich hierher verirrt hatte. Meine Aufgabe war es, mit Hilfe der Chemotherapie „Maudra“ wieder nach Hause zu schikken. Es war mir lieber, von einer Fehlleitung als von Bösartigkeit auszugehen. So konnte ich alles besser akzeptieren.

Als klar wurde, dass mir durch die Chemotherapie die Haare ausgehen würden, beschloss ich, Frisuren auszuprobieren und „verrückt“ zu sein. Leider fielen die Haare schneller aus, als ich erwartet hatte. Und dann flossen die Tränen. Zum einen, weil ich meine langen und dunklen Haare mochte, aber auch, weil mich dadurch die Realität eingeholt hatte. Mir wurde mit einem Schlag klar, dass ich nicht träumte.

Allmählich ging ich dazu über, Tücher zu tragen. Es entstand eine ganze Sammlung an Schals in den verschiedensten Farben und Mustern. Andere können sich für Taschen und Schuhe begeistern, ich hatte nun meine Kopfbedeckungen. Eine Freundin riet mir dazu, bei besonderen Anlässen Perücke zu tragen. Da ich aber keine wollte, die nach echten Haaren aussah, entschied ich mich für bunte: pink, blau und grün. Meine Freunde waren immer gespannt, was ich wohl das nächste Mal tragen würde, und mir machte es Spaß, immer wieder Neues zu entdecken und auszuprobieren. Es war ein Spiel für mich.

Die größte Herausforderung war jedoch, ohne Kopftuch oder Hut auf eine Geburtstagsfeier zu gehen. Ich hatte zwar einigen Freunden gezeigt, wie mein Kopf jetzt aussieht, aber sich öffentlich so zu zeigen, war doch etwas anderes. Ich wollte mir damit beweisen, dass ich das kann und zu mir stehe. Die Reaktionen waren durchwegs positiv. Rückblickend kann ich auch sagen, dass ich weder angestarrt, anders behandelt oder dumm angesprochen worden bin. Das einzig Unangenehme war, mich so meinem Freund zu zeigen. Obwohl ich mit ihm sehr viel Zeit verbrachte, durfte er mich nur zweimal „oben ohne“ sehen. Ansonsten legte ich sehr viel Wert darauf, ihm gegenüber meinen Kopf bedeckt zu halten. Das änderte sich erst, als meine Haare langsam wieder anfingen zu wachsen. Während der Therapie verschwanden nicht nur meine Kopfhaare, die Behaarung am ganzen Körper ging verloren.

Als ich die Diagnose bekam, gab mir meine Ärztin den guten Rat, Morbus Hodgkin nicht im Internet zu recherchieren. Und das tue ich bis heute nicht, denn ich will gar nicht wissen, was alles hätte passieren können oder welche Nebenwirkungen die Therapien hätten haben können. Wahrscheinlich hätte ich damit vieles heraufbeschworen, wäre verunsichert und verängstigt gewesen. So machte ich einen Schritt nach dem anderen und dachte mir dabei: „Sollten Nebenwirkungen auftreten, dann werde ich sie schon rechtzeitig bemerken.“ Mit dieser Einstellung bin ich gut gefahren.

Pünktlich zum Jahreswechsel habe ich nun meine Therapie abgeschlossen, eine erfolgreiche Rehamaßnahme gemacht und den Bescheid der Vollremission bekommen. Das heißt, ich gelte als geheilt und kann nicht nur ein neues Jahr, sondern auch ein neues Leben voller Elan und Träume beginnen …

Regina Wieser, 23,
Studentin, Regensburg

Das Schicksal akzeptieren und das Beste draus machen

von Marlis W.

Nach der Diagnose

Brustkrebs ist für mich – trotz aller positiven Nachrichten in den Medien – eine Krankheit, an der die betroffenen Frauen sterben, einige früher, andere erst in einigen oder auch vielen Jahren, wieder andere werden möglicherweise auch in der Zwischenzeit an anderen Erkrankungen sterben.

Mit dieser Überzeugung habe ich meine Brustkrebs-Diagnose vor über zwei Jahren aufgenommen. Mit dem Ertasten des Knotens war mir sofort klar, worum es geht. Es war Samstagabend und es blieben bis zur endgültigen Bestätigung noch drei Tage zwischen Bangen und Hoffen. Leider handelte es sich bei meinem Brustkrebs um einen schon recht großen, schnell wachsenden und Rezeptor negativen Krebs, für den es außer Totaloperation und Chemotherapie keine weiteren wirklich überzeugenden Therapieansätze gibt oder – wie es manche Ärzte ausdrücken – der keine weitere Behandlung braucht.

In den ersten Tagen und Wochen nach der Diagnose habe ich alle Möglichkeiten und Perspektiven durchdacht, durchlebt und meine ganz persönlichen Vorbereitungen getroffen. So habe ich entschieden, wie und wo ich beerdigt sein möchte, und habe mir gemeinsam mit meinem Mann einen lange gehegten Wunsch erfüllt. Wir haben unseren Baum in einem Friedwald gekauft, eine über 100 Jahre alte Eiche. Es ist für mich ein schönes und tröstliches Gefühl zu wissen, wo es irgendwann einmal hingehen wird, und dass sich meine Moleküle in den Kreislauf der Natur einfügen und nicht verloren gehen werden.

Wichtig ist mir auch die Möglichkeit, mein Leben in bestimmten Situationen selbstbestimmt beenden zu können. Ich wurde Mitglied in einer Sterbehilfeorganisation, hoffe aber, nie auf diese Art der Unterstützung angewiesen sein zu müssen. Doch allein die Gewissheit, selbst das Ende bestimmen zu können, wenn es gar nicht mehr anders geht, gibt mir Sicherheit. Meine Familie wäre bereit, auch diesen Weg mit mir zu gehen.

Meine Familie – das sind vor allem zwei Menschen – mein Mann und mein Sohn. Ohne diese beiden liebsten Menschen hätte ich die Zeit bis heute nicht so gut überstanden. Allein durch ihr Dasein, ihre Anteilnahme, ihre tatkräftige Unterstützung im Alltag, ist bis heute vieles leichter. Andererseits waren gerade sie in der ersten Zeit nach der Diagnose Anlass für die traurigsten Momente, in denen mir bewusst wurde, dass ich vielleicht bestimmte Dinge nicht mehr mit ihnen teilen, erleben könnte.

Therapiezeit

Freunde und Freundinnen sind ein eher schwieriges Thema für mich. Zwei mir nahe stehende Menschen sind in den letzten drei Jahren vor meiner Diagnose relativ schnell an Krebs gestorben. Ich hatte immer das Gefühl, wenn es für mich doch schiefgehen sollte, dann warten diese beiden irgendwo auf mich. Sie waren während der Therapiezeit ständig bei mir und haben mir Mut gemacht. Das mag verrückt klingen, war aber so. Der Kontakt zu anderen, nicht betroffenen Menschen war während dieser Zeit eher schwierig. Oft war ich nicht in der Verfassung, mich zu verabreden, hatte keine Lust mich zu rechtfertigen, was ich denn den ganzen Tag so mache, warum ich mich für vorher wichtige Dinge nicht mehr interessiere, mich nicht mehr gut konzentrieren kann. Auch eine Mitteilung per Mail oder auf dem Anrufbeantworter, ich solle mich doch melden, war für mich nicht hilfreich. Dieses gedankenlose Dahinsagen und Verschieben der Initiative zum Kontaktaufnehmen auf mich hat mich überfordert und gelähmt.

Zu meiner großen Freude gab es aber auch liebe Menschen, die von sich aus immer wieder den Kontakt gesucht und gehalten haben, die den für mich richtigen Ton getroffen haben, die verstanden haben, dass ich in dieser Phase ganz auf den Augenblick konzentriert war und meine Energie und Kraft ganz auf mich selbst ausrichten musste. So blieben mir vorher wichtige Menschen einfach weg, und ich habe auch nach dieser Zeit den Anschluss an sie nicht mehr gesucht. Andere Menschen sind mir wichtiger geworden.

Die Zeit der Chemotherapie war hart, ich hatte mit Übelkeit, zunehmender Schwäche und kognitiver Beeinträchtigung zu kämpfen. Das Auf und Ab der dreiwöchigen Zyklen konnte ich im Lauf der Zeit aber auch positiv nutzen. Im Vordergrund stand das Bemühen, in Bewegung zu bleiben, auch wenn es oft nur kleine, vorsichtig tastende Spaziergänge waren. In der dritten Woche, vor dem nächsten Behandlungszyklus, unternahmen wir mehrtägige Ausflüge in das ländliche Umland, in eine ruhige Umgebung mit schöner Landschaft und viel Wald. Hier fand ich Abstand von der Therapie, alles rückte ganz weit weg, ich bekam den Kopf frei und hatte das Gefühl, in ein anderes Leben eintauchen zu können. Ruhe, Natur und gute Luft waren für mich, die ich damals mitten im Großstadtzentrum an einer viel befahrenen Hauptstraße wohnte, eine Wohltat. Spaziergänge durch den Wald, oft langsam und wackelig, aber doch erstaunlich lang, waren hier möglich, und ich konnte meine Kräfte für die weitere Behandlung sammeln.

Wenig hilfreich waren in dieser Zeit für mich die Ratschläge von Ärzten, die über die Operation und Chemotherapie hinauswiesen. Schon eine individuell angepasste und effektive Therapie gegen die allgegenwärtige Übelkeit war eine Herausforderung, die wir letztlich weitgehend allein meistern mussten. Schema F reichte bei mir nicht aus. Die Empfehlung, auch während der Chemotherapie weiter Sport zu treiben (was immer das ist), mag für die eine oder andere schon vorher leistungsorientiert aktive junge Frau sinnvoll sein, doch sollten diese Empfehlungen meiner Meinung nach differenziert ausgesprochen werden, ohne den Unterton: Sport muss sein, sonst … Mir hat dies eher ein schlechtes Gewissen vermittelt, ich würde Wichtiges versäumen und meine Chancen nicht optimal nutzen. Meine Energie brauchte ich, um überhaupt wieder auf die Beine zu kommen.

Zum Ende der Chemotherapie begann ich begleitend mit einer Misteltherapie bei einer anthroposophisch ausgerichteten Ärztin, auf deren Rat hin ich nach Ende der Chemotherapie auch psychoonkologische Unterstützung suchte. Von beiden – Ärztin und Psychologin – fühlte ich mich das erste Mal als ganzheitliche Person wirklich an- und wahrgenommen.

Das erste Jahr danach

Schwebte ich während der Therapie noch irgendwo über den Dingen, hatte ich danach erstmals wieder den Kopf frei für Gedanken an die Zukunft. Ich musste mir mein Leben zurückerobern. Das stellte ich mir sehr viel leichter vor als das, was hinter mir lag, war es dann aber überhaupt nicht.

Lag während der Akutversorgung im Brustzentrum (Diagnostik, Operation, Chemotherapie) noch alles in einer Hand, perfekt organisiert, mit Ansprechpartnern rund um die Uhr, musste ich jetzt jemanden suchen, der meine Nachsorge koordinierte. Meine Gynäkologin hatte in der Zwischenzeit ihre Praxis aufgegeben. Ich fand eine onkologische Schwerpunktpraxis und eine nette und kompetente Ärztin. Aber – über die routinemäßig alle drei Monate stattfindende Labor- und Tastuntersuchung, Anamnese und ein nettes Gespräch hinaus konnte sie wenig für mich tun. Für alle weiteren Probleme blieben nur Überweisungen zu anderen Spezialisten und Empfehlungen. Psycho-soziale Beratung und Unterstützung ist in diesem sogenannten Nachsorge-System nicht vorgesehen.

Jede neue Untersuchung ergab Befunde, die weiter abgeklärt werden mussten. Der Metastasen-Verdacht schwebte immer wieder über mir. Meine körperliche Leistungsfähigkeit war lange Zeit stark eingeschränkt, und die Anforderungen waren für mich oft zu viel: sinnlose Bürokratie, suchen, planen, umsetzen, weite Wege – ohne familiäre Unterstützung war dies alles für mich nicht zu bewältigen gewesen. Über die schulmedizinische Behandlung hinausgehende Unterstützung musste ich mir ebenfalls mühsam suchen. Zwar gibt es die eine oder andere Broschüre mit vielfältigen Angeboten, aber das jeweils Passende muss doch gesucht und gefunden werden. Oft war ich enttäuscht, da Angebote für mich weder erreichbar, bezahlbar noch geeignet waren – und das in einer Großstadt.

Auf einem Weg voller Mühen habe ich vieles entdeckt. Dabei habe ich nicht immer gefunden, was ich gebraucht hätte. Auf dem Markt der unterstützenden Angebote für Krebskranke tummeln sich – nach meiner Erfahrung – auch Anbieter, die schlecht ausgebildet sind und die mit dilettantischem Vorgehen mehr schaden als nutzen. Wenn man das bemerkt, ist es oft zu spät, Energie und Geld sind bereits investiert.

Mein größter Feind in dieser Zeit aber war ich selbst. Immer wieder musste ich die hohen Anforderungen, die ich an mich selbst stellte, korrigieren. Ich neigte und neige dazu, mich zu überfordern. Nach zwei Stürzen mit Folgen musste ich mein Bewegungsverhalten verändern: langsamer, bedächtiger, also vom Joggen zum Walken, Spazierengehen und Fahrradfahren. Das zu akzeptieren, war nicht leicht für mich. Mein Traum war es, irgendwann wieder weite Wanderungen zu unternehmen und vielleicht an einem 10 km-Lauf teilzunehmen. Diesen Traum habe ich zwar nicht aufgegeben, ihn aber in die Zukunft verschoben.

Irgendwann habe ich aufgehört, in den vielen klugen Büchern und Ratgebern zu lesen, wie ich mich am besten gesund ernähre, entspanne oder bewege. Die Herausforderung war eher, das für mich Richtige zu entdecken.

Wichtig und hilfreich waren für mich insbesondere Atemarbeit nach Ilse Middendorf, Guolin Qi Gong, Autogenes Training, psychologische Unterstützung, Selbsthilfegruppe und regelmäßige Bewegung. Es war nicht leicht, meinen Rhythmus zu finden und meinen Alltag, mein Leben so zu gestalten, dass ich selbst und meine Bedürfnisse im Mittelpunkt stehen und ich nicht wieder in alte Verhaltensmuster verfalle. Ich musste lernen, mit mir selbst achtsamer und geduldiger umzugehen und Vertrauen zu mir zu gewinnen und keine Angst zu haben vor dem, was kommen kann.

Erst spät habe ich den Weg zur Gesellschaft für biologische Krebsabwehr e. V. (GfBK)[34] gefunden. Die Teilnahme am Gesundheitstrai-

34 GfBK – s. Link- und Adressenliste im Anhang.

ning an der Beratungsstelle der GfBK in Berlin hat mir bis heute anhaltend den entscheidenden letzten Kick für meinen Weg gegeben.

Heute – zwei Jahre nach Therapieende

Heute, zwei Jahre nach dem Ende der Therapie, kann ich von ganzem Herzen sagen: Es geht mir gut. Es hat lange gedauert, aber für mich selbst war ich sehr erfolgreich. Ich fühle mich jetzt gut aufgehoben und für alle Fälle gerüstet. Trotz aller Schwierigkeiten ist es mir gelungen, ein Netzwerk aus unterschiedlichsten unterstützenden Angeboten zu spinnen.

Das zurückliegende Jahr war für mich eines der schönsten meines bisherigen Lebens. Ich habe gelernt, wieder positiv und vertrauensvoll in die Zukunft zu schauen, auch mit einer gewissen Gelassenheit, die alles offenlässt. Ich muss mich nicht mehr fragen, worauf ich eigentlich warte, und die Angst beherrscht nicht mehr meinen Alltag.

Seit einem Jahr arbeite ich wieder in meinem alten Beruf, aber anders als vorher. Ich war in der glücklichen Situation, meine Arbeitszeit reduzieren zu können. Obwohl es auch schwierige Situationen gibt, die ein Abgrenzen und Neinsagen erfordern, habe ich bisher mein inneres Gleichgewicht halten können.

Mein Leben hat sich nicht vollständig verändert, ist aber insgesamt ruhiger und entspannter geworden. Es ist nicht alles perfekt, und ich muss immer wieder bewusst neu planen und einen Gang zurückschalten, damit ich mir nicht zu viel zumute. Insgesamt achte ich auf mehr Ruhe, Entspannung und Bewegung. Oft nicht so, wie es kluge Ratgeber empfehlen, aber so, wie es für mich möglich ist und mir richtig erscheint.

Der Zusammenhalt mit anderen Betroffenen ist bis heute da und wichtig, wenn auch der Austausch über die Krankheit in den Hintergrund getreten ist und die Kontakte lockerer geworden sind. Aber das Wissen darum, dass es Menschen gibt, die mich verstehen, die für mich da sind, wenn ich sie brauche, ist etwas sehr Schönes.

Das Leben geht tatsächlich weiter, es gibt ein Leben nach der Diagnose, nach der Therapie und mit dem Krebs. Nicht so wie vorher, sondern mit körperlichen Veränderungen und Einschränkungen und der Erfahrung, wie schnell sich alles verändern kann. Auch mit einer weniger günstigen Prognose ist Lebensqualität und Glück möglich.

Ich habe die Schulmedizin nicht abgelehnt und alternative Methoden ergänzend genutzt. Weder war ich besonders kämpferisch noch habe ich mich in Traurigkeit, Angst, Verzweiflung und Verzagtheit gefügt. Auch heute gibt es Phasen, in denen die Angst wiederkommt. Es gelingt mir aber bisher immer recht schnell, wieder in die Gegenwart zurückzufinden. Mein Motto ist: Heute geht es mir gut. Problemen stelle ich mich dann, wenn sie anliegen, nicht schon im Voraus. Und – es scheint zu klappen.

Es gibt viele Träume, die es wert sind, gelebt zu werden, und ich habe noch sehr viel vor. Nie habe ich mir die Frage gestellt, warum es gerade mich getroffen hat. Ich habe dieses Schicksal akzeptiert und beschlossen, für mich das Beste daraus zu machen.

Ich möchte andere ermutigen, auf sich selbst zu vertrauen und ihren ganz eigenen Weg zu suchen. Wir leben *heute*, und ein erfülltes Leben kann sehr vielfältig und individuell unterschiedlich sein. Auch mit starken Beeinträchtigungen ist es möglich, Freude und Glück zu finden und intensiv zu erleben. Jeder Tag ist es wert, ihm mit positiver Erwartung und Offenheit zu begegnen.

Marlis W.,
Ärztin, Berlin

Danke, Danke, Danke

Ich bedanke mich ganz herzlich bei allen, die mich motiviert haben, meine Idee vom Buchprojekt in die Tat umzusetzen. Sie haben durch ihre Unterstützung zum Gelingen beigetragen.

Mein großer Dank gilt allen Autorinnen und Autoren für ihre eingereichten Texte. Ohne ihre Bereitschaft, die individuelle Erfahrungen und Erkenntnisse, Stärken und Schwächen, Erfolge und Hemmnisse auf ihrem Genesungsweg in Worte zu fassen, hätte dieses Buch nicht entstehen können.

Mein ganz besonderer Dank gilt Irmgard Wiesenhütter für ihren großen persönlichen Einsatz bei der journalistischen Beratung und beim Redigieren der Beiträge. Als ideenreiche und kompetente Partnerin hat sie das Buchprojekt mit Nachdruck und unbeirrbarem Einsatz konstruktiv gefördert.

Ein herzlicher Dank geht auch an Herrn Birkner und Herrn Bauch vom Benno-Verlag, Leipzig, für ihren Vertrauensvorschuss. Nur dadurch konnte aus der Projektidee „Mut-mach-Buch“ über das Buchprojekt „Alles ist möglich – auch das Unmögliche“ hinaus wirklich das „Buch“ entstehen, das jetzt vor Ihnen liegt.

Ich danke auch den verschiedenen Krebsgesellschaften mit ihren psychosozialen Beratungsstellen und Selbsthilfegruppen für die Hinweise auf das Buchprojekt in den Mitgliederzeitschriften und Rundschreiben sowie für das Verteilen von Projektflyern an mögliche Interessierte im gesamten deutschsprachigen Raum.

Ebenso gilt mein Dank dem Redaktionsteam der Mitgliederzeitschrift ENGAGIERT des Katholischen Deutschen Frauenbundes und der Lokalredaktion der Ingolstädter Tageszeitung DONAU-KURIER für ihre Berichte über das Buchprojekt.

Meiner Familie danke ich ganz besonders für ihre grenzenlose Liebe und die alles umfassende Unterstützung zu jeder Zeit. Sie hat gespürt, dass ich mit der Realisierung des Buchprojektes ein bedeutsames Ziel für die eigene Gesundung verfolgte. Viele Gespräche drehten sich in der Familie um die Projektidee und entsprechende Umsetzungsmöglichkeiten. Mein Schwiegersohn Frank nahm mir meine letzten Zweifel mit den Sätzen: „Fang einfach mal an! Alle Bedenken kannst du nicht vorher ausräumen, und wenn welche auftauchen sollten, gibt es für jedes bestimmt eine Lösung." Und nachdem er den Projektflyer und die Homepage mit meinen Inhalten gestaltet hatte, konnte es richtig losgehen.

Zu guter Letzt danke ich meiner engagierten Hausärztin Dr. Lisa Liccini nicht nur für die vertrauensvolle und kompetente Betreuung während meiner Berliner Jahre, sondern vor allem dafür, dass sie mich nach der Entdeckung des Tumors gleich in die Lungenfachklinik „Heckeshorn" im Helios Klinikum Emil von Behring überwiesen hat. Dort schafften es die Ärzteteams der Thorax-Chirurgie und Onkologie, meinen wegen seiner Größe und Lage anfänglich inoperablen Tumor mit Chemotherapie und Bestrahlung so zu verkleinern, dass er wider Erwarten doch noch erfolgreich operiert werden konnte.

Ein herzliches Dankeschön gilt auch dem Pflegepersonal der beiden Stationen für die liebevolle Pflege während meiner Aufenthalte im ersten halben Jahr der Erkrankung. Ich fahre zu den Kontrollterminen nach wie vor gern nach Berlin ins „Behring Krankenhaus" und freue mich jedes Mal, wenn ich das gute Ergebnis voll Dankbarkeit als Erstes mit meinen „Spezialisten" dort teilen kann.

Christel Schoen
Projektinitiatorin und Herausgeberin

„Finde deine verlorenen Träume und schicke sie auf die Reise!"

Agilus

Literaturempfehlungen der Autorinnen und Autoren

Baer, Udo/Frick-Baer, Gabriele: Das ABC der Gefühle, Beltz Verlag 2008
Barasch, Marc: Ich suchte meine Seele und wurde gesund, Droemer Knaur 2002
Baumann, Freerk T./Schüle, Klaus: Bewegungstherapie und Sport bei Krebs, Leitfaden für die Praxis; Dt. Ärzte-Verlag 2008
Bays, Brandon: In Freiheit leben – Aufbruch zum wahren Selbst, Ullstein 2008
Bays, Brandon: The Journey – Der Highway zur Seele, Ullstein 2007
Béliveau, Richard/Gingras, Denis: Krebszellen mögen keine Himbeeren; Kösel 2007
Berg, Lilo: Brustkrebs. Wissen gegen Angst: Das Handbuch, Goldmann 2008
Blech, Jörg: Heilen mit Bewegung, Fischer Tb. 2007
Bopp, Annette u. a.: Was kann ich selbst für mich tun? – Patientenkompetenz in der modernen Medizien, Rüffer & Rub
Bopp, Annette: Die Mistel – Heilpflanze in der Krebstherapie, Rüffer & Rub 2006
Brandmayer, Elke/Köhler, Bodo: Licht schenkt Leben, Fit-fürs-Leben-Verlag 1997
Bremer Krebsgesellschaft (Hrsg.): Hinaus-Geschrieben. – Texte von sechs Frauen mit der Diagnose Krebs, Zertani 2005
Breuß, Rudolf/Moermann, Cornelis: Krebs, Leukämie und andere scheinbar unheilbare Krankheiten – mit natürlichen Mitteln heilen; Aurum 2003
Budwig, Johanna: Krebs – Das Problem und die Lösung, Sensei-Verlag 2010
Budwig, Johanna: Öl-Eiweiß-Kost; Sensei-Verlag 2004
Byrne, Rhonda: The Secret – Das Geheimnis, Arkana 2007
Cameron, Julia: Der Weg des Künstlers, Knaur MensSana 2009
Chödrön, Pema: Wenn alles zusammenbricht, Arkana Goldmann 2001
Chopich, Erika J./Paul, Margaret: Aussöhnung mit dem inneren Kind; Ullstein 2007
Chopich, Erika J./Paul, Margaret: Das Arbeitsbuch zur Aussöhnung mit dem inneren Kind, Ullstein 2007
Coy, Johannes F./Franz, Maren: Die neue Anti-Krebs-Ernährung – Wie sie das Krebs-Gen stoppen, Gräfe und Unzer 2009
Coy, Johannes F./Franz, Maren: Das Anti-Krebs-Kochbuch, Gräfe und Unzer 2010

De Loo, Tessa: Die Zwillinge, Bertelsmann 1997
Decker, Kora: Jetzt ist heute; dtv 2009
Dethlefsen Thorwald/Dahlke Rüdiger: Krankheit als Weg, Bassermann-Verlag 2008
Dethlefsen, Thorwald: Schicksal als Chance – Das Urwissen zur Vollkommenheit des Menschen, Bertelsmann 1979
Devillard, Anne: Heilung aus der Mitte; Driediger 2008
Dyer, Wayne: Ändere deine Gedanken und dein Leben ändert sich – Die lebendige Weisheit des Tao, Goldmann 2008
Faulstich, Joachim: Das heilende Bewusstsein – Wunder und Hoffnung an den Grenzen der Medizin, Knaur 2006
Fintelmann, Volker: Hoffen, Kämpfen und Gewinnen, nordlanddruck 2004
Fiur-Wolf, Susanne: Wenn das Leben bewegt, Triga 2010
Franzen, Franz: Untersuchungen zur Frage der Entstehung und pathophysiologischen Bedeutung biogener Amine bei subletalen Strahlenschäden, Forschungsberichte des Landes Nordrhein-Westfalen, Westdeutscher Verlag 1966
Germain, Saint/Sibylle Weizenhöfer: Das Tor zum goldenen Zeitalter, Falk 2004
Gernhardt, Robert: Gesammelte Gedichte, Fischer 2008
Goldmann-Posch, Ursula/Martin, Rosa Rita: Über-Lebensbuch Brustkrebs – Die Anleitung zur aktiven Patientin; Schattauer 2009
Grabhorn, Lynn/Klingbeil, Jutta: Aufwachen, Dein Leben wartet, Goldmann 2004
Grasberger, Delia/Schweppe, Ronald: Richtig atmen, Spannungen lösen – Energie tanken, blv-Buchverlag 2010
Griebert-Schröder, Vera: Schamanische Bewusstseinsreisen – Innere Wege finden zur Heilung, Kraft und Intuition, Südwest 2007
Griffin, Edward G.: Eine Welt ohne Krebs – Die Geschichte des Vitamin B17 und seiner Unterdrückung, Kopp 2005
Hackethal, Julius: Keine Angst vor Krebs, Lübbe 1994
Harbach-Dietz, Irmhild: Ich bin sehr dankbar für mein Leben – Frauen berichten über Alternativen im Umgang mit Krebs, Orlanda 2010
Hay, Louise L.: Heile deinen Körper, Lüchow 1989
Hay, Louise L.: Die Kraft einer Frau, Ullstein 2004/2010
Hay, Louise L.: Gesundheit für Körper und Seele, Ullstein 2004
Hellinger, Bert: Das klassische Familienstellen, 5 Bde. Carl-Auer-Verlag 2007

Hellinger, Bert: Vom Himmel, der krank macht, und der Erde, die heilt, Kreuz Verlag 2009
Herbert, Sybylle: Überleben Glückssache – Was Sie als Krebspatient in unserem Gesundheitswesen erwartet, KiWi 2010
Heßmann-Kosaris, Anita: Natürlich gesund mit Kombucha, Midena-Verlag 1999
Hirneise, Lothar: Chemotherapie heilt Krebs und die Erde ist eine Scheibe; Sensei-Verlag 2010
Hirshberg, Caryle:/Barasch Marc: Gesund werden aus eigener Kraft, Droemer Knaur 1997
Hochenegg, Leonhard: Gesunde Ernährung, die wirkt, Ludwig-Verlag 1995
Irmey, György/Jordan, Anna-Luise: 110 wirksame Behandlungsmöglichkeiten bei Krebs, Haug-Verlag 2005
Irmey, György: Heilimpulse bei Krebs, Haug-Verlag 2007
Jäger, Willigis: Ewige Weisheit – Das Geheimnis hinter allen spirituellen Wegen, Kösel 2010
Jakstein, Jakobe: Wunderheilmittel Kohl – Die heilende Kraft der Kohlblätter, Books on Demand 2009
Janakananda: Ayurveda – Nahrung und Bewusstsein, Schirner Verlag 2007
Jellouschek, Hans: Bis zuletzt die Liebe – Als Paar im Schatten einer tödlichen Krankheit, Herder Spektrum 2004
Jenner, Otmar: Spirituelle Medizin, Rowohlt 2005
Kabat-Zinn, Jon: Gesund durch Meditation, Droemer/Knaur München 2011
Kabat-Zinn, Jon: Im Alltag Ruhe finden, Droemer/Knaur München 2010
Kähn, Christine/Wieser, Annemarie: Ich bin der ich bin – Geschichte einer Krebsheilung, Wega-Verlag 2002
Kähn, Christine: Heilung aus der Tiefe des Seins, Froh-&-Frei-Verlag 2008
Kaléko, Mascha: In meinen Träumen läutet es Sturm, dtv 1997
Käser, Joachim/Schürz, Irene: Karma – Der Schlüssel zum Schicksal, Kailash-Verlag 2008
Khema, Ayya: Mystik ist kein Mysterium, Jhana Verlag 2005
Kinslow, Frank J.: Quantenheilung, VAK-Verlag 2010
Kohanov, Linda: Das Tao des Equus – Eine Frau und ihr Pferd und eine gemeinsame Reise zu Heilung und Transformation, Wu-Wei-Verlag 2006
Kraaz von Rohr, Ingrid: Lichtkraft – Licht als Urquellen von Energie und Leben Nutzen, Goldmann 2001

Kübler-Ross, Elisabeth: Über den Tod und das Leben danach, Silberschnur-Verlag 1989/1996

Kuby, Clemens: Heilung – Das Wunder in uns, Selbstheilungsprozesse entdecken, Kösel 2005

Kuby, Clemens: Unterwegs in die nächste Dimension – Meine Reise zu Heilern und Schamanen, Kösel 2003

Leinemann, Jürgen: Das Leben ist der Ernstfall, Hoffmann und Campe 2009/Goldmann 2011

LeShan, Lawrence: Diagnose Krebs – Wendepunkt und Neubeginn, Klett-Cotta 2008

LeShan, Lawrence: Psychotherapie gegen den Krebs, Klett-Cotta 2008

Lückheide, Elisabeth: Ich habe mir einen Olivenbaum versprochen, Regia-Verlagshaus 2010

Lukas, Elisabeth: Dein Leben ist deine Chance – Anregungen zu einer sinnvollen Lebensgestaltung Neue Stadt 2008

Mehne, Sabine: Winterfell, Wiesenburg-Verlag 2005

Mohr, Bärbel: Neue Dimensionen der Heilung, Ullstein 2007

Moritz, Andreas: Krebs ist keine Krankheit – Krebs ist ein Überlebensmechanismus, Voxverlag.de 2009

Münzing-Ruef, Ingeborg: Kursbuch gesunde Ernährung – Die Küche als Apotheke der Natur, Heyne 2000

Murphy, Joseph: Die Macht Ihres Unterbewusstseins, Ariston 2008

Murphy, Joseph: Innere Stärke durch positives Denken, Droemer-Knaur 2000

Nidiaye, Safi: Aufwachen und lachen, Ullstein 2007

Pielhau, Miriam: Fremdkörper, mvg-Verlag 2009

Picardie, Ruth: Es wird mir fehlen, das Leben, Rowohlt 2007

Plant, Jane: Das Leben in deiner Hand, Goldmann 2004

Pratt, Steven/Matthews, Kathy: Super-Food – 14 Nahrungsmittel, die Ihr Leben verändern, Heyne 2005

Prosinger, Wolfgang: Tanner geht: Sterbehilfe – Ein Mann plant seinen Tod, S. Fischer 2008

Rexrodt von Fircks, Annette: Dem Krebs davonleben – Wir haben die Chance, Ullstein 2009

Rexrodt von Fircks, Annette: … und tanze durch die Tränen – Auf dem Weg zur Heilung, Ullstein 2002

Riedl, Gerhard: Der große Milonga-Führer, Wagner Verlag, 2010

Rubin, Theodore Isaac: Sich selbst annehmen – Der Weg vom Selbsthass zum positiven Ich, mvg-Verlag 1975

Rüschenpöhler, Juliane: Krebs hin, Krebs her – das Leben geht weiter, Eine unspektakuläre Heilung von Brustkrebs, House of the Poets 2002
Saint-Exupéry, Antoine de: Der kleine Prinz, Karl Rauch Verlag 2009
Sanders, Eva-Maria: Leben! – Ich hatte Krebs und wurde gesund, Heyne 1999
Schäfer, Thomas: Was die Seele krank macht und was sie heilt – Die psychotherapeutische Arbeit Bert Hellingers, Knaur 2004
Schott, Peter: Einfach menschlich – Lyrik-Band, Caritasverband für den Landkreis Rhön-Grabfeld e. V., Kellereigasse 12–16, 97616 Bad Neustadt, Tel.: 09771/6116-0
Servan-Schreiber, David: Das Antikrebs-Buch, Kunstmann 2008
Sha, Zhi Gang: Seele, Geist, Körper Medizin – Eine Anleitung zur Selbstheilung durch Seelenkraft; Koha 2007
Sha, Zhi Gang: Seelensprache – Erkenne deine innere Wahrheit, Knaur 2010
Shalev, Zeruya: Trilogie: Mann und Frau – Späte Familie, Liebesleben; Berliner Taschenbuch-Verlag 2010
Shioya, Nobuo: Der Jungbrunnen des Dr. Shioya, Koha 2006
Shioya, Nobuo: Die Kraft strahlender Gesundheit, Goldmann 2006
Siegel, Bernie: Mit der Seele heilen – Gesundheit durch inneren Dialog, Ullstein 2009 (1989)
Siegel, Bernie: Prognose Hoffnung – Liebe, Medizin und Wunder, Ullstein 2003
Simon, Muriel: Wieder im Leben – Mein neuer Anfang nach der Diagnose Brustkrebs, Bastei Lübbe 2006
Simonton, Oscar Carl/Simonton, Stephanie M./Creighton, James: Wieder gesund werden, Rowohlt 2001
Simonton, Oscar Carl/Henson, Reid M.: Auf dem Wege der Besserung – Schritte zur körperlichen und spirituellen Heilung; Rowohlt 2001
Simonton, Stephanie M.: Heilung in der Familie – Ein Ratgeber für Angehörige von Krebspatienten; Rowohlt 2001
Sixt, Andrea: 7 Sicherungen für ein Leben nach dem Krebs – Der Wegweiser für ein starkes Immunsystem, Kösel 2009
Spinedi, Dario: Die Krebsbehandlung in der Homöopathie, Cheiron-Verlag 1997
Stap, Sophie van der: Heute bin ich blond, Droemer 2008
Tausch, Anne-Marie: Gespräche gegen die Angst, Rowohlt 2004
Terzani, Tiziano: Das Ende ist mein Anfang, Goldmann 2008
Terzani, Tiziano: Noch eine Runde auf dem Karussell, Knaur Tb. 2007
Tolle, Eckhart: Jetzt! – Die Kraft der Gegenwart, Kamphausen 2004

Treben, Maria: Gesundheit aus der Apotheke Gottes, Ennsthaler 2010
Walls, Jeannette: Schloss aus Glas, Diana TB 2006
Wanzer, Sidney u. a.: Gut sterben, Verlag Zweitausendeins 2009
Warcup, Christine H./Morya, El: Juwelen aus El Moryas Schatzhaus, Falk 2005
Warcup, Christine H.: Herzens-Bildung Falk 2007
Wecker, Relia: Krebs – Erfahrungen einer spirituellen Suche, Lüchow 2004
Weed, Susun: Brustgesundheit und naturheilkundliche Prävention und Begleittherapien bei Brustkrebs, Orlanda 1997
Wendler, Detlef: Was du suchst, das hast du schon – Eine Anleitung zu heilsamer Spiritualität, Kreuz Verlag 2007
Wilber, Ken: Mut und Gnade. Die Geschichte einer großen Liebe – das Leben und Sterben der Treya Wilber, Fischer Tb 2009
Zabel, Werner: Die interne Krebstherapie und die Ernährung des Krebskranken, Bircher-Benner 1982

CD-Liste

Anderegg, Beatrice: Vertraue deiner Heilkraft (Meditation), Kösel 2005
Dahlke, Rüdiger: Heilungsrituale – Die Farben der Heilung (Meditation), Goldmann 2002
Eberwein, Werner: Selbstheilungskräfte in der Seele entfalten, Kösel 1996
Kuhn, Waltraud: Qi Gong (Übungsanleitung mit Musik), Audiobite 2003
Leinbach, Ben: The Spirit of Yoga, Real Music (Silenzio) 2008
Thors & Essania: Klangschalen-Therapie-Musik, Neptun Media 2005
Tolle, Eckart: Torwege zum Jetzt (Meditation), Goldmann 2004

Liste der Benefizbücher der GfBK e.V. und der Ebo Rau Stiftung

Rau, Ebo/Irmey, György: Bewusste Gesundung
Immerwährendes Kalendarium und CD mit Heilübungen, täglichen Anregungen und Affirmationen. Das Kalendarium möchte Ihnen Anregungen geben, sich mit Ihren persönlichen Glaubenssätzen auseinanderzusetzen. Für jeden Tag haben wir Ihnen eine heilsame Affirmation ausgesucht.

Rau, Ebo: Carpe Vitam. Liebe das Leben – Lebe dein Leben
Ein immerwährender Kalender mit täglichen Anregungen zur Aktivierung der Lebens- und Selbstheilungskraft; mit lebensfrohen, lebensbejahenden, besinnlichen und auch lustigen Texten und Bildern.

Rau, Ebo/Schäferling, Helga: Chakrade – Heilbotschaften – Geistige Heilmittel; mit Heilmeditationen auf CD gesprochen.
Lassen Sie sich von den vielen positiven Heilbotschaften in Text und Bild aus der Tier- und Pflanzenwelt in dem jüngsten farbigen Kalendarium des bekannten Arztes berühren. Jedes Lebewesen kann ein geistiges Heilmittel für uns Menschen sein.

Hörbuch „Mit dem Herzen heilen"
Zwei CDs mit den besten Gedichten und Geschichten aus unseren immerwährenden Kalendarien, gelesen von Dr. Ebo Rau und Dr. György Irmey. Mit ausgewählten Worten aus den vielseitigen immerwährenden Kalendarien haben Sie stets einen treuen Wegbegleiter und Heilimpulsgeber an Ihrer Seite.

Rau, Ebo: Alles zu seiner Zeit
Dr. Ebo Rau zeigt in dem ersten seiner immerwährenden Kalender auf, wie man sich auch gerade in Grenzsituationen neue Lebensräume eröffnet, und weist damit Wege zu einem vertieften Leben.

Rau, Ebo/Irmey, György: Impulse von Mensch zu Mensch
Immerwährender Taschenbuchkalender mit täglichen Anregungen zur Krankheits-, Konflikt- und Lebensbewältigung.

Rau, Ebo/Klatt, Stefan: Stille in Dir. Atem-, Yoga- und Lebensrezepte
Dieser immerwährende Taschenbuchkalender ist all denen gewidmet, die ihr körperliches, seelisches und geistiges Wohlbefinden verbessern wollen und auf diesem Weg Yogastellungen, Atemübungen und gedankliche Inspiration einbeziehen möchten.

Klatt, Stefan: Sonne im Herzen – Lebensrezepte mit Atem- und Yogaübungen
Das immerwährende Kalendarium des Atemtherapeuten Stefan Klatt mit zahlreichen praktischen Übungen, Meditationen und anschaulichen Illustrationen motiviert zum Mitmachen. Der Autor lädt uns zu zahlreichen energetisierenden und entspannenden Yoga- und Atemübungen ein.

Rau, Ebo: Tagebuch „Krebs! Was nun Ebo?"
Ein sehr persönliches und berührendes Tagebuch über den komplexen Heilungsweg des Autors bei der Diagnose Bauchspeicheldrüsenkrebs.

Rau, Ebo/Winkler, Uta/Donnerstagsgruppe-Hospizverein Amberg: Flieg – Seele – Flieg
Ein Kalendarium voll mit Gedanken, Sprichwörtern und vor allem auch Bibelzitaten. Dieser einmalige Hospizkalender schenkt Kraft, Mut, Zu- und Loslassenkönnen, Freude, Sprache, Stille, Ruhe, Lächeln, Berührung, Tränen, Liebe – ganz schlicht „Menschlichkeit".

Der Erlös der Benefizprodukte kommt zu 100 % der Gesellschaft für Biologische Krebsabwehr e. V. (GfBK) zugute. Alle Benefizprodukte erhalten Sie gegen eine Spende zuzüglich Versandkosten:

Gesellschaft für Biologische Krebsabwehr e. V.
Postfach 10 25 49
69015 Heidelberg
Tel. 06221 138020
Fax: 06221 1380220
E-Mail: information@biokrebs.de
www.biokrebs.de/infomaterial/benefizprodukte

Link- und Adressenliste für wichtige Kontakte und Informationen

www.biokrebs.de – Gesellschaft für Biologische Krebsabwehr e.V. (GfBK)
Hauptstr. 44, 69117 Heidelberg
Tel: 062221/138020 (Mo–Do: 9 bis 16 Uhr; Fr: 9 bis 15 Uhr)
Der ärztliche Beratungsdienst beantwortet Fragen zu ganzheitlichen Krebstherapien kostenfrei, weiter Erhaltung von Informationen zu biologischen, ganzheitlichen Heilweisen bei Krebserkrankungen. Vielzahl von Informationsschriften und Faltblätter zum Ausdrucken oder Bestellen. Verzeichnis biologischer Fachkliniken und niedergelassener, naturheilkundlich tätiger Ärzte im ganzen Bundesgebiet, mit eigenen Beratungsstellen

www.krebsinformation.de –KID – Krebsinformationsdienst
Im Neuenheimer Feld 280, 69120 Heidelberg
Tel: 06221/ 41022 (Mo bis Fr 8 bis 20 Uhr)
Homepage des Krebsinformationsdienstes KID, umfassende und übersichtliche Informationen mit vielen Adressen und Links
Informationsdienst für krebsbezogene Anfragen:
Tel: 0800/ 4203040 (täglich von 8 bis 20 Uhr)

www.krebshilfe.de – Deutsche Krebshilfe e.V.
Buschstr. 32, 53113 Bonn
Tel: 0228/729900

www.bayerische-krebsgesellschaft.de – Bayerische Krebsgesellschaft e.V.
Nymphenburgerstr. 21a
80335 München
Tel: 089/54 88 40-0

www.dkfz.de – Informationen des Deutschen Krebsforschungszentrums
Informationen des Deutschen Krebsforschungszentrums, aktuelle Hinweise über diverse Krebserkrankungen; Diagnostik und Therapie

www.inkanet.de – Informationsnetz für Patienten, die sich mit anderen Betroffenen und Experten austauschen wollen. Diese Seite bietet eine Plattform für Fragen, Antworten, Meinungen und Kommentaren zum Thema Krebs.

www.krebs-kompass.de
Bietet Begleitung durch das Informationsangebot des Internets, größter deutscher Chat für Krebspatienten und Angehörige.

www.datadiwan.de
Zu naturheilkundlichen Themen eine umfangreiche Datenbank

www.upd-online.de – Unabhängige Patientenberatung Deutschland UPD
Littenstr. 10, 10179 Berlin
Bundesweit kostenloses Beratungstelefon
Tel: 0800/0117722 (Mo–Fr 10 bis 18 Uhr)

www.nakos.de – NAKOS – Nationale Kontakt- und Informationsstelle zur Anregung und Unterstützung von Selbsthilfegruppen
Wilmersdorfer Str. 39, 10627 Berlin
Tel: 030/31018960 – Di: 9 bis 13 Uhr; Mi: 10 bis 13 Uhr;
Do: 13 bis 16 Uhr; Fr: 10 bis 13 Uhr

www.frauenselbsthilfe.de
Frauenselbsthilfe nach Krebs Bundesverband e. V.
Geschäftsstelle des Bundesverbandes der Frauenselbsthilfe nach Krebs e. V.
„Haus der Selbsthilfe“
Thomas-Mann-Str. 40, 53111 Bonn
Tel: 0228/33889400 (Mo bis Do: 8 bis 16.30 Uhr; Fr: 8 bis 15 Uhr)

www.cancerdecisions.com
Der amerikanische Medizinjournalist und Autor des Buches „Fragwürdige Chemotherapie“, Dr. Ralph W. Moss, bietet sehr umfassende Informationen zum Thema Onkologie, speziell über alternative und komplementäre Ansätze.

www.dapo-ev.de – Deutsche Arbeitsgemeinschaft für Psychosoziale Onkologie (dapo)
Kardinal-von-Galen-Ring 10, 48149 Münster
Tel: 0700/20006666 (Mo bis Fr: 9 bis 18 Uhr)

Gesundheitstrainingsgruppen

www.bochumergesundheitstraining.de – Bochumer Gesundheitstraining
Dipl.-Psych. Erhard Beitel, Spinozastr. 14, 45279 Essen
Tel: 0201/534377

www.hildesheimer-gesundheitstraining.de – Hildesheimer Gesundheitstraining
Institut für Therapie und Beratung an der Hochschule für angewandte Wissenschaft und Kunst (HAWK) – Fachhochschule Hildesheim/Holzminden/Göttingen
Hohnsen 1, 31134 Hildesheim
Tel: 05121/881421

Simonton-Gruppen

www.simonton.de – Simonton Cancer Center
Paul Baur & Brunhilde Sauer-Baur
Starenweg 26, 70736 Fellbach-Schmiden
Tel: 0711/515989

Verbände der Komplementärmedizin

www.zaren.gruen.net
Zentralverband der Ärzte für Naturheilverfahren und Regulationsmedizin e.V. (ZÄN)
Am Promenadenplatz 1, 72250 Freudenstadt
Tel: 07441/918580

www.anthroposophischeaerzte.de – Gesellschaft anthroposophischer Ärzte in Deutschland e.V.
Roggenstr. 82, 70794 Filderstadt
Tel: 0711/7799711

www.dzvhae.com – Deutscher Zentralverein homöopathischer Ärzte e.V.
Geschäftsstelle, Am Hofgarten 5, 53113 Bonn
Tel: 0228/2425330

Biologisch arbeitende Zahnärzte

www.gzm.org – Internationale Gesellschaft für Ganzheitliche ZahnMedizin e. V. (GZM)
Geschäftsstelle, Kloppenheimer Str. 10, 68239 Mannheim
Tel: 0621/48179730

www.bnz.de
Bundesverband der naturheilkundlich tätigen Zahnärzte in Deutschland e. V. (BNZ)
Auf der Seekante 7, 50735 Köln
Tel: 0221/3761005

www.atemtherapie-afa.de
Arbeits- und Forschungsgemeinschaft für Atempflege e. V. (AFA)
Wartburgstr. 41, 10823 Berlin
Tel: 030/3953860

www.qigong-gesellschaft.de – Deutsche Qigong Gesellschaft e. V.
Geschäftsstelle, Guttenbrunnweg 9, 89165 Dietenheim
Tel: 07347/3439 (Mo: 13 bis 16.30 Uhr; Fr: 9 bis 12.30 Uhr)

www.geobiologie.de – Forschungskreis für Geologie Dr. Hartmann e. V.
Adlerweg 1, 69429 Waldbrunn-Waldkatzenbach
Tel: 0627/912100

www.in-for-mationen.de; Dr. Matthias Weisser
www.net.deutsche-healthness.de; Dr. Matthias Weisser
www.kollidalessilber.de
www.wissen.de/silberkolloide
www.globetrotter.de

www.grander.com – „Belebtes Wasser“

Nützliche Links und Adressen, Österreich

www.oego.or.at – Österreichische Gesellschaft für Onkologie
Sofienalpenstr. 17, A-1140 Wien
Tel: +43 (0) 222/972140
www.homoeophatie.at – Österreichische Gesellschaft für homöopathische Medizin
Mariahilferstr. 110, A-1070 Wien
Tel: +43 (0) 1/5267575

www.gamed.or.at – Wiener Akademie für Ganzheitsmedizin (GAMED)
Otto-Wagner-Spital, Sanatoriumstraße 2, A-1140 Wien
Tel: +43 (0) 1/6887507

www.oegpo.at – ÖGPO – Österreichische Gesellschaft für Psychoonkologie
Gladbeckerstr. 2, A-2320 Schwechat
Tel: +43 (0) 2235/47230

www.frauenselbsthilfe-brustkrebs-wien.at – Frauenselbsthilfe nach Krebs – Österreichischer Dachverband bzw. LV Wien
c/o Medizinisches Selbsthilfezentrum „Martha Frühwirt“
Obere Augartenstr. 26–28, A-1020 Wien
Tel: +43 (0) 1/3322348 (Di: 9 bis 17 Uhr; Do: 9 bis 13 Uhr)

www.selbsthilfe-oesterreich.at – ArGe Selbsthilfe Österreich
Koordinationsstelle: Dachverband Selbsthilfe Kärnten
Kempferstr. 23/3, Postfach 108, A-9021 Klagenfurt
Tel: +43 (0) 664/3429137

www.drbanis.com – Psychosomatische Energetik, Geobiologie
Praxis Dr. med. Ulrike Banis, Rathausstr.11, A-6900 Bregenz
Tel: +43 (0) 5574/58460

www.anthromed.at – Gesellschaft anthroposophischer Ärzte Österreichs
Tilgnerstr. 3, A-1040 Wien
Tel: +43 (0) 1/5044908

www.knospe.at – Knospe – ganzheitliches Konzept bei Krebs
Abteilung für Gynäkologie und Geburtshilfe, Wilhelminenspital der Stadt Wien

Montleartstr. 37, A-1160 Wien
Tel: +43 (0) 1/49150-4708

www.qigonggesellschaft.at – Österreichische Qigong Gesellschaft
Postfach 12, A-1212 Wien
Tel: +43 (0) 664/6303081 (Do: 17 bis 19 Uhr; So: 18 bis 20 Uhr) – Karin Wenger
Tel: +43 (0) 699/18303081 – Claudia Schraml

www.mammamia.or.at – Mamma mia – Selbsthilfe bei Brustkrebs
Hyrtlgasse 1, A-2380 Perchtoldsdorf
Tel: +43 (0) 1/8690208 (Mo bis Fr: 9 bis 13 Uhr)

www.ganzheitsmedizin.at
Dachverband der Österreichischen Ärzte für Ganzheitsmedizin

www.krebshilfe.net – Dachverband der Österreichischen Krebshilfe
Wolfengasse 4, A-1010 Wien
(Mo bis Do: 9 bis 17 Uhr; Fr: 9 bis 12 Uhr)
Tel: +43 (0) 1/7966450

Nützliche Links und Adressen, Schweiz

www.clinicasantacrce.ch – Clinica Santa Croce
(Homöopathische Abteilung)
Sekretariat Dr. Spinedi, Via al Parco 27, CH-6644 Orselina
Tel: +41 (0) 91/7354141 (Rezeption: 8 bis 12 Uhr)

www.lukasklinik.ch – Lukas-Klinik, Spezialklinik für Misteltherapie
Brachmattstr. 1, Ch-4144 Arlesheim
Tel: +41 (0) 61/7067171, Infoline: +41 (0) 61/7020909

www.vfk.ch – Verein für Krebsforschung (anthroposophisch)
Kirschweg 9, CH-4144 Arlesheim
Tel: +41 (0) 61/7067272

www.homoeopathie-welt.ch – Schweizer Verein homöopathischer Ärztinnen und Ärzte
Sekretariat: Dorfhaldenstr. 5, Ch-6052 Hergiswil
Tel: +41(0) 41/6300760

www.homoeopathie.org – Schweizerische Homöopathie Gesellschaft
Postfach 1050, Ch-8134 Adliswil

www.medizin.ch – Schweizer Gesundheitsnetz – Medizinprotal: Medizin-Therapiethemen, Gesundheitsinfos, Gesundheitsratgeber, Forum, umfassende Gesundheits- und Berufsverzeichnisse u. a.

www.spo.ch – Schweizer Patienten- und Versicherten Organisation SPO
Geschäftsstelle: Häringstr. 20, Ch-8001 Zürich
Tel: +41 (0) 44/2525422
Telefonische Beratung für Nichtmitglieder:
Tel: +41 (0) 900/567047 (Mo bis Fr: 9 bis 16 Uhr)

www.patienten.ch – Verein Patienten
Patientenplattform, c/o Medialogik, Cony Engler, Gämsberg 7a, CH-4051 Basel
Tel: +41 (0) 79/4448140

www.kosch.ch
Stiftung Kosch Koordination und Förderung von Selbsthilfegruppen in der Schweiz
Laufenstr. 12, CH-4053 Basel, Tel: +41 (0)61/3338601;
Zentraler Auskunftsdienst: +41 (0) 848/810814

www.svnh.ch – Schweizerischer Verband für natürliches Heilen
Postfach 386, Ch-3000 Bern 14
Tel: +41 (0) 31/3024440
(Mo bis Do: 9 bis 11.30 Uhr und 14 bis 16 Uhr;
Fr: 9 bis 11.30 Uhr)